厦门大学南强丛书【第七辑】

华夏自我传播的理论建构

谢清果◎著

厦门大学出版社
XIAMEN UNIVERSITY PRESS

国家一级出版社
全国百佳图书出版单位

图书在版编目(CIP)数据

华夏自我传播的理论建构/谢清果著.—厦门:厦门大学出版社,2020.12
(厦门大学南强丛书.第七辑)
ISBN 978-7-5615-7704-2

Ⅰ.①华⋯　Ⅱ.①谢⋯　Ⅲ.①中华文化－文化传播－研究　Ⅳ.①G125

中国版本图书馆 CIP 数据核字(2020)第 007117 号

出 版 人	郑文礼
责任编辑	王鹭鹏
封面设计	李夏凌
技术编辑	朱　楷

出版发行　厦门大学出版社

社　　址	厦门市软件园二期望海路 39 号
邮政编码	361008
总　　机	0592-2181111　0592-2181406(传真)
营销中心	0592-2184458　0592-2181365
网　　址	http://www.xmupress.com
邮　　箱	xmup@xmupress.com
印　　刷	厦门集大印刷厂

开本	720 mm×1 000 mm　1/16
印张	14.5
插页	4
字数	245 千字
版次	2020 年 12 月第 1 版
印次	2020 年 12 月第 1 次印刷
定价	50.00 元

厦门大学出版社
微信二维码

厦门大学出版社
微博二维码

总　序

在人类发展史上，大学作为相对稳定的社会组织存在了数百年并延续至今，一个很重要的原因在于大学不断孕育新思想、新文化，产出新科技、新成果，推动人类文明和社会进步。毋庸置疑，为人类保存知识、传承知识、创造知识是中外大学的重要使命之一。

1921年，爱国华侨领袖陈嘉庚先生于民族危难之际，怀抱"教育为立国之本"的信念，倾资创办厦门大学。回顾百年发展历程，厦门大学始终坚持"博集东西各国之学术及其精神，以研究一切现象之底蕴与功用"，产出了一大批在海内外具有重大影响的精品力作。早在20世纪20年代，生物系美籍教授莱德对厦门文昌鱼的研究，揭示了无脊椎动物向脊椎动物进化的奥秘，相关成果于1923年发表在美国《科学》(Science)杂志上，在国际学术界引起轰动。20世纪30年代，郭大力校友与王亚南教授合译的《资本论》中文全译本首次在中国出版，有力地促进了马克思主义在中国的传播。1945年，萨本栋教授整理了在厦门大学教学的讲义，用英文撰写 Fundamentals of Alternating-Current Machines(《交流电机》)一书，引起世界工程学界强烈反响，开了中国科学家编写的自然科学著作被外国高校用为专门教材的先例。20世纪70年代，陈景润校友发表了"1＋2"的详细证明，被国际学术界公认为对哥德巴赫猜想研究做出了重大贡献。1987年，潘懋元教授编写的我国第一部高等教育学教材《高等教育学》，获国家教委高等学校优秀教材一等奖。2006年胡锦涛总书记访问美国时，将陈支平教授主编的《台湾文献汇刊》作为礼品之一赠送给耶鲁大学。近年来，厦门大学在能源材料化学、生物医学、分子疫苗学、海洋科学、环境生态学等理工医领域,在经济学、管理学、统计学、法学、历史学、中国语言文学、教育学、国际关系及区域问题研究等人文社科领域不断探索,取得了丰硕的成果,出版和发表了一大批有重要影响力的专著和论文。

书籍是人类进步的阶梯,是创新知识和传承文化的重要载体。为了更好地展示和传播研究成果,在 1991 年厦门大学建校 70 周年之际,厦门大学出版了首辑"南强丛书",从申报的 50 多部书稿中遴选出 15 部优秀学术专著出版。选题涉及自然科学和社会科学,其中既有久负盛名的老一辈学者专家呕心沥血的力作,也有后起之秀富有开拓性的佳作,还有已故著名教授的遗作。首辑"南强丛书"在一定程度上体现了厦门大学的科研特色和学术水平,出版之后广受赞誉。此后,逢五、逢十校庆,"南强丛书"又相继出版了五辑。其中万惠霖院士领衔主编、多位院士参与编写的《固体表面物理化学若干研究前沿》一书,入选"三个一百"原创图书出版工程;赵玉芬院士所著的《前生源化学条件下磷对生命物质的催化与调控》一书,获 2018 年度输出版优秀图书奖;曹春平副教授所著的《闽南传统建筑》一书,获第七届中华优秀出版物奖图书奖。此外,还有多部学术著作获得国家出版基金资助。"南强丛书"已成为厦门大学的重要学术阵地和学术品牌。

2021 年,厦门大学将迎来建校 100 周年,也是首辑"南强丛书"出版 30 周年。为此,厦门大学再次遴选一批优秀学术著作作为第七辑"南强丛书"出版。本次入选的学术著作,多为厦门大学优势学科、特色学科经过长期学术积淀的前沿研究成果。丛书作者中既有中科院院士和文科资深教授,也有全国重点学科的学术带头人,还有在学界崭露头角的青年新秀,他们在各自学术领域皆有不俗建树,且备受瞩目。我们相信,这批学术著作的出版,将为厦门大学百年华诞献上一份沉甸甸的厚礼,为学术繁荣添上浓墨重彩的一笔。

"自强!自强!学海何洋洋!"赓两个世纪跨越,逐两个百年梦想,面对世界百年未有之大变局,面对全人类共同面临的问题,面对科学研究的前沿领域,面对国家战略需求和区域经济社会发展需要,厦门大学将乘着新时代的浩荡东风,秉承"养成专门人才、研究高深学术、阐扬世界文化、促进人类进步"的办学宗旨,劈波斩浪,扬帆远航,努力产出更好更多的学术成果,为国家富强、民族复兴和人类文明进步做出新的更大贡献。我们也期待更多学者的高质量高水平研究成果通过"南强丛书"面世,为学校"双一流"建设做出更大的贡献。

是为序。

厦门大学校长　张荣

2020 年 10 月

作者简介

　　谢清果，厦门大学新闻传播学院副院长、教授、博士生导师，哲学博士，历史学博士后，兼任华夏传播研究会会长，厦门大学传播研究所所长，美国北卡罗来纳大学访问学者，福建省高校新世纪优秀人才，福建省高校人文社会科学研究基地"中华文化传播研究中心"主任，厦门大学老子道学传播与研究中心主任、厦门大学华夏文明传播研究中心主任，《中华文化与传播研究》《华夏传播研究》《中华老学》三本集刊主编，主持国家社科基金、教育部基金以及省级等各类课题十余项，出版《共生交往观：文明传播的"中国方案"》等著作三十余部，在《国际新闻界》《中国哲学史》《现代传播》等刊物上发表论文一百七十余篇，主持福建省精品线上课程"道德经"，五次荣获福建省社会科学优秀成果奖。

序一
"内圣外王"之学的道家溯源与传播学价值

不久前,我的门生谢清果发来列入"厦门大学南强丛书(第七辑)"的书稿《华夏自我传播的理论建构》,请我作序。学生能够不断推出新作,是老师最高兴的事。

清果是我在厦门大学人文学院工作期间带的第二届博士,2006 年毕业留校到新闻传播学院工作。入师门十六年来,谢清果勤奋好学、刻苦钻研的精神给我留下深刻印象。我见证了他十多年里从哲学转到传播学,从讲师晋升副教授、教授的过程。他主持了两个国家社科基金一般项目,一个教育部项目,两个省级社会科学重点项目,还参与多项国家重大项目,省厅市校级课题更不在少数。他勤于著述,迄今为止已出版了二十五部著作,发表一百五十余篇学术论文,其中不乏获奖作品。

在郑学檬、黄星民、黄鸣奋等前辈学者的关心、帮助下,在学院领导大力支持下,清果辛勤耕耘于华夏传播研究领域。接任厦门大学传播研究所所长之后,谢清果为继续发挥厦门大学传播学科的特色与优势,认真筹划,积极推进,先后创办《中华文化与传播研究》《华夏传播研究》两本集刊,发起成立全国性的华夏传播研究会,主编"华夏文明传播研究文库""两岸关系与海峡传播研究文库""中华文化与传播研究丛书""华夏传播学文丛"等多套丛书。他积极参与学校各层次课程教育,主持"道德经"的核心通识课程,将其建设成为省级线上精品课程;他努力完善华夏传播学的课程体系:为本科生讲授"华夏传播概论",为硕士研究生讲授"华夏传播研究"方向课程,为博士研究生讲授"华夏文明传播研究"的前沿课程以及"中国传播理论研究"的选修课。为了建设完整的教学体系,他积极组织编写并出版相应的系列教材,如本科生的教材——《华夏传播学引论》(2017),研究生的教材——《华夏文明与传播学本土化研究》(2016),博士生的教材——《光荣与梦想:传播学中国化研究四十年(1978—2018)》(2018),通识课程教材——《共生交往观:文明传播的中国方案》(2019)。此外,他还编辑了系列教辅读本,如《华夏传播学读本》(2014)、《华夏传播学的想象力——中华文化传播研究著作评介集成》(2018),其他如《华夏文明传播学读本》《华夏身体交往观读本》也将陆续出版。不仅如此,清果注重引导博士生、硕士生研读中国传统经典,每学期读一本国学经典,如《论语》《庄子》《周易》等,同时读一本国外传播学经典,如《对空言说》《理解媒介》等。通过举办读书会,清果启发学生发掘研究选题、撰写专业学术论文。清果与学生一起读书,一起写作,日复一日,年复一年,他所带的团队,已经出版和即将出版的读书会成果有《中庸的传播思想》《庄子的传播思想》《论语的传播思想》《周易的传播思想》等多部。天道酬勤,真不虚言!作为他的老师,我为他传承师门"研读元典,追踪前沿,按时写作"的法度,感到欣慰,为他能秉承厦门大学"自强不息,止于至善"的校训,感到由衷的高兴!

一、"内圣外王"之学是中华文化的主旨

清果这部新作是从传播学领域中常被人忽视的"内向传播"(自我传播)视角出发考察中国传统文化的"修身成圣"这一要旨的。内向传播,或称人的内在自我对话,是中华文化内在超越的核心所在,是理解和把握中华文化的钥匙。内向传播是人类一切传播的起点,人类的一切行动,尤其是创造性活动,都源于自我超越,而这个自我超越的过程,便经历了反反复复的自我传播。中华文化具有内敛的特质,倡导"内求诸己",力求做到严于律己,宽以待人,这正是君子圣贤的基本人格。不过,值得注意的是,培养圣贤人格,并不是孤芳自赏,而是要服务社会,建功立业。传统上把修身、齐家、治国、平天下作为士人实现人生价值的进阶之路,其中的缘故很值得探究。

"修身",说到底乃是在见闻之知与德性之知两者间保持必要的张力,努力实现德才并进,形成完善的圣贤人格,以此为基础,进而外化为齐家、治国、平天下的伟大实践。正如清果在书中所指出的那样,"修身"是中华传统文化的基本命题、士人社会生活的主旋律,也是实现人生基本价值观的必修课。"修身"的内容十分丰富,其关键是"心"的涵养、"人欲"的自我把控。中国先贤们正是因为意识到社会实践对人性产生巨大挑战,深刻认识到"道心惟微"与"人心惟危"的矛盾冲突,所以期盼通过"存天理"的法度来制约那些超过生理需求的"人欲"。值得注意的是,古人所谓"灭人欲",并不是要灭人心,因为人心是

道心的载体,或者说人心即"炼己"的道场。唯有通过修养人心而回归道心,方可成圣。

古人十分注意"修身",因为修身成败是人一生成败的关键。能够做到"克己复礼",即化小我为大我,将个体融入集体,努力在促进社会进步中实现人生价值,实现个人身心愉悦与社会欣欣向荣的美好统一,这其实正是"内圣外王"的要义所在。这些,清果都在书中辟专章进行了探讨。

"内圣外王"是中国哲学史上的重要命题,早在 20 世纪 30 年代,许多研究中国哲学的专家已经对这个命题在传统文化中的地位予以较充分的认识。冯友兰先生甚至认为,中国哲学的"主题是内圣外王之道"①。清果经过一番稽考,以为"内圣外王"本是道家之学,经过学术交融,成为中国哲学史上具有普遍意义的学说。其中所蕴含的道家精神是深刻的,在今天依然具有很强的现实意义。

二、"内圣外王"之学属于道家的原创

《庄子·天下》最早提出"内圣外王"这一命题,伪托庄子的作者描述了"天下大乱,贤圣不明"的情形,对于那些只会"判天地之美,析万物之理"的"一曲之士"颇有微辞。在对许多学派批评了一通之后,正面点出"内圣外王之道"暗而不明的状况。在伪托庄子的作者看来,"内圣外王之道"之所以暗而不明,是因为"一曲之士"不能对宇宙人生进行全面和整体的把握,只是得"一察"而自用。从整体看,该篇站在道家立场上来评述当时的学术流派。首先,《天下》篇对于儒家所颂扬的"君子"理想人格并未给予充分肯定,而谓之为得道之余绪;对于墨家与法家人物,《天下》篇多半赞扬他们那些与道家思想相同的方面,批评其与道家不同的方面。老聃、关尹,庄子谓之为古之博大真人,"独与天地精神往来"的境界就更是受到庄子的高度赞赏。从这些言辞可知,《天下》篇是道家作品,"内圣外王"这一命题自然也就属于道家原创了。

"内圣外王"关键在"圣"字。"圣人"在中国古代是理想人格的象征。仔细阅读《道德经》一类早期著作,可以发现"圣人"乃是道家学派很重要的概念。在《道德经》之中,"圣人"出现二十三次。如第五十七章关于"我无为而民自

---

① 冯友兰:《中国哲学简史》,涂又光译,北京:北京大学出版社,1998 年,第 10 页。

化"①一段前冠以"故圣人云"就是例子。而更多的情况是以总结的形式引出圣人主张，如第六十三章所云"是以圣人终不为大，故能成其大"。老子的圣人论，其核心思想是塑造理想人格，其中包含"理身理国"的基本精神。"理身"意味着"内圣"，"理国"则表征"外王"。虽然，老子的《道德经》里尚未使用"内圣外王"这个词组，但却已经具备了这样的理念。因为《道德经》通篇都把圣人的理身与治国统一起来。从这个角度看，可以说《道德经》已经奠定"内圣外王"的思想基础。《庄子》内篇所讲的"心斋"等修持法门乃是将老子的"修之于身"的"内圣"思想具体化。《天下》篇总结了早期道家的看法，将其修身治国理念概括为"内圣外王"。魏晋时期，玄学家们以老庄思想注疏儒家经典，道家本有的"内圣外王"主张遂逐步发扬光大。道教作为道家学说的主要继承者，于"内圣外王"之说多有发挥。《道藏》里保存了许多《庄子》的注本，从中也可以看出道家"内圣外王"思想的影响与发展。因此，清果以为"内圣外王"体现的本是道家精神。

三、道家"内圣外王"之学的特质在于"自然无为"

当然，这种源于道家精神的"内圣外王"之学在秦汉以来，随着学派交锋、融合趋势的发展，逐渐演变成"公器"。不仅道家、儒家讲"内圣外王"，其他学派也往往移用其说以建构自己的理论，魏晋时期的玄学家和宋明之际的理学家都大谈"内圣外王"之道。然而，学派立场不同，对"内圣外王"的理解也不一样。基于儒家学者畅谈"内圣外王"已有不少论著，我在此就侧重在道家的"内圣外王"之学方面着墨。

汉魏以来儒家讲"内圣外王"，其重心依然放在伦理政治哲学层面，因为儒家立论的根基本来就是宗法道德。从道德哲学层面看，儒家思想核心是"仁"与"礼"。如果说"礼"是外在的伦理规范，那么依照"礼"行事而达到的"仁"就是儒家的人生社会理想境界。这个"仁"即内在修行衡量之标的，又是外在王道功业的价值取向。因此可以说，儒家的"内圣"乃是按照社会道德来修养自我的理论，由"内圣"发而为"外王"，其张扬社会伦理的特质是相当明显的。

道家思想体系之中是否有社会伦理内容呢？回答是肯定的，只是态度不同而已。如《道德经》就使用"孝慈"之类伦理概念。然而，与儒家大力宣扬

---

① (魏)王弼：《王弼集校释》，楼宇烈校释，北京：中华书局，1980年，第150页。下引该书，只注章数。

"仁"与"礼"的主张不同,道家对"仁"与"礼"采取抑制性的立场。具体说来就是把"忠孝仁义"置于"道德"之后,作为宇宙与社会发展系列中的一个环节。《道德经》里有所谓"绝圣弃智"与"绝仁弃义"(第十九章)的说法。过去,学者们往往以为道家主张完全抛弃"圣智仁义"。其实,道家理论奠基人在告诫统治者:真正的圣人是不自以为圣人的,他去除智巧之心,并且不刻意标榜自我行仁义的举动。这就叫作"上德不德",所以能够"处其厚,而不居其薄;处其实,不居其华"(《道德经》第三十八章)。

　　道家对"忠孝仁义"采取抑制性态度,这是其"道"的基本信念决定的。在道家看来,"道"是化生宇宙天地万物与人的根本。这个根本的特性是"自然无为"。道家的"自然无为"论与其"道论"密不可分。如果说,"道论"是道家哲学的基础,"自然无为"论则是"道论"的必然延伸。过去,许多人把"无为"这一术语与"无所作为"等量齐观,这是很大的误会。其实,古人对"无为"语义早有明确解释。魏代王弼指出,"无为"就是"顺自然",这是在阐述老子《道德经》第三十七章时提出来的。此等解释是建立在对《道德经》思想语义比较全面把握的前提下的。称"无为"是"顺自然",因为"无为"是"道"的根本德性,"道"又以自然为法。因此,人不违背地,乃得全安,地不违背天,乃得全载,天不违背道,乃得全覆,道不违背自然乃得其性。"法自然者,在方而法方,在圆而法圆,于自然无所违也。"①王弼从方圆的角度说"自然",首先表明"自然"是客观存在的;与此同时,既然有方圆,也就有变化,有变化也就有规律。故而,"法自然"或"顺自然"便包含着遵循客观规律的意义。由此可见,"无为"与"自然"具有相一致的精神。这种一致,表现在一个"和"字。所谓"冲气以为和"(《道德经》第四十二章)、"含德之厚,比于赤子⋯⋯和之至也"(《道德经》第五十五章)都是这种"一致"精神的不同表达。②

　　不过,"自然"与"无为"毕竟还有区别。"自然"是适用于宇宙、社会、人生的普遍观念,因为天道本质是自然,根据推天道而明人事的思维形式,则"自然"便成为人生与社会之行动应遵循的原则;也就是说,"自然"是人类社会应追求的最高价值体现;而"无为"是实现"自然"价值的途径或者方法③。文献证明,"自然无为"是道家价值哲学的理论杠杆,所以在"内圣外王"问题上,道

①　(魏)王弼:《王弼集校释》,楼宇烈校释,北京:中华书局,1980 年,第 65 页。

②　陈鼓应先生论《道家的和谐观》曾指出老子《道德经》"和"与"常"的关系。实际上,这也包含着"无为"的思想意蕴在其中。

③　关于"自然"与"无为"之关系,刘笑敢先生所撰《老子哲学的中心价值及体系结构》可资参考。

家的价值取向也遵循"自然无为"这一思想宗旨。

道家讲"内圣"。所谓"内圣"就是达到内在的圣人境界。这种境界必须通过修身来实现。在中国历史上,老子是第一个提出"修身"命题的思想家。他在《道德经》第五十四章指出:"修之于身,其德乃真;修之于家,其德乃余;修之于乡,其德乃长;修之于国,其德乃丰;修之于天下,其德乃普。"老子所谓"修"是就宏观道德而论的。从"道体"的永恒性出发,老子认为圣人如果要获得旺盛不衰的魅力就应该讲究"道"的修养,善于进行道德建树。在他看来,"修身"是巩固根基的大事,它是建立"自我"与处人治世的关键所在。依照天道自然无为的法则来修养身心,这是成为圣人的基本课,也就是所谓"内圣"法门;后来道门中人将道家的修身法门与《易经》的思想结合起来,形成所谓"圣功"①。元代道士李道纯说:"圣人所以为圣者,用《易》而已矣。用《易》所以成功者,虚静而已矣。虚则无所不容,静则无所不察。虚则能受物,静则能应事。虚静久久则灵明。虚者,天之象也;静者,地之象也。自强不息,天之虚也;厚德载物,地之静也。空阔无涯,天之虚也;方广无际,地之静也。天地之道,惟虚惟静。虚静在己,则是天地在己也。道经云,人能常清静,天地悉皆归。其斯之谓欤?清即虚也。虚静也者,其神德圣功乎?"李道纯是精通老庄之学的道士,他所说的"圣功"强调"虚静",这实际上就是倡导还纯返朴,归根复命,也就是《道德经》所说的"常",这个"常"说到底还是自然无为。

道家的"内圣"说是否也通向"外王"呢?过去的一些学者往往以为道家"遁世"而不关心社会政治。根据这样的判断,道家也就不可能倡导"外王"之道了;但有趣的是,在道家著作的原始文本里,"王"字成为其语境的关键要素。《道德经》在言及"常道"的时候就将之与"王"联系起来,它说:"知常容,容乃公,公乃王,王乃天,天乃道,道乃久,没身不殆。"(第十六章)除此以外,《道德经》的第三十二章、三十七章、三十九章、六十六章、七十八章分别使用"侯王""天下王"这些术语。从《道德经》的语境看,作者言称"王"主要包含两个层面的意义:首先是把"王"作为圣人修养发展过程中的一个环节。"王"的前提是"公",而"王"的发展是"天",其最高境界是"道"。由此看来,"王"是"内圣"的合理发展,而合于天道却是"外王"的逻辑归宿。其次是告诫世上的侯王应该谦下、返朴、守道、抱一。这就是说,当其人兴旺而王于天下时还应该继续修身,保持"玄德",否则就会失去天下。后面这一点尤其重要,所以《道德经》反

---

① 最早言及"圣功"的是《周易》之《蒙卦》。

复申明。《道德经》之后的其他道家著作对此也多有论述。如《黄帝四经·经法》即说"天下太平,正以明德,参之于天地而兼覆载而无私也,故王天下",又说"王天下者有玄德"。在这里,不论是"明德"还是"玄德"都表明内圣修养的重要。一方面,"明德"才能王天下;另一方面,王天下之后还必须保有玄德,否则胡作非为,天下就乱了。

在道家看来,王天下不是靠强制性的手段来统治。《黄帝四经·经法》说"王天下而天下莫知其所以"①,意思是说,圣人身为天下之王,但天下人却未感受到他的存在。照此,则圣人治理天下还是自然无为的,所以天下百姓并不感到有什么生活压力。对于这种自然无为的"外王之道",庄子是心领神会的,他在《逍遥游》以古帝王尧为例说:"尧治天下之民,平海内之政,往见四子藐姑射之山汾水之阳,窅然丧其天下焉。"晋朝人郭象注曰:"夫尧之无用天下为,亦犹越人之无所用章甫耳。然遗天下者,固天下之所宗。天下虽宗尧,而尧未尝有天下也。"②所谓"无用天下为"即以无为精神治理天下,而不是在心理上占有天下。郭象在另一处注疏里还说:"夫圣人虽在庙堂之上,然其心无异于山林之中。"③这从另一个侧面印证了道家顺自然之道而"外王"的主张。

事实说明,道家"内圣外王"之学有其基本思想宗旨。根据天道法则,道家以"自然无为"作为圣人修身的根本,同时又以"自然无为"作为治世的原则,这就是"内圣外王"之学的核心。

四、返本开新:"内圣外王"的时代价值与传播学意蕴

儒道两家的"内圣外王"之学不仅各具特色,而且在当今社会,也有不可忽略的现实价值。从大体上看,"内圣外王"之学至少在两个方面具有启迪意义。

其一,"内圣外王"之学是从宏观上着眼来思考个人修养与社会治理问题的。应该看到的是,在先秦时期,中国哲学的诸多学派都讨论天人关系,儒道两家更在这个问题上倾注了许多心力。之所以如此,是因为诸子百家之学都以《易经》作为建构理论体系的文化源头,《易经》本来就具有天人相应的理念。诸子百家在借助《易经》的模式以建构体系时不能不受其影响;但是,在如何借助以及借助的程度上却有很大的不同。以儒道而论,儒家基本遵循"由人到

---

① 陈鼓应:《黄帝四经今注今译》,北京:商务印书馆,2016年,第95页。
② (西晋)郭象注,(唐)成玄英疏:《南华真经注疏》上册,北京:中华书局,1998年,第15页。
③ (西晋)郭象注,(唐)成玄英疏:《南华真经注疏》上册,北京:中华书局,1998年,第12页。

天"这一思路来考虑问题,并且将这种思路贯彻到"内圣外王"之学中去。魏晋以后,尤其是在宋元以后,儒家学派由于受到道家、道教与佛学的影响而相对重视哲学本体论问题,但从总体上看,其所侧重的还是社会人伦问题的讨论。

与儒家那种"由人到天"的思路不同,道家遵循的是"由天到人"的思维法度。这种观天道以推人事的思路既是《易经》的基本思维模式,也是早期道家一直遵循的。老子《道德经》一开始就讨论"常道",这就是从天地自然的认识角度出发来思考人类的生存及其在宇宙中的地位。由此切入,道家构建的"内圣外王"之学就有比较扎实的自然哲学思想基础。既然思考问题以自然天道为出发点,那么强调圣人"合于天道自然"便成为道家"内圣外王"之学的特色。由之而延及待人处事,道家讲究的是"袭明"精神,《道德经》第二十七章说"圣人常善救人,故无弃人;常善救物,故无弃物"。道家这种宏观的视野引入当今社会显然可以开阔人类的眼界,因为人类发展到当今,由于种种先进科学技术的发明,已经高傲起来,以致凌驾于天地自然之上发号施令,在"盗取"①天地自然之财富时还互相倾轧,这是相当危险的。所以,人类应该从儒道两家"内圣外王"之学里寻找真正的"慈爱"与关怀的生存哲学资源,以反省自身的行为。

清果该书前五章以老庄为切入点,首先分析老子"坐进此道"的内向传播旨趣,指出"为腹不为目"的自我与他者思考视角,突出"被褐怀玉"的内在超越情操。作者以《道德经》第二十章为着力点,引入米德主我与客我的自我传播观,以此观照第二十章中的"我"与"众人"的显著差异,究其实质,作者认为"我"如同"客我",而"众人"则如同"主我",而本章要旨是老子的心灵独白,阐述修道的"我",与芸芸众生陷于世俗享乐而不知把握自我的天壤之别,最后表达"独异于人,而贵食母"的精神向往。因此"'我'与'众人'正是以'道'这个有意义的象征符来实现彼此的互动。因为'道'的形象能够引发自我的内心省思,成为主我与客我的沟通媒介"。"众人"是自我心中的小我、俗我,而"我"则是行动于道上的大我、真我。主我在大道的感召下,不断召唤俗我效法道之大公无私、大正无妄、大明无昧的至真、至善、至美的特质,走道化人生的道路,克服人类作为动物之一的私欲,而彰显人类的理性光辉,这一过程便是内向传播的过程。有了这样的内向传播过程,人才会在社会生活中遵循人道规范,和谐

---

① 道家《黄帝阴符经》把天地万物以及人攫取资源看作互相"盗取"的过程,它强调应该"取之有道"。

处理与他者的关系,甚至必要时牺牲自我利益,成就社会,成就他者。从传播学角度而言,有了良好的内向传播操持,如同王阳明的"致良知"精神,自然能够调控社会关系,顺畅人际沟通;自然能够团结一心,焕发组织的最大创造力,提高组织传播的效能;也能在媒介即人的延伸的观念指引下,谨慎地运用各种媒介,发挥大众传播的文明传承功能;更可以在人人即媒介的社交媒介时代和人工智能时代,人类命运共同体理念的伟大实践,国民人人参与,都可以发挥与世界其他国家的各种联系,成为传播中华文明的使者。如此看来,内向传播研究正是开启人类传播奥妙的阿基米德点,用好这一点,将可能推动人类文明向着和平和谐的方向迈进。

通览此书,不难发现,清果的上述思路贯彻始终。比如,在第三章中,清果发现"吾丧我"这一表述蕴含着庄子学派独特而精致的内向传播观念。"吾"是"客我","我"如同"主我","吾丧我",其实就是自我超越的过程,即自我能够用道的理念来消解被利欲熏心的"我",克服缺点、弱点等人类与之俱来的问题,而复归纯粹自我的"吾"。清果归纳指出:"庄子'吾丧我'的内向传播所蕴藏的意义就在于通过自我内在的心灵对话,以道化人生,与道合真作为自身一切努力的目标,从而以自我的和谐去增进社会的和谐。"可谓一语中的。

其二,在长期的发展过程中,"内圣外王"之学形成一套修养身心与国家治理的方法,认真加以发掘整理,可以为当今社会的思想道德修养服务。从天道的认识出发,儒道两家将"内圣外王"之学又落实到人的生存处世问题上来。如何才能成为"圣人"? 或者说圣人为什么是"圣人"? 老子提出"致虚极,守静笃"的修持法门。老子所谓"虚"并非是对世界采取虚无主义的态度,而是从净化自我心灵的角度而言的。在道家看来,人降生于茫茫环宇之中,接收了各种各样的信号,混杂的诸多信号对于人的心灵平静造成干扰,人的情欲以及私我意识受到刺激而膨胀起来,以致忘乎所以。长此以往,人之所以为人的自然品性也将消失殆尽。圣人反其道而行之,还纯返朴,破除私我,以"无身"(《道德经》第十三章)为修持的境界。为此,老子以江海的博大形容圣人的胸襟,庄子进一步提出"心斋"[①]之法,目的无非去除自私自利的狭隘心理。道家这种净化自我既是为了治心,也是为了治身,进而治国。在道家人物心目中,人之所以有大患,就是因为考虑自身太过,如果能够节制自我,以身为天下,多为他人

---

① "心斋"之说,见于《庄子·人间世》,文中借助孔子与其学生颜回之对话,指出"心斋"的意义,大抵是"心止于符""虚而待物"。

着想,为天下百姓着想,百姓自然也会爱戴之。

本书的第六至十一章,作者先以修身总括儒家的内向传播意识,认为"儒家的'修身'实质是'内圣外王'的精炼表述,它是以古代圣贤为榜样,以'内省''自悟'为基本路径,以'仁'为操作指向,以'礼'为自我调适的标准,以'中庸''慎独''恕道'为内向传播的主要方法论,以造就'圣人之德'和'圣人之功'为最高精神境界和理想目标,从而蕴含着一个内涵丰富的儒家内向传播体系"。进而,从道心与人心、慎独、内圣外王以及仁论等核心命题入手,提纲挈领地展现儒家内向传播的深刻意蕴与丰富表现,从表面不一的观念中把握内在思想的一贯性。例如,在阐释道心与人心问题上,作者认为:"借助米德的主我客我理论,人心类似于'主我',因为'主我'是当下有现实利益欲望考量的我,饥则食,渴则饮,趋利避害。而'道心'则类心似客我,因为客我是对一般化的他者的态度与反应,可以理解为社会规范下所期待的我。'主我'与'客我'的对话过程,体现了个体的社会化过程,也是自我适应社会,成就自我的过程。"难能可贵的是,作者在每一章论述中特别强调,内向传播活动最终要服务于社会实践,以社会实践的成果来检验内向修身的成效。中国古代先贤们正是在修身与治世两者的互动中不断充实自己,成就自己。内向传播的动力既有内生的,也有外生的。内在的方面是通过对圣贤的人格认同而产生效法的内生动力;外生的,其实是生活实践中的不完美、不满意等困扰促使自我从自己找原因。从根本上讲,人非生而知之,人的认知往往是一代代人的社会实践的积累和精神修炼的信念积淀。只不过,外因要通过内因起作用。人类社会进步的根本动力在于人的创造力,人的创造力又源于主体的内心信念,有了坚强的内心信念才能不断攻坚克艰,一方面不断成长自我,另一方面也增强了与外界打交道的能力。作者在论述"为仁由己"时便突出儒家在增强自身能力方面的内向传播作为,具体可以表述为:"主我以'仁'为指向,以成就作为'仁人'(圣贤)的客我为目标,在这一过程中,充溢着自我内心对'仁'的领悟、参照、调整与升华,亦即'主我'不断召唤'客我',而'客我'又不断地改造'主我',如此反复,以促成自己成为一个具有通达圆融的自我,而具有'仁'性的自我正是构建和谐通泰的现实社会的基石。"

我感到,在解读儒道内向传播观念的过程中,清果对儒家的"慎独"与道家的"见独"的论述最为精彩,此两者的比较最有新意,也是以往学者相对忽略的。清果指出,儒家的"慎独"是以"看"的姿态建构起自我与他者的内在思想张力。为了发掘其内涵,作者借鉴库利的"镜中我"理论,认为"慎独"是以视觉修辞为媒介,将他者内在化为自我的镜子。凡此种种,都是很有意思的传播学表述,令人耳目一新。道家的"见独",清果多方考证后认为"独"原本含义应当是"太阳",因此"见独"是道家经过一系列修行之后,在清静宁静的心境下,人的内心自然生成的高峰体验状态,这种状态就如同阳光普照,智慧洞开,明白四达,照见本来。这正应合了道家"道法自然"的精神,道家的一切努力都是在"为无为",进而进入"无不为"的化境。同样都是修身,儒家是通过谨慎小心的方式,对心中呵护的信仰,去克己复礼,做到行、住、坐、卧,不逾矩。因此,儒家的"独",既是独自,又是享受孤独,是一种人生境界。道家的"独"即道,亦是自然,因此,道家追求的目标是复归自然,复归天性。所谓"见",即"现",呈现出来,自然而然、由然而生的人生悟境。当然,儒家追求的德化世界与道家所追求的道化天下,其最终境界实际上是一致的,只是路径有所差异,本质上都是以制心修身为功夫,讲究超越名缰利锁。在方法上虽然各自不同,但却可以互补。因为儒家入世太深就容易混世,而道家遁世太远,就容易离群,所以儒道一方面保持必要的张力,另一方面也相互借鉴和互补,这本身也是中华文化绵延五千年的原因所在。

至今国内还没有见到专论内向传播的著述,从中华文化中挖掘内向传播智慧的论文也相当罕见。作者历经八载,潜心探索华夏内向传播理论,积极探讨中华文化与内向传播的关联,在推动传播学本土化研究方面做了有益的探索,其论述多发前人之所未发之见。当然,该书仅仅是个开始,系统完善建构华夏内向传播理论还有很长的路要走。希望作者能够不忘初心,继续奋斗,不断推出更好的优秀作品,以无愧于时逢中华民族伟大复兴的时代!

是为序。

谨识于四川大学老子研究院

2019 年 8 月 30 日

（序者为四川大学杰出教授,四川大学老子研究院院长,《宗教学研究》主编,国家"十三五"规划文化重大工程《中华续道藏》首席专家）

序二
新世界主义视阈下传播学中国化研究的意旨发凡

　　在佛罗伦萨的美第奇教堂里矗立着米开朗琪罗的雕塑杰作——日、夜、晨、昏，四尊雕像在时间的流逝过程中体现着亘古不变的永久性元素。著名过程哲学家怀特海认为，各种理念就围绕着恒定与流变这两个概念而产生。在不可避免的必然之流中总有着持存永恒的东西；压倒一切的恒定性也总有涌入流变之中的成分。

　　用恒定与流变这一对范畴来解释传播学的起源与发展是较为合理的立场与视角。发端于美国的传播学以实证化科学手段作为其唯一的真理性权衡标准，借助于拉斯韦尔、拉扎斯菲尔德、霍夫兰、勒温、香农、维纳等学者的理论探索与经验推广，威尔伯·施拉姆把传播学确立为一门科学，把信息传递过程及其效果的研究拟定为该学科的基本框架。在该学科以后几十年的演进中，美国经验学派试图在现代性思维的窠臼中继续维持其高踞顶端的统治地位，但传播作为话语的变异不以人的意志为转移，在其自身的革故鼎新和理论旅行的双重推动下，传播学的体系与旨趣开始偏离其创始者单向度的初衷。批判传播学凭依历史唯物主义与辩证唯物主义的观点方法对资本主义社会进行了全方位的总体解剖，其研究主题涉及对法西斯崛起与革命运动衰微的解释，以及对西方社会所日益呈现出来的极端权威化与累累科层化趋势的焦虑和反思。霍克海姆、阿多诺、马尔库塞、弗洛姆、本雅明、洛文塔尔以及哈贝马斯等天才理论家的论述涉及哲学、社会学、语言学、心理学、美学、政治学、传播学等丰富的人文和社会精神问题域，尤其是对工具理性和文化工业现象的审视与诟病，对传播学的革新与发展影响很大。在地球的另一端，芝加哥学派则在强调传递信息的实证传统的同时，对报纸等大众传媒依然怀有美好的想象，期待它们的良知可以改变当代社会品行下沉的风气，净化清洁人们赖以生存的关系环境。美国学者丹·席勒认为,杜威、米德和帕克等芝加哥学派的代表人物将传播视为调和美国社会冲突的工具,突出传播作为"意义的共享"的价值地位,但他们也没说清楚人们如何共享这个思想空间的意义。在此基础上,詹姆斯·凯瑞更进一步提出传播的仪式观,标举传播构建文化世界的功能,明确了传播作为共享、交流意义的过程,揭示了传播更为深刻的主观性诠释本质,但传播如何对仪式进行解读,凯瑞依然语焉不详。在他的心中,传播的文化取向仅仅是自我宣示的符号,而非另辟蹊径的文化研究路径。

西方传播理论跨洋来到中国以后,在中西文明碰撞、冲突、交汇的背景下也经历阐发性变异,用西方传播学的概念、范畴、方法、体系来解释中国社会精神交往中的问题和现象,又是用中国具体的传播经验和实践效果来体知和校正西方传播理论的既成内涵。覆盖一切的全球化趋势加剧这一相互的导引和阐发,使得传播学的球土化型构更加明显和突出。传播学中国化即这条变异的河流中泛起的浪花。一直以来,厦门大学的华夏传播研究在传播学中国化的历史进程中居于国内前列,凸显重要的标杆效应。1993 年 3 月 18 日,厦门大学传播研究所成立,成为国内推动华夏传播研究的重要机构和组织平台,在促进中华文化与西方传播学理论的对话与融合方面担当先行者的角色。余也鲁、郑学檬、孙旭培、吴予敏、张玉法、戴元光、黄星民等学者不断深化与拓展华夏传播研究的领域,他们疾呼,传播学中国化是"传播学研究发展到一定阶段的必然产物,值得海内外华人传播学者一起努力完成它。我们要从中国的历史背景、文化传统、社会习俗和民族心理的角度,系统研究传播对于中国社会政治制度的演化、经济的发展、民族的融合等方面发挥的影响和作用。中国丰富的历史典籍和民间文化中,有无数与传播有关的现象、实例、事件,需要我们分析、研究,有大量与传播有关的观念、思想和智慧,需要我们总结、概括。对这些传播实践和观念进行研究和总结,必将把传播学提高到新的水准,升华到新的境界"。该宣言在海内外传播学界引起极大的反响和策应,传播学中国化这一变异的主题不仅推动从跨学科或超学科的立场研讨中国传统中的传播问题与现象的热潮,即著名传播学者李金铨所描摹的传播学边界扩展与跨越融通的"交光互映""建路搭桥",而且对后来华夏传播研究领域的形成与固化都产生了一种根本性的引导与旨趣的设定。

进入 21 世纪,中国的包容性崛起为华夏传播研究的合法化自证与他证提供了支撑性的民族叙事话语,这使得传播学中国学派的萌动、破土、形塑成为可能。在这个过程中,新世界主义作为中国走向世界秉持的精神光谱发挥了价值指向的顶层设计作用。这个理论体系以"同心打造人类命运共同体"为基本前提，反对西方中心主义和霸权思维，主张世界多极化和文化多元化；反对地域保护主义，主张人才与信息等的自由流通、开放和合作；主张共商、共建、共生、共荣，摈弃自私和狭隘的保守主义立场；反对干涉他国内政，主张和谐包容、市场运作、和平发展；反对歪曲、篡改历史，主张前事不忘后事之师，防止历史悲剧重演。——学者李永晶认为，新世界主义具有与世界进程同步，甚至超越于当代发展的普遍主义思想价值。对于中国的意义在于，它将中国的历史与现状纳入同时代的全球性整体衍进之中，从而埋设了这种自我意识独立实现的真实路径。它保存了民族精神作为参与世界竞争、推动文明进步的动力源泉，但也解除了民族主义对国家、民族和政治共同体的封闭性依赖，从而为全球性的政治议程开拓了空间。正如同"民族主义"在西欧资本主义兴起与世界秩序重构中发挥的作用一般，新世界主义与中国的成长将呈现出同步共生的关系，对人类文明而言是另外一种解放力量。新世界主义的问世呼唤人类整体传播学体系的完型。学者邵培仁把"构建人类命运共同体、共同建设美好世界"作为核心出发点，强调这个传播体系是综合运用多学科知识和方法，以多角度、多层面的和宏观、中观、微观相结合以及古今中外相融通的分析视维，研究世界各民族的一切传播行为和传播过程发生、发展的规律和信息与人、社会、世界的复杂互动关系，进而建构和谐包容、开放合作、共进共演、共赢共享、良性发展的新型传播世界，这既符合未来社会的基本要求，也能为各国人民认同和接受。在这个宏大的传播版图中怎能没有中国学派的身影？华夏传播研究正是传播学中国学派的一个杰出代表，我们期待传播学西方理论的旅行变异与华夏文化对外来思想方法的本土化阐释相互拉伸，互补增益，递延演化，在古老的中国大地上开出人类整体传播学的新花。

清果教授八年心血磨砺的大作《华夏自我传播的理论建构》正是传播学本土化进程中涌现出来的优秀成果。这本倾注了年轻一辈华夏学人智慧与精魂的专著，高扬了人的主体性的旗帜，试图用中国自身的话语建构传播学中国化的内向理路，具有创新和魅力。这本书呈现出如下两个鲜明的特点：一是着眼于心性智慧对人内传播过程与机制的光照，突出中华传统文化思想投射于人类传播活动与现象的经验事实，筚路蓝缕，以启山林，这实际上是从侧面对建构中国特色社会主义新闻传播学的意旨发凡。按照钱穆先生的归类释义，中国传统学术话语主要分为两大类：一即心性之学，二即治平之学。心性之学乃德性之学，要求正心、诚意、远欲、离名，也就是在人生修养情操、陶冶人格品质方面的学问。这个心性之学又与把"心"看作实体的西方心理学不一样,它们主要是从物理、生理实验方面来讲心理活动及其衍生模式。中国的心性之学主要反映在人生的实际问题,人类所共同并可能的一种交往感应的心理,也就是说,对道德意识或道德情感的探究实则是这一心性之学的精髓。他特别指出,后人言程朱主"性即理"、陆王主"心即理",因分别程朱为理学,陆王即心学,此一分别亦非不是,然最能发挥心与理之异同分合及其相互间之密切关系者盖莫如朱子。故纵谓朱子之学彻头彻尾乃是一项圆密宏大之心学,亦无不可。实际上,心性之学上通宇宙形而上之自在之域,下达芸芸众生、物之社会的各个个体,是广大悉备、洞及精微的思想体系,不少学者都视之为中国古代哲学的根本范式、儒释道三家的核心理论和主要特征。清果教授的宏智高论正是承袭了这一传统旨趣,从老子的内向传播到庄子的蝶变与独见,从儒家的修身、慎独、道心与人心的博弈、内圣外王到佛家的明心见性,为我们揭示了一条心性编码与外溢传播的抽象之路,颇得程朱陆王正义之精要,但又创列了与全球化时代相契的另外一种阐释的空间与理路。二是注意了中西传播理论的互视与渗透。本书并非埋头于中国古代文献及其阐发之著的考据式、印证型内闭探索与研究,而是注目于中西传播论纲的平等对话方式,打通东方思想与西方理据因相互割裂而阻塞、迟滞的血脉,既立足于中华文化自身的主体性,又开辟了一个多元、包容的精神题域,以期彰显华夏传播数千年延续之本我形象,又以西方现代理论建构的客我影廓进行对比鉴别。这就在本书论及的多个问题上兼收并蓄了不同文明的观点及框架,拥有了相对中正、客观、多维的视野。从这个意义上讲,作者梳理的自我内向传播理路正是心性现象学关注的思想逻辑。比如,德国现象学家舍勒提出的"道德感受"与中国学者擘画的"心性之学"所展开的问题就相当契合,学者倪梁康评价说,心性现象学的研究领域和研究方法就在于,不是直向地面对世界,而是反思地回返人心——这就是形而上之"心"折射的认知路径,也是胡塞尔通过超越论还原所要获得的东西。不是停留在人心的事实及其影像,而是努力地把握人心的本质——这是"性"的深层关怀与价值所指,也是胡塞尔通过本质还原所要获得的东西。在本质直观的横向与纵向目光中让"心性"显现出来——这是"现象学"的意思,也是胡塞尔现象学的方法与诉求。本书沿用了米德、布鲁默、弗洛伊德、詹姆斯等西方学者的理论范式,印证与反思儒释道内向传播的相关心路历程,做到了中西文明专业化题域的相互映衬与彼此观照,实则也是对传播学变异说的中国方案拟具,兼有一定的理论价值和现实意义。

　　我与清果教授初识于 2017 年年底在浙江越秀外国语学院召开的全球修辞学会新年学术研讨会,再晤于 2018 年 9 月在江苏茅山举行的首届华夏文明传播与企业家精神培育研讨会,他和他年轻活跃、睿智进取的团队给我留下深刻的印象。华夏传播研究可谓后继有人。自此以后,华夏传播研究会也与中国认知传播学会结下了不解之缘,今年 9 月还将共同举办"中国认知传播学会第六届年会暨国际认知传播学术研讨会",希望我们的不懈努力可以为传播学中国化的思想大厦添砖加瓦,也为早日形成人类整体传播学的"中国学派"贡献力量。

　　是为序。

己亥夏月于煮梦庐

　　[序者为中国认知传播学会常务副会长、四川外国语大学教授、中美后现代发展研究院(美国)、日本札幌大学客座教授]

目　录

绪　论
中西内向传播差异论纲

内向传播是人类共有的传播活动与传播现象。它无论自言自语，还是心灵的对话，抑或是梦里乾坤，凡此种种，无一不体现了人类独有的自我认知、自我反省、自我升华的重要路径，可以视为人类一切传播活动的起点与归宿。然而，在中国传播学界，内向传播研究却远远滞后于其他传播学领域。其实，华夏内向传播本身正是华夏传播学的优势与特色所在。本书致力于开启这一领域的开拓性研究。

内向传播（又称"人内传播""自我传播"），中国乃至世界的传播学教学科研大都忽视这一传播类型而侧重于大众传播。美国科罗拉多大学的唐娜·沃凯特曾在《人际交往：不同的声音，不同的思想》一书的序言中提到，1986 年查尔斯·罗伯特向当时的口语传播协会提出成立内向传播专业委员会，引起不小的争论，从此内向传播进入传播学的研究视野。总的来说，内向传播探讨的是自我对话，此时自我作为传播者，既是发送者，也是接收者。朱莉娅·伍德曾说："自我传播是我们与自己进行的交流，或自言自语，或促使自己做某件特殊的事情或是决心不做……自我传播是在自身内部进行的认知过程。而且由于思考依赖于语言——用语言为现象命名，用语言表示现象，因此这就是一种传播。"[1]戴元光、范东生、陈力丹、董天策、胡正荣等国内学者的著作中都涉及内向传播（他们都把内向传播作为一切传播的起点，作为一切传播活动不可缺少的环节），但关注不够，匆匆略过，至今更无一本研究内向传播的专著。

不过，也有学者建议将内向传播排除在传播学之外，屠忠俊回应此说，于1998 年率先刊文为"内向传播"正名，他着重论述自我传播一样具有社会性。[2]

---

① （英）朱莉娅·伍德：《生活中的传播》，董璐译，北京：北京大学出版社，2009 年，第 22 页。
② 屠忠俊：《自我传播与大传播》，《华中理工大学学报》（社会科学版），1998 年第 3 期。

沙莲香在其著作中单列一章"信息传播的内在机制",从认知过程和生理基础（主要指脑功能）来探讨"人之内的信息传播过程"①。郭庆光教授也是较早且较细致地将内向传播纳入传播学教材视野的学者,影响甚广。他认为内向传播"指的是个人接受外部信息并在人体内部进行信息处理的活动",也是"个人的主体意识——自我意识主导下的传播活动",他肯定内向传播"是其他一切传播活动的基础,任何一种其他类型的传播,如人际传播、群体传播、大众传播等,都必然伴随着人内环节,而人内传播的性质和结果,也必然会对其他类型的传播产生重要的影响"。他还认为"内省是人对自己的一种反思活动,也是一种重要的人内传播形式",明确将儒家的内省纳入其中。② 此外,现有的为数不多的论文大多侧重对内向传播的学理内涵、机制、模型及运用的思考。

与此研究路径不同,笔者近些年专注挖掘中国传统文化中的内向传播智慧,着重探讨儒释道的内向传播观念,从 2011 年在《国际新闻界》第 6 期上发表《内向传播的视阈下老子的自我观探析》一文开始,八年来坚持推进这一研究方向,陆续又发表《内向传播视域下的〈庄子〉"吾丧我"思想新探》《作为儒家内向传播观念的"慎独"》《内向传播视域中的佛教心性论》《新子学之"新":重建传统心性之学——以道家"见独"观念为例》《新子学的当代转向——以儒家道心、人心的博弈与当代自我传播智慧为例》等多篇专题论文,③开创系统性华夏内向传播研究这一领域。幸逢厦门大学大力发展哲学社会科学之际,拟继续推出厦门大学的标志性学术成果——"南强丛书",本书有幸被收录该丛书中,也感恩厦门大学出版社厚爱,积极催促我在前期成果的基础上,进行系统梳理,丰富完善,推出这部凝聚了我多年心血的著作。

内向传播,在管理学上也称为自我管理。其研究中西方大体上各有特色,具体说来,西方人受工具理性思维的支配,形成"认识你自己"的内向传播观,中国人（或东方人）受情感或价值或道德理性的启发,倡导"成为你自己"。相比而言,西方的内向传播更注重社会身份的确认,呼吁人们摆正自己在社会上的位置。这一点在形式上跟儒家的正名论很相似。不过,儒家的取向依然是先正己,后正人,正人亦在正己之中完成,因为其身正,不令而行。当然正己离

---

① 沙莲香:《传播学——以人为主体的图象世界之谜》,北京:中国人民大学出版社,1990 年,第 265～310 页。
② 郭庆光:《传播学教程》,北京:中国人民大学出版社,2011 年,第 61,65,67 页。
③ 论文分别发表在《诸子学刊》2013 年第 9 辑、《暨南学报》2015 年第 10 期、《扬州大学学报》2016 年第 2 期、《人文杂志》2017 年第 5 期、《管子学刊》2018 年第 4 期。

不开认识自己，不过，在儒家看来，认识自己，并不是在知识论上去认识，而是从情感理性和道德理性上去认识，即确立人作为正人君子的先验性和无可质疑性，并将之确立为人与其他万物的区别，从而于此确立起自己言行举止的着力点，就是以先验的中庸、中道来要求自己达到中和，并以此作为理想境界来追求，来调适自己。儒家认为，只有这样做了，自己的价值才能得到真正的实现。儒家虽然有着强烈的社会责任感，要以"平天下"为己任，然而正如倡导自我修养最典型的心学代表人物王阳明，其"致良知""知行合一"都强调发扬良知，将良知扩充到整个社会，将德性之知化为德性之行，将两者直接统一起来，具有强烈的自我传播观念。道家则更明显追求在回归人性自然中实现天人和谐与人际和谐，以"两不相伤"为最大依归，以逍遥自适，与物无待，做到不依伴于外物中，实现个体的自在自由。

　　与此相对应的是，西方的内向传播以"眼见为实"（Seeing is Believing）为观念基础，东方的内向传播则更倾向于"心诚则灵"（Believing is Seeing）。通常认为，西方人用科学的路径来认识自我，东方人用人文的路径来感知自我（非理性）。前者更多是经验的，后者更多是超验的。儒家的"诚"与"仁"不仅是情感的、道德的，也是本体的。"诚则明，明则诚"，仁则犹如种子，用德性的光芒去浇灌。帕瑞克指出："我们所认识到的并非作为主体的'我'（I），而是作为客体的'我'（me）。正如双眼观察周围，却看不见自己；指尖触及他物，却碰不到自己。我想说的是，自我并不是个人的身体、思想或者情感。它们仅仅是自我的某个部分某个空间，或者说，是自我的某个功能领域。"①他认为人要自我管理身体、思想、情感、神经感觉系统、意识状态这五个方面，因为人是这五个方面的体验者。神经感觉系统就是感官与外界的信息交流，相信"思想胜过物质"，人想象的往往都可以成为现实，如孔子所言"心欲仁则仁至矣"，老子所说的"求以得，有罪以免"。相信正能量的思想能够获得正效应的回报，从而成为个体行为的内生驱动力。个体的不同意识状态，反映心灵境界的不同层次，既有类似于马斯洛的需求层次意义上的达到生理以及情感、安全、归宿等心理方面的满足；还有超越自我的无私的爱与同情心、沟通与创造、直觉中心，宇宙意识，即纯洁的、超越个人或超意识的层次，这种层次有类于道或佛或圣的境界，成就了最大的自我，即忘我的境界。从印度瑜伽来看，这一切可以通过冥

---

① （印）杰克迪希·帕瑞克：《管理者的自我管理——超然投入的生活与工作》，许思悦、冯征译，上海：上海人民出版社，2004 年，第 36 页。

想来实现。[①] 对儒家而言,这一切通过养心来实现。通过道心与人心的辩证运动,使人心成为纯粹的道心,从而修身成圣。对佛家而言,则通过明心见性,从而超脱世俗,实现自我超越,臻至人生的自由之境。对道家而言,则是通过对世间价值的消解,而向自然复归的方式,获得心灵的逍遥自适。

本书力图引入内向传播理论视角来观照以儒释道文化为核心的中华优秀传统文化,力争运用中西理论对话的方式,彰显中华文化自身的主体性,以期用中国自身的话语建构中国的内向传播理论体系。本书仅仅是开端、尝试,希望将来能够更深入、更全面、更系统地研究华夏内向传播理论。

---

① (印)杰克迪希·帕瑞克:《管理者的自我管理——超然投入的生活与工作》,许思悦、冯征译,上海:上海人民出版社,2004年,第140~146页。

第一章

修之于身,其德乃真:老子的内向传播取向

老子的自我观蕴藏着独特的内向传播智慧,主要体现在要求自我确立起"惟道是从"的主体意识,进而以"道"的符号象征意义为媒介来引导自我省思,不断消除世俗价值观的污染,最终实现"无为而无不为"的自然、自由的人生境界。与侧重考察自我社会性的西方内向传播理论相比,老子的内向传播更倾向于消融社会性对自我超越的干扰,注重自我内心通过向"道"的复归而实现自我升华。

从传播学视角观照《道德经》(又称《老子》),是随着改革开放以来传播学作为社会科学传入中国而发生和发展起来的。在传播学本土化运动背景下,一些学者从传播思想史角度对老子的传播思想进行初步探索,取得一些成果。比如李敬一指出:"如果把传播看作人类个体与群体之间的关系,而这种关系又包含着个体成员自身对外界信息的获取、反馈、思维和社会成员之间的信息交流与情感沟通的话,老子的传播思想则偏重于对前者亦即对处于一定的社会关系中的个体内向传播的探讨。"[①]仝冠军也指出:"相对于外向的传播,老子更重视内向传播,重视自身的体悟、反省,以致于有些人误以为老子对传播活动采取否定的态度。所谓虚无,所谓清静,都是进行内向传播所必需的境界和途径。"[②]这种认识应该说是独具慧眼的。不过,应该看到,绝大多数学者在探讨老子与道家传播思想时内容比较宽泛,少有人从内向传播、组织传播、人际传播等角度进行深入的专题研究。因此本章拟根据《老子》自身的脉络来呈现其内向传播智慧。

---

① 李敬一:《中国传播史论》,武汉:武汉大学出版社,2002年,第172页。
② 仝冠军:《先秦诸子传播思想研究》,博士学位论文,北京大学,2005年,第183页。

第一节 坐进此道：老子思想的内向传播旨趣

传播学上通常认为，内向传播也称人内传播、内在传播和自我传播，指的是一个人接受外部信息并在人体内部进行信息处理的活动。① 说到底，内向传播是认知主体以自我为对象，以固有信息和现实的新信息为操作内容，以应对环境为目标，实现自我认知、自我改造的过程。老子内向传播智慧的要旨在于为道者在充分认知自我、社会和自然的基础上，在内心进行的以"道"的形象为媒介，而实现的由俗人向圣人境界升华为目标的信息互动过程。老子内向传播较其他诸子更突出的特点在于："老子重在通过内向传播排除智识的蒙蔽，认知和把握最高的'道'"。② 虽然对"道"的诠释离不开自然、社会、人生问题剖析，但是剖析当时的社会、人生问题，老子的"道"才得以阐发，引发感悟，实现自我境界的超越。境界的超越则必须依赖内心确立起"道"的信念，有了"道"的信念才能自觉地改变自我，并因自我改变的扩散效应而改变社会。

诚然，内向传播虽然以内向性为主要特征，但它依然具有一切传播所共有的社会性与互动性。就社会性而言，内向传播的起点是社会生活的知识积累和情境感受，归宿依然是对现实社会关系的能动作用。就互动性而言，内向传播以人类共有的意义空间（象征符）来实现"主我"与"客我"的互动。正如米德对人内传播的社会性和互动机制所作考察的结论：自我意识对人的行为决策具有重要影响，而自我可以由相互联系和相互作用的"主我"和"客我"两个方面组成。"'客我'表现了使行为举止在其中发生的情境，而'主我'则是个体对这种情境所实际作出的反应。这种把活动二分为情境和反应的做法，是任何一种明智的活动都具有的特征——即使一种活动并不包含这种社会机制，情况也仍然是如此。"③内向传播是人对自己的确证，即"我思故我在"。传播学者陈力丹说："通过人内传播，人能够在与社会他人的联系上认识自己，改造自己，不断实现自我的发展和完善，从而使得自己能够更好地适应社会的需要，处理好各个方面的关系。"④

① 郭庆光：《传播学教程》，北京：中国人民大学出版社，2002年，第173页。
② 仝冠军：《先秦诸子传播思想研究》，博士学位论文，北京大学，2005年，第183页。
③ （美）米德：《心灵、自我与社会》，霍桂桓译，上海：上海译文出版社，1992年，第299页。
④ 陈力丹、陈俊妮：《论人内传播》，《当代传播》，2010年第1期。

《道德经》中自我观与内向传播理论的共通之处在于老子在阐释自我升华要义时也常从社会角度进行观照。例如，老子认为在"小国寡民"的理想社会里，"邻国相望，鸡犬之声相闻。民至老死，不相往来"，他认为社会治理的指向是"使民重死而不远徙，虽有舟舆，无所乘之"。这是从世人的社会生活方式进行批判性反思，因为"天下熙熙皆为利来，天下攘攘皆为利往"，故而常常要"远徙"，如果人民能够看重生命而不在乎外在的财货荣辱，就会自觉地"为腹不为目"，注意内心精神生活的富足，获得"坐进此道"的深层体验。舟与舆是当时先进的交通工具，它们是人行走功能的延伸，但是老子注意到"其出弥远，其知弥少"，人们对世界的认知往往比对自己的认知多，所以老子强调"自知者明"。因此，不乘舟舆，并不是反对其工具价值，而是呼吁世人关注人自身的价值，因为人本身就是最大的价值所在。郭长生说："人若有了心灵的境界，便不会再孤独和寂寞，也才会不乐于世俗的往来，不因这些世俗诸事而浪费时间，劳烦精神。"[①]为了追求这种"心灵的境界"，老子提出"使民复结绳而用之"的主张。结绳记事是人类蒙昧时期的文化传承方式，文字出现以后，这一传统便隐退了，老子倡导复归结绳记事传统的缘由在于"智慧出，有大伪"。人类不再像结绳记事时代那样素朴、自然、单纯，人的思想越发复杂多变，机伪狡诈之事越发层出不穷。人类婴儿时代"无知无欲"的天真状态消失，人类在内心上也就感到越活越累。此外，因为"道可道，非常道；名可名，非常名"，语言文字往往容易割裂"道"的整全性，只有摆脱语言文字（"名"）的束缚，才能从媒介层面上消除对"道"的意义之分割，最终实现对"道"的意义的整体性占有。

因此，老子倡导世人向自己的内心深处寻找安宁，力求在自己内心中坚守"惟施是畏"和"惟道是从"的道德理念，即所谓"执大象，天下往。往而不害，安平太"。人象者，大道之法象也。世人如能以大道作为行为准则，就能不断做到"清""静""净"，塑造"圣人"的人格形象，这正是老子内向传播的要义。

综上所述，老子倡导复归结绳记事的文化传统和呼吁人类更多思索自身，即"认识你自己"，也就是提倡从内向传播上实现个人对人生意义的完整占有。只不过，方法与传播学上的内向传播不同，即通过对社会性活动的减损和人类已有知识的超越来实现自我升华。老子说"为学日益，为道日损。损之又损，以至于无为，无为而无不为"，"为学"的对象是前人的知识、经验以及社会规范等，会不断增益；"为道"则是自我超越，通过减少社会因素对自我精神的束缚，

---

① 黄友敬：《老子传真》，福州：海峡文艺出版社，1998年，第511页。

最终获得"道"一样的自由,即"无为而无不为"。

第二节 为腹不为目:老子对自我与他者的思考

社会心理学家乔治·赫伯特·米德在美国享有"传播学鼻祖"的桂冠。他将"自我"划分为"主我"(I)和"客我"(me):"'主我'是有机体对其他人的态度的反应;'客我'则是一个人自己采取的一组有组织的其他人的态度。"[①]"主我"是行为和意愿的主体,带有生物性的冲动原则,体现个体的自由感与进取心;"客我"是他人评价和期待的对象,带有社会性的理性原则,体现个体的社会认同与社会规范。在米德看来,生理性冲动和反应性理智之间的互动是心灵的本质,"主我"与"客我"的互动是自我的本质。也可以说,开拓创新与循规蹈矩共同塑造"自我","主我"与"客我"的互动是自我社会化的过程。不过,老子的内向传播智慧有其自身的特点,他所阐释的"主我"与"客我"的互动,是以得道的"我"与混俗的"众人"在思想言行上的迥异彰显自我升华的基本指向。其目的在于启发世人在自我内心深处以合道的"我"为学习榜样,进而消损自我内心可能具有的与"众人"相似的背离于"道"的诸多问题,推动现实"我"向"大道我"的境界跃升。

一、域中四大:"自我"意识确立的标志

作为中国哲学之父,老子具有深刻的自我意识。老子告诉世人自我个体是伟大的,因为"道大、天大、地大、人亦大","域中有四大,而人居其一焉","人法地,地法天,天法道,道法自然",人是宇宙中的四大之一,意在唤醒世人的自我意识,使人从天帝观念和王权观念的束缚中脱离出来,高扬人性自觉意识。这种自觉意识主要体现在倡导"道"的观念。老子指出:"有物混成,先天地生。寂兮寥兮,独立不改,周行而不殆,可以为天下母。吾不知其名,字之曰道,强为之名曰大。"在他看来,"道"是"天下母",她的"大"在时间上是"先天地生",在天帝之先就存在。老子说:"道冲而用之或不盈。渊兮似万物之宗……湛兮似或存,吾不知谁之子,象帝之先。"在空间上是"周行而不殆",一切世间神圣的东西在"道"面前都没有什么神奇的。老子说:"以道莅天下,其不鬼不神。

---

① (美)米德:《心灵、自我与社会》,上海:上海译文出版社,1992年,第189页。

非其鬼不神，其神不伤人。非其神不伤人，圣人亦不伤人。夫两不相伤，故德交归焉。"鬼与神，这里可以理解为邪恶的力量和神奇的力量，它们在"道"面前都不灵验，因为"道"创生万物，自然包括正反力量，例如包括正物质与反物质，只不过，有道者可以驾驭好它们，使之各安其序，不但"不伤人"，而且可以实现"德交归"，即共同进于道。

如此说来，老子希望以"道"的公正、公平、全面、周到来实现宇宙间秩序的自然维护，即"无为而治"。他说："知常容，容乃公，公乃王，王乃天，天乃道，道乃久，没身不殆。"这里的"知常"其实就是把握"道"在宇宙、自然、社会、人生上的体现，做到这一点，人就能宽容，做到宽容就能无私大公，有了大公无私之心，就能让人民为自我的主人，可以推至身、乡、国、天下，使天下都归附于"道"，如此则万物有序，自然可以长久，终身皆没有危险。所以老子认为解决社会危机的关键在于在自我内心深处确立起"道"的准则，进而时刻保持"惟道是从"与"唯施是畏"间的张力。即内心坚持"道"的准则，在行动（"施"）时怀有对"道"敬畏心理，以防止自己陷于"不道"的危险境地。这其实是从根本上营造内向传播合"道"展开的心理环境，确立内向传播的最终目标与思想导向。

二、我独异于人："我"与"众人"的互镜

老子第二十章中说："众人熙熙，如享太牢，如春登台。我独泊兮其未兆，如婴儿之未孩，儽儽兮若无所归。众人皆有余，而我独若遗。我愚人之心也哉！俗人昭昭，我独昏昏；俗人察察，我独闷闷。澹兮其若海，飂兮若无止。众人皆有以，而我独顽似鄙。我独异于人，而贵食母。"老子明确区分"我"与"众人"。"我"在这里是处于"孔德之容，惟道是从"的理想状态下的"我"，即道化的"我"，且本章的"我"其实正是"众人"眼中的"他者"。"众人"却不一样，他们按自己的意愿享受生活，可视为与"我"（道化的"我"）相对应的"他者"。"众人"往往以动物生理的本能追逐五音、五色、五味、难得之货，导致耳聋、目盲、口爽、行妨。有高度行为自觉的"圣人"则与之相反——"圣人，为腹不为目"。王弼就此解释说："为腹者，以物养己。为目者，以物役己。故圣人不为目也。"在物我的问题上，圣人永远是以心御物，物为我用，以保证自我心灵的自由与空灵。范应元也有类似看法："为腹者，守道也；为目者，逐物也。"[1]圣人坚守大道，无以物乱心。为目者追逐外物，使人丧失作为人的尊严。林语堂深明于

---

[1]　范应元：《老子道德经古本集注》，《中华道藏》第11册，北京：华夏出版社，2004年，第511页。

此,他说:"'腹'指内在自我,'目'指外在自我感觉世界。"严灵峰亦言:"腹易厌足,目好无穷。此举'目'为例,以概其余。"因此,老子通过深刻诠释"我"与"众人"的差异从而启发世人在内心深处与俗人区别开来,进而实现自我升华。

《老子》第二十章明确揭示"我"与"众人"的差异,引导自我超越:

其一,"众人熙熙,如享太牢,如春登台",众人"淫放多情欲也",其状态如同享用太牢盛宴,如同春天登高台般意气风发。

"我独泊兮其未兆,如婴儿之未孩,儽儽兮若无所归。""我"独自停止,一般没有任何意识的征兆,如同婴儿还不懂得嬉笑,好像没有任何归宿意识而呈现飘逸。

全冠军认为:"老子更加重视的是人的内向传播,追求活动的'自然'状态,反对外来力量的干涉和强制。"①老子重视守住自我的清静和自主,认为追求太牢和登台的享乐就会在随波逐流中迷失自我。

其二,"众人皆有余",天下众人都追求富余。在老子看来,私有观念是"众人"的基本特征之一。他在第七十七章中说道:"天之道,损有余而补不足。人之道则不然,损不足以奉有余。孰能有余以奉天下,唯有道者。"天道无私,所以没有亲疏贵贱之别,"天地相合以降甘露,民莫之令而自均"。有道者奉行天道,内心自觉持有"(损)有余以奉天下"的心态。"圣人不积,既以为人,己愈有;既以与人,己愈多。天之道,利而不害。圣人之道,为而不争",圣人没有私有观念,终身奉献。

"而我独若遗。我愚人之心也哉!沌沌兮!"没有私有观念的"我"却唯独好像遗失了一般,空无一物。"我"保有愚朴之心,浑沌不分。众人之"智"在于以自我为中心,考虑自我利益;"我"则在众人眼中成为"愚"。老子指出:"圣人无常心,以百姓心为心。善者吾善之;不善者,吾亦善之,德善。信者,吾信之。不信者,吾亦信之,德信。圣人在天下歙歙,为天下浑其心。百姓皆注其耳目,圣人皆孩之。"圣人是"愚"的典型,他无自己的心意,而存有百姓的心意。无论善与不善,信与不信,他都一视同仁,他对待天下百姓如同自己的孩子一般,只管付出,不求回报。

其三,"俗人昭昭",俗人(亦众人)谋虑自炫。俗人往往如同老子在第二十四章所刻画的那样:"企者不立,跨者不行。自见者不明,自是者不彰,自伐者无功,自矜者不长。其在道也,曰:余食赘行。物或恶之,故有道者不处。"企,

---

① 全冠军:《先秦诸子传播思想研究》,博士学位论文,北京大学,2005年,第192页。

踮起脚跟者不能长久站立，跨步走无以久行。有道者是不屑于自见、自是、自伐、自矜的。

"我独昏昏"，意谓"我"昏愚自守，不任智。这是因为"圣人自知不自见；自爱不自贵"。昏昏不代表愚蠢，反而是冷静理智地持有自知之明，且爱护自我，而不高贵自我，贬低乃至伤害他人。"前识者，道之华而愚之始"，前识可以理解为智慧上的"前瞻性认识"，这是"道"精华的呈现，他却以愚朴自守。如同老子第十章所言："明白四达，能无为乎?"有道者不以自己的机智来自我谋利，故而似乎无所作为。

其四，"俗人察察"，俗人明察秋毫，纤微必较。老子说："持而盈之，不如其已。揣而锐之，不可长保。金玉满堂，莫之能守。富贵而骄，自遗其咎。"俗人一心追求盈满永不知足，一心追逐财富和权势，殊不知在此过程中为自己留下无穷后患。所以老子在第四十六章告诫说："祸莫大于不知足，咎莫大于欲得"。不知足者放任自己的欲望，最终玩火自焚。

"我独闷闷"，"我"忘乎所以，无所用心。"我"心境上之所以"闷闷"，乃是因为"我"知足。老子从正反两面为世人揭示知足的深远意义：第一，"知足者富"，知道满足的人是真正富有的。老子分析说"知足之足，常足矣"，也就是说，知道满足于该满足之境，这样的满足是真正恒常的满足。第二，"知足不辱，知止不殆，可以长久"，从反面来说，知足可免于陷己宠辱皆惊，知道适时停止追逐，可以保持自我的长久，而不至陷于困殆。

其五，"众人皆有以"，众人都很有作为。宋代陈象古注曰："以，用也，言学成而无不求其用者也。"[1]众人都想"学好文武艺，货于帝王家"，心中升腾的是功名利禄，一心外求，而不返观内省，无以逍遥自在。

"我独顽似鄙"，"我"却独自愚顽好像一个鄙陋的粗人。陈象古注曰："内藏其用，人莫易知，外视不能，故顽似鄙。"老子认为做人不要张扬，他指出，"上德若谷，大白若辱，广德若不足，建德若偷，质真若渝"，本质上是上德却好像山谷一般虚空；本性纯白却好像黝黑非常；道德深广却好像不足；建立功德却好像小偷一样不想为人知；本质纯真却好像染污。"我"不同于人之处在于"不争"，而天下无人能与之争，即上德、大白、广德、建德、质真都得以持续发扬。事实胜于雄辩，"道"之奥妙非一时一地一人所可穷尽。所以"为者败之，执者失之。是以圣人无为，故无败；无执故无失"。

---

[1]　陈象古：《道德真经解》，《中华道藏》第 10 册，北京：华夏出版社，2004 年，第 647 页。

其六,"我独异于人,而贵食母"。老子于此亮出自己的见解,"我"与"众人"不相同的根本点在于"贵食母"。"道"是"我"与"人"的分水岭。金代赵秉文解曰:"道者万物之母。众人徇物而忘道,而圣人脱遗万物,以道为宗,譬如婴儿无所杂食,食于母而已。"①其实,"我"与"众人"正是以"道"这个有意义的象征符来实现彼此的互动。因为"道"的形象能够引发自我的内心省思,成为"主我"与"客我"的沟通媒介。

综上所论,老子通过论述"我"与"众人"的分野,一方面建构了为道者的"自我"的内在结构,这里语境上的"我"类似于"客我",得道的"我",而"众人"则类似于"主我";另一方面则暗示了"自我"实现升华的基本路径。这就是上文已言的"为学"与"为道"的内在张力。"为学"是对外物的探索活动,以求得越来越多的知识。"为道"是内心返观自省的境界升华过程,以求得越来越少的偏见、成见、妄见的干扰。仝冠军认为:"老子把外向的传播叫作'为学',叫作'知人',把内向的传播叫作'为道',叫作'自知'。老子更加重视的是人的内向传播,追求传播活动的'自然'状态,反对外来力量的干涉和强制。"②因此,老子教导世人应当确立起道化人生的追求,在内心深处不断消融"众人"的一切世俗追求,增益与"道"相合的信念和作为,从而达到升华自我、逍遥人生的境界。

第三节　被褐怀玉：老子的自我互动与自我内省

布鲁默是米德的学生,他提出象征互动论,认为人能够与自身进行互动,称为"自我互动"。"在人内传播的过程中,个人会沿着自己的立场或行为方向对他期待的意义进行能动的理解、解释、选择、修改、加工,并在此基础上重新加以组合"③,从而形成崭新的自我——新的行为主体。其实,所谓"自我互动"是自我基于对社会的认知,结合自己的价值判断,对原先自我进行调整以应对新的情境。自我正是在这个情境中不断认识自己,改造自己的。《道德经》中"我"字出现19次,"吾"出现22次。尹世英从句法功能角度对此进行研

---

① 赵秉文:《道德真经集解》,《中华道藏》第12册,北京:华夏出版社,2004年,第214页。
② 仝冠军:《先秦诸子传播思想研究》,博士学位论文,北京大学,2005年,第192页。
③ 郭庆光:《传播学教程》,北京:中国人民大学出版社,2002年,第80页。

究,得出"'我'是得道之人,是圣人,'吾'是未得道之人,是'道'的追求者"①的结论。《道德经》文本中的"我"与"吾"用法的此种差异向世人开启了由"吾"成"我"的进道之阶。从自我互动的角度说,老子心目中的"我"乃是作为"吾"的自我修正指向,"吾"则是"我"之为"我"观照的对象。"我"与"吾"在彼此观照中,即"为学日益"与"为道日损"中行进于道。福永光司曾说:"老子的'我'是跟'道'对话的'我',不是跟世俗对话的'我'。老子便以这个'我'做主词,盘坐在中国历史的山谷间,以自语着人的忧愁与欢喜。他的自语,正像山谷间的松涛,格调高越,也像夜海的荡音,清澈如诗。"②

老子说:"吾言甚易知,甚易行。天下莫能知,莫能行。言有宗,事有君。夫唯无知,是以不我知。知我者希,则我者贵,是以圣人被褐怀玉。"在老子内心中,他将对自己语言的认知与实践和天下人对他的语言的认知与实践进行了理性对比,在价值上,他确认自己语言承载的意义既易知又易行,而天下人则难之。进而他确证说自己的语言是有根据的,所说的事情是有归属的。可以推知老子在写作《道德经》本章时,内心已确知自己语言受众的可能(乃至必然)反应;不过,老子本人并未因此而放弃自己对"玄之又玄,众妙之门"的大道的阐扬,他深知阐述大道的用语具有"正言若反"的特点,这是由道的本质决定的。世人因一己之私与大公的"道"本性相背离,故而难知难行。因此,老子内心确立的自我观起到坚守自己信念的作用。他说天下人不知"我",并不是"我"的过错,过错在于世人的"无知"。正因如此,感叹世间知音难觅,即"知我者希",而难觅知音之和寡之境,往往表明操音者之曲高。老子自信地自语说:"则我者贵",学习我的人必定会尊贵,因为在他看来,道"为天下贵"在于"求以得,有罪以免",所以世人向道的归趋只是时间问题。鉴于此,老子在内心的自我互动下,坚守自己道"为天下贵"的信念,在行为上表现为"被褐怀玉",绝不向世俗妥协,绝不放弃自己的价值追求。

蒙培元指出,"在一定意义上说,中国哲学是一种心灵哲学……指向人自身,解决人的心灵问题……着眼于人的心灵的存在及其价值和意义问题,包括心灵的自我实现以及超越一类问题"③,老子哲学也不例外,只不过,老子以"道"为出发点和归宿点,来探讨自我心性,以净化自我心灵为根本目的,心灵

① 尹世英:《〈老子〉中的"吾""我"指代辨析》,《广东技术师范学院学报》,2008年第7期。
② 陈鼓应:《老子今注今译》,北京:商务印书馆,2003年,第152页。
③ 蒙培元:《心灵超越与境界》,北京:人民出版社,1998年,第3页。

道化的实现是通过修身、齐家、治国、平天下来检验的。因此,修身内省是老子探讨的核心命题。老子第五十四章提出:"修之于身,其德乃真;修之于家,其德乃余;修之于乡,其德乃长。修之于国,其德乃丰。修之于天下,其德乃普。"在老子看来,修道必及于自身,不从自身心性着手,使自我之德性纯真,一切都是泡影,纸上谈兵;自我德性纯真一定要扩展到家、乡、国、天下,否则自身的德性苍白无力。

修道者的本质特点在于以道修身,累积玄德。不过,这一切是在社会情境下实现的,修身养性并不由冥思苦想得来,而要根据自身所处的情境和"道"的旨趣来选择、检查、中止、重组符号并改变意义,以指导自己的思想与言行。意义的处理是一种"内在的对话",老子第五十四章中接着说:"以身观身,以家观家,以乡观乡,以国观国,以天下观天下。"这里的"观",其实是对社会实践的自我内在省思,"心灵是行动,是使用符号去指导符号通向自我的行动"①。符号可以是语言文字,也可以是声音图像。符号作为社会实践的产物,成为人内在心灵活动的媒介。心灵操持符号来进行意义处理,塑造自我,生成新的心灵境界。例如,老子第二十二章指出:"不自见故明;不自是故彰;不自伐故有功;不自矜故长。"这里提出的"四不"思想,其实就是自我内心调适的基本原则,自我心灵面对纷繁芜杂的现象时把握住自我是根本,"四不"则有助于生成自我定力,这样反而使自我的内心清明澄净,在行为的社会效果上,达到彰显、有功、成长的效果。类似的例子还有"以其终不自为大,故能成其大",不自大就是不贪功,保持谦虚谨慎,世人反而"天下乐推而不厌。以其不争,故天下莫能与之争"。此外,老子第七章中说:"圣人后其身而身先,外其身而身存。非以其无私邪? 故能成其私。""后身""外身"之教表明圣人在内心秉持着"圣人无常心,以百姓心为心"的精神操守。有了这样的操守,就不与民争利益,心底无私天地宽,这样他的理想抱负反而在百姓的支持下得以实现。因此,内向传播是人类其他一切传播活动的基础和动力,"因为(人内传播)是我们的内心活动,我们不会用语言符号的形式把它解释出来,一旦用语言符号表现出来,它就由人内传播转向人际传播"。② 人类借助内向传播,不断地进行人际传播、组织传播、大众传播等传播活动,传播活动又必将为内向传播提供丰富生动的素材。关键是要有一颗"道心"。

---

① 侯钧生主编:《西方社会学理论教程》,天津:南开大学出版社,2001 年,第 218 页。
② 陈力丹、陈俊妮:《论人内传播》,《当代传播》,2010 年第 1 期。

　　综上所述，老子的自我观蕴藏着独特且丰富的内向传播智慧，鼓励自我确立起"惟道是从"的主体意识，舍弃"众人"的注重感观和物欲享乐的人生价值观，转向追求与道合真的人生目标，领悟"道"这一媒介的符号象征意义，推动自我省思，实现自我改造与自我升华。

第二章

有无相生：老子内向传播的独特操作范式

"无"，是老庄道家对待外在世界干扰，保持内心清静、清心寡欲，做自己主人的基本方式，也是道家区别于其他诸子的重要内容。本章仍然以老子首创的"无"范畴为切入点，将"无"视为道家内向传播的重点，力图阐明"无"乃道家内向传播的独特操作范式，即通过无为不争、坐进此道、少私寡欲等内向传播方式，以达"清静""不欲""吾丧我"之境，如此，面对世界的纷扰变化时便能泰定自如。

"无"是老子思想中重要的范畴，具有极为丰富而深邃的思想内涵，对于它的理解纷争不断，可谓"仁者见仁，智者见智"。前辈们或从形而上的哲学角度理解，认为"无"是老子形上思维的核心；或从形而下理解，研究"无"与"道""有"的关系，从本原论、延异论、语音学等方面对"无"进行生动而多元化的诠释。其实，"无"是道家思想的独特范畴，是道家看待和处理自我与社会、与自然、与他人关系的基本方式，也是道家始终保持超然物外姿态的要诀。加之，内向传播是人类一切传播活动的总根源，因此，我们将"无"视为道家内向传播的独特操作范式并进行研究，以期窥探道家迥异于其他诸子的堂奥所在。

第一节　"无为"：批判社会，高扬主体的话语表征

"人内传播虽然是人体内部的信息处理过程，但这一过程不是孤立的，它的两端都与外部过程保持着衔接关系；作为一个个体系统，它的输入源泉是外部环境，输出的对象也是外部环境。这里的环境，既包括自然的，也包括社会

的。"①简言之，人内传播过程不是孤立的，它以内向型为主要特征，依然具有一切传播所共有的社会性与互动性。老子的思想不是在真空中产生的，它离不开当时的社会，有着极为复杂的社会历史背景和深刻的思想根源。

春秋战国之际，中国社会发生空前的动荡与变化。战争纷起，民不聊生。人与人之间尔虞我诈，弱肉强食。物质利益上的冲突导致战争，战争又带来物质利益的争夺，社会发展陷入恶性循环。道德与文明无力调整动荡的社会秩序，传统的礼乐制度已不能维系正常的社会秩序和政治运作。老子深感道德与文明被盗用后出现的种种礼崩乐坏现象，表现出深刻的批判精神，站在前所未有的高度对当时的社会与文化进行全面的思考。老子认为社会混乱的根源在于统治阶级的"有为""有欲"。《道德经》第五十三章批判统治者是强盗头子："朝甚除，田甚芜，仓甚虚。服文彩，带利剑，厌饮食，财货有余。是谓盗夸。"统治者追求自己享乐（有），导致百姓无法生存（无）。第七十五章更是直接指出："民之饥，以其上食税之多，是以饥。民之难治，以其上之有为，是以难治。民之轻死，以其求生之厚，是以轻死。"百姓的饥饿、难治与轻死（无）乃是统治者的"食税之多"、"有为"、"求生之厚"（有）导致的。该章末尾老子提出治理这种乱象的根本方法，即"夫唯无以生为者，是贤于贵生"。统治者应当用"无"的方法，具体说就是"无"去一切为了自身生命而产生的胡作非为，这样才能安顿自己的生命和百姓的生命。

事物都是"有"和"无"的统一，任何事物都是由"有"和"无"两种反对的因素、力量和趋势组成的，处于"有"和"无"两种相反运动的张力状态。这样的张力状态是老子观察和认识事物的出发点。② 正是秉持"反者，道之动"的思维方式，老子以"无为"来实现对"有为"的拨乱还正，对人类自我的能动性进行了深刻的反思，在这种背景下创造性地提出"无"这一范畴。方东美在《原始儒家道家哲学》一书中认为，老子哲学在以"有"为本的本体论之外开出以"无"为本的超本体论，开启道家在精神上的超越解放之路。

---

① 郭庆光：《传播学教程》，北京：中国人民大学出版社，2011年，第64～65页。
② 谢阳举：《建构当代新道家的三种可能理路》，《安徽大学学报》（哲学社会科学版），2008年第4期。

第二节 以"无"的运思方式，观照生命安顿之"有"

老子内向传播智慧的目的在于实现由俗人向圣人境界的升华，其内向传播较其他诸子更突出的特点在于，"老子则重在通过内向传播排除智识的蒙蔽，认知和把握最高的'道'"①。要对老子"无"的内向传播进行深入的传播学研究，需要对老子思想有个基本理解。冯友兰先生说：《老子》的宇宙观当中，有三个主要的范畴：道，有，无。"②

《道德经》中对"道"的论述玄而又玄，使人难以捉摸，例如：

道可道，非常道；名可名，非常名。无名，天地之始；有名，万物之母。（第一章）

有物混成，先天地生，寂兮寥兮，独立而不改，周行而不殆，可以为天下母。吾不知其名，字之曰道。强为之名曰大。（第二十五章）

道冲，而用之或不盈。渊兮似万物之宗……吾不知其谁之子，象帝之先。（第四章）

道之为物，惟恍惟惚。惚兮恍兮，其中有象。恍兮惚兮，其中有物。窈兮冥兮，其中有精。（第二十一章）

视之不见，名曰夷。听之不闻，名曰希。搏之不得，名曰微。此三者，不可致诘。故混而为一……是谓无状之状，无物之象，是谓惚恍。（第十四章）

总而言之，老子的"道"是不可言说、不能感觉的"惚恍"。它比天地万物、上帝鬼神还先出现，是宇宙的根源。"道"是关于世界本源及其法则的总的称谓。胡适说："老子所说的'无'与'道'，简直是一样的。所以他既说'道生一，一生二，二生三，三生万物'。一方面又说'天地万物生于有，有生于无'。'道'与'无'同是万物的母，可见道即是无，无即是道。"③冯友兰也曾说，在道家的系统中，道可称为无，天地万物可称为有。可见，道家的道论是以"无"为基础

---

① 仝冠军：《先秦诸子传播思想研究》，博士学位论文，北京大学，2005 年，第 183 页。
② 冯友兰：《中国哲学史新编》（第 2 册），北京：人民出版社，1984 年，第 44 页。
③ 胡适：《中国哲学史大纲》（卷上），北京：商务印书馆，1987 年，第 58 页。

的道统有无论，"道"有"无"的属性，甚至"道"就是"无"。成中英理解得很深刻："它（道）没有任何定性，道家用'无'来表示这一点，'道'不但是根本真相，也是没有根本者；'无'正是万物变化、创生的无穷的源泉。"①历来人们都把"道"作为《老子》的最高哲学范畴，却没有看到"无"在《老子》哲学中的地位更重要，"道"因"无"而具有意义，"无"才是老子形而上学思想的基础，"无"涉及老子的全部思想，因此"无"是老子哲学思维的核心。

从语言的角度看，《老子》中的"无"有三种用法。一是表示"没有"，这是作为普通动词意义的"无"，如"无名""无欲""无为""无离""无疵""无知""无物""无形""无事""无味""无执""无失"，这类用法中的"无"，有些可以用"不"来代替，意思一样。二是指虚无，这是形而下"器"意义上的"无"，泛指与各种"有"相对的空间，"三十辐共一毂，当其无，有车之用；埏埴以为器，当其无，有器之用；凿户牖以为室，当其无，有室之用。故有之以为利，无之以为用"。三是特指宇宙的本原，是形而上"道"意义上的"无"，"天下万物生于有，有生于无"。老子肯定"有生于无"，"道"既是"有"，也是"无"，他明确指出作为宇宙本原的"无"是客观存在的物质形态。"有物混成，先天地生。寂兮寥兮，独立而不改，周行而不殆，可以为天下母。吾不知其名，字之曰道。强为之名曰大。"在这里，老子不但肯定"无"是物，而且告诉人们，他就是根据"无"这种物的形态，认识万物的初始。

道是"无""有"转化的内在原动力，也是"无"范式的总原则。它的灵活性与内在创造力在于"有无相生"。"无"是一种扬弃、超越的思维方式，它是使人保持内在清静、宁静的不二法宝，落于"有"之筌就会执着；执着，就会"执者失之，为者败之"。甚至，我们可以说"无"的范畴体现了"道"创造性与灵活性。"道"的创造性在于能无中生有，作为思维操作范式的"无"，看似无所作为，其实却能"镇"各种欲望，引导"欲"归道而静，而复命。"道"的灵活性在于"反"，在于使"万有"超越为"妙无"，以清静之心映照万有，则万有无所遁形，明白四达，归根于道，故守一而万事毕。从这个意义上讲，"无"范畴是道家推天道以明人事的根本着眼点，忽略"无"作为内向传播实现自我超越的价值，道家的主体性就难以彰显。

---

① 成中英：《世纪之交的抉择——论中西哲学的会通与融合》，北京：知识出版社，1991年，第180页。

第三节 以"无我"的方式实现自我超越

米德认为自我意识对人的行为决策有重要影响。自我可以分解成相互联系、相互作用的两个方面:一方是作为意愿和行为主体的"主我"(I),它通过个人围绕对象事物而从事的行为和反应具体地体现了出来;另一方是作为他人的社会评价和社会期待之代表的"客我"(me),它是自我意识的社会关系性的体现。[①]换句话说,内向传播是人对自我的认识与确证,是"主我"与"客我"的互动。

老子的自我超越观是老子本人将"无"作为道家内在传播独特的思维操作范式的典型例证,通过"无"来实现他的个人升华,实现大道。老子第二十章中说:"众人熙熙,如享太牢,如春登台。我独泊兮,其未兆,如婴儿之未孩,儽儽兮,若无所归。众人皆有余,而我独若遗。我愚人之心也哉,沌沌兮! 俗人昭昭,我独昏昏;俗人察察,我独闷闷。澹兮,其若海,飂兮,若无止。众人皆有以,而我独顽似鄙。我独异于人,而贵食母。"他明确区分"主我"和"客我",众人熙熙攘攘,好似享用盛宴,登高,意气风发,而我却好似婴儿般淡泊处之,无所归;众人都追求富余,而我却空无一物;众人皆谋虑攀比炫耀,锱铢必较,好像懂得好多,我却好像什么都不明白,无所用心;众人都有所作为,而我却冥顽无能。通过这一鲜明对比,揭示"无"作为内向传播的"主我"的重点。通过"主我"的"无",启发世人在内心深处与俗人(众人)区别开来,实现自我升华与超越。这一点老子第十三章中直接表明:"及吾无身吾有何患!"他认为,超越自我,自我才能摆脱祸患的困扰。

老子"无"之自我观有大智慧。仝冠军认为:"老子更加重视的是人的内向传播,追求活动的'自然'状态,反对外来力量的干涉和强制。"[②]老子重视守住自我的清静与淡然,认为一味追求享乐,就会在随波逐流中迷失自我。他认为,在"天下熙熙皆为利来,天下攘攘皆为利往"的社会里,众人基本持有私有观念,这是社会尔虞我诈、人与人关系恶化的缘由之一。老子第七十七章中说:"天之道,损有余而补不足。人之道则不然,损不足以奉有余。孰能有余以奉天下,唯有道者。"第八十一章说:"圣人不积,既以为人,己愈有;既以与人,

---

① 郭庆光:《传播学教程》,北京:中国人民大学出版社,2011年,第65页。
② 仝冠军:《先秦诸子传播思想研究》,博士学位论文,北京大学,2005年,第192页。

己愈多。天之道，利而不害。圣人之道，为而不争”，圣人“不争而善胜，不言而善应，不召而自来”，与“天之道”一样。他看上去“昏昏”，但并不是真的愚蠢，只是因为持有自知之明，爱护自我而不高贵自我，不贬低乃至伤害他人，因为天道无私，圣人对待天下百姓一视同仁。他也不是真的无能，只是大巧若拙，柔弱处世，“无之以为用”。《道德经》第八章中以“上善若水，水善利万物而不争”说明最善的人像水一样，善于使万物得到利益而不与之争，进一步阐发“无为即无不为”的积极意义。

在当时社会，由于追逐利益，人们常常要远徙，往往忽视内心精神世界的富足，老子注意到“其出弥远，其知弥少”的情况，人们对世界的认识甚至比对自己的认知多，他提出“知人者智，自知者明”。由此可见，老子关注的是人的自身，即认识你自己，提倡“无”的自我观。这是社会性活动减损的表现，通过自有知识的超越来实现自我升华。

第四节　“无有相生”的内向传播模式与实现路径

既然“无”是超感官的存在，老子认为，凭借摒除杂念的“玄览”可以直观感知到微观世界的存在，所谓“玄览”，实际上就是通过入静，凭借活跃经络产生的“人体场”接收超感官的信息。“无”是一种思维操作范式，即用“无”的观念，包括“无为不争”，去除外在世界名缰利锁的干扰，进而在心灵世界中进行一系列操作，比如“坐进此道”这般不同于世人的价值追求方式、独特的世界观与人生观，用这些来化解负能量的斗争哲学，进至洋溢和谐的正能量的“道”，从而进入“静”“不欲”“吾丧我”之境，如此面对世界的纷扰变化，就无所动心。因此，“无”的自我超越模式在于以“无”的思维方式，遵循“道”“清静以为天下”的要旨来化解世间名利、权势、感情对“俗我”的诱惑，保持主体的空灵自在的化境，进而实现天和、天乐的和谐之境。老庄道家努力推广“无”的内向传播模式，通过内向传播实现“无”的路径最明显的是“见素抱朴，少私寡欲，绝学无忧”，这是“心斋”“坐忘”法的基础。这些方法，从根本上是运用思想层次的自我超越来实现对身、心、灵的和谐统一，无形的思想和思维本身又无法离开有形的身体，正因为有无统一于一体，彼此相生相成，从而推动自我升华。

一、"见素抱朴，少私寡欲，绝学无忧"

《道德经》第十九章中说"见素抱朴，少私寡欲，绝学无忧"，"绝学无忧"一词历来存在不少误读。实际上，老子不是要抛弃学问、不要思考，而是指顶级的学问能够帮助免去忧患，达到平和喜乐的境界。在自我传播的过程中，要达到"无"，具体的措施是行为单纯、内心淳朴，减少私心、降低欲望，到达绝学的状态。"宠为上，辱为下，得之若惊，失之若惊，是为宠辱若惊"，老子主张，得就是失，失就是得，福就是祸，祸就是福，这些都是自然发生的，无从避免。圣人能超越得与失、祸与福、荣与辱，跨越是非、善恶、美丑等界限，失也不怒，得也不喜，不邀福，不避祸，所以能彻底摆脱忧患，达及平和喜乐之境界，即"绝学无忧"之境界。

"智慧出，有大伪"，老子认为，智慧出现，严重的虚伪就产生，教导人们要有所作为，但不能强作妄为。当然这与他的朴素辩证法有联系，即所谓"有无相生，难易相成，长短相形，高下相倾，音声相和，前后相随"。人们不再像结绳记事时代那样朴素、自然、单纯，思想越复杂多变，机伪狡诈之事层出不穷。人类婴儿时代"无知无欲"的天真无邪消失了，在心灵上人们感到越活越累。要实现心灵境界的"无"，包括无束缚，无忧虑，无压力，世人必须向自己的内心深处寻求安宁与归宿。"不自见故明；不自是故彰；不自伐故有功；不自矜故长"，"四不"思想有助于自我内心的清明澄净。世人如能以大道作为行为准则，就能不断"清""静""净"，这是"圣人"的人格形象，是老子内向传播的要义所在，也是实现"无"，区别于众人、实现自我超越的途径之一。

"五色令人目盲，五音令人耳聋，五味令人口爽，驰骋畋猎令人心发狂，难得之货令人行妨。是以圣人为腹不为目，故去彼取此"，老子将耳目作为贪欲的代表，眼睛看到的东西是无限量的，耳朵听不清楚就更想去听，肚子的容量却是有限的，是寡欲的代表。"为腹"和"为目"代表两种不同的追求。当然这是由于老子所处的特定年代物质生活水平有限，反观当代社会，众多诸如"吃货"称谓的兴起，可见许多人有强烈的寻觅更多美食的欲望。

现代社会生产力空前提高，物质产品极为丰富，人们对奢侈品的贪婪追求和无尽享受成为日益明显的现实，生产的目的是满足人们的欲望，这就形成通行于各行各业的所谓的"市场导向"。老子的思想无疑为现今各种"满足"欲望的行为提供了借鉴。[1]

---

[1] 魏超：《老庄传播思想散论》，北京：中国轻工业出版社，2010年，第165页。

关于"圣人为腹不为目"，王弼注释为"为腹者，以物养己；为目者，以物役己"①，这告诫我们不要被物化，被物奴役。《道德经》第六十三章说："为无为，事无事，味无味。"这是要我们在内心坚守"无"，克制人欲，达及虚静境界，才能健全我们的听觉、视觉、味觉中枢，保证各器官的正常运作及其功能的正常发挥。有所欠缺的状态，会让你保持昂扬的兴致、积极的心态和健康的活力；满足的状态，只能逼你去追逐，去寻找新的刺激和新的满足，以至于无所不用其极，甚至导致病态②，比如盲、聋、爽、发狂。当然老子并不是要我们一味地压制欲望，而是反对无限制地追求欲望。印度的克里希那穆提曾指出，不理解欲望，人就永远不能从桎梏和恐惧中解脱出来，如果你摧毁了你的欲望，可能你也摧毁了你的生活，如果你扭曲它，压制它，你摧毁的可能是非凡之美。

二、"心斋""坐忘"

这是庄子提出的"内悟法"，即内向传播方式。所谓"心斋"："若一志，无听之以耳，而听之以心；无所之以心，而听之以气。听止于耳，心止于符。气也者，虚而待物者也。唯道集虚。虚者，心斋也。"这是指对"道"的领悟，要心志专一，进入虚无的状态。"气"是介于物质形态与"道"之间的过渡形态，主要特征是"虚无"。所谓"坐忘"，即"堕肢体，黜聪明，离形去知，同于大通，此谓坐忘"。庄子认为"悟道"的方式是，忘却自己的身形肉体，抛弃自己的智慧知识，内向传播的主体要抛掉一切感性和理性的活动，从精神到形体达到真正的物我两忘，与天地大道合二为一。这是庄子实现"无"的具体落实和呈现，这种内向传播很是玄妙，其作为精神升华的操作路径具有很强的个体体悟色彩，操作起来难度很高，但本质上是不断"无"去一切有形的执着，甚至到最终连"无"的意念亦被超越。这是自我传播的极致，即物我两忘的逍遥游之境，此时，人获得最大的自由，能够自觉地处理好各种社会关系、人与自然的关系、人自身身心的关系，实现最彻底的和谐，达到最高境界的创造力。

三、"吾丧我"：以"无我"的方式，实现"真我"的路径

现代象征互动理论的集大成者布鲁默在 1969 年出版的《象征互动论》中指出，人能够与自身进行互动——自我互动。道家哲学以"道"为出发点与归宿点来实现自我心灵的净化，达及"无"，修身内省是其核心命题。

---

①② 魏超：《老庄传播思想散论》，北京：中国轻工业出版社，2010 年，第 168 页。

　　"吾言甚易知,甚易行。天下莫能知,莫能行。言有宗,事有君。夫唯无知,是以不我知。知我者希,则我者贵,是以圣人被褐怀玉。"老子认为自己提出的一系列主张,很容易理解,很容易实行,却没有任何人理解和实行。看来,他那一套治天下的理想,在现实中阻碍重重,只有理想中的"圣人"才能践行。但他仍坚信,世人向道德归趋只是时间问题。老子通过内心的自我互动,坚守"道为天下贵"的信念,在行为上表现为"被褐怀玉",不向世俗妥协,绝不放弃自己的价值追求。

　　庄子在《齐物论》开头刻画了一位南郭子綦先生:"南郭子綦隐机而坐,仰天而嘘,荅焉似丧其耦。颜成子游立侍乎前,曰:'何居乎? 形固可使如槁木,而心固可使如死灰乎? 今之隐机者,非昔之隐机者也。'子綦曰:'偃,不亦善乎,而问之也。今者吾丧我,汝知之乎! 汝闻人籁而未闻地籁,汝闻地籁而未闻天籁夫!'"林希逸曾这样说道:"吾即我也,不曰我丧我,而曰吾丧我,言人身中才有一毫私心未化,则吾、我之间亦有分别矣。"可以这样理解,"我"是针对别人而存在的"吾",也是意识到自己存在的"吾"。"吾丧我"也就是"无功""无名",最终"无己",处于自然状态。"吾丧我"是庄子学派对内向传播的独特表达,是自我传播的至高至上境界,我们可以这样理解:"我"是现实中被物论所遮蔽的自我(小我、俗我、识神),"吾"则是人本来面目的本我(大我、道我、元神)。"吾丧我"的含义正是人通过修炼(隐机)而消除后天形成的自我观念对自然本性的遮蔽,使个体心灵复归"以明""葆光""天府"之境,从而以"我"之真返大道之真,使自我获得永恒的自由逍遥。

　　"无"是老子及道家学派面对世界,面对自我,超越自我的内向传播范式。蒙培元指出:"在一定意义上说,中国哲学是一种心灵哲学……指向人自身,解决人的心灵问题……着眼于人的心灵的存在及其价值和意义问题,包括心灵的自我实现以及超越一类问题。"[1]《道德经》对以"无"为重点的独特的内向操作范式进行了玄妙却不失精要的叙述,给予后人深刻的启迪与反思。当然随着社会发展与进步,也要取其精华,去其糟粕,学习其中"无"的内向传播智慧,舍弃其中的唯心主义倾向,在"无"的自我观下仍然重视与社会实践的联系。借鉴老子独特的"无"的内向传播范式,更好地实现个人的自我传播(隐性传播),使社会更加和谐,使世界更加和平安宁![2]

---

① 蒙培元:《心灵超越与境界》,北京:人民出版社,2003 年,第 3 页。
② 本章立意源自厦门大学新闻传播学院黄星民教授讲课时的启发。

第三章

"吾丧我":《庄子》的内向传播思想

内向传播是人处理自我身心关系、自我与社会关系、自我与他者关系时的内在心灵活动,这一心理过程是实现自我心灵健康和心灵升华的需要,更是人际和谐与社会和谐的内在需要。《庄子·齐物论》提出"吾丧我",直接深刻地展示了庄子学派对内向传播问题的独特思考与表述,"我"是现实中被物论所遮蔽的自我(小我、俗我、识神),"吾"则是人本来面目的本我(大我、道我、元神),"吾丧我"的含义正是人通过修炼(隐机)而消除后天自我观念对自然本性的遮蔽,使个体心灵复归"以明""葆光""天府"之境,从而以"丧我"之真返大道之真,使自我获得永恒的自由逍遥。

"吾丧我"这一命题极富庄子风格,不仅历代注疏不同,在当代的语言学界和哲学界也被不断探讨。正如《庄子》强调的相对主义一样,当我们运用不同的理论学说、不同的研究工具和方法来审视同一问题时,其问题的内涵与意义亦会呈现别样的样态,这样有助于加深和拓展对问题的理解与解释。本书着重从内向传播相关理论视角重新阐释"吾丧我"这一命题。"吾丧我"是把握《庄子》思想的钥匙,中国社会科学院哲学所的陈静认为《齐物论》有其内在的思路:"'吾丧我'提示着庄子对'吾'与'我'进行的分别,而这一分别是建立'因是因非'的超是非立场的前提;三籁之说一方面为理解'吾''我'的分别作铺垫,另一方面又提示'是非'产生的原由;庄周梦蝶以寓言的方式隐喻'吾''我'的状态,并对开篇的'吾丧我'作出呼应。我认为,《齐物论》无论从思路上看还是从文气上看,都是一篇相当完整的论文,而解读它的关键,就是'吾丧我'。"①

何庆良指出:"可以肯定地说,道家在春秋战国时代就已经清醒地意识到

---

① 陈静:《"吾丧我"——〈庄子·齐物论〉解读》,《哲学研究》,2001年第5期。

内向传播的存在,并试图利用这种传播方式来认识自然与社会现象。"①他分析庄子的"坐忘心斋法",认为这种"悟道"方式正是内向传播的表现,即通过忘却身体,抛弃智识,抛掉一切理性与感性,达到物我两忘的无我境地,即与道合一的状态。这种方法其实也是老子"涤除玄览法""闭目塞听法""绝圣弃智法"的翻版。不过,何先生没有就老庄内向传播过程如何进行及其意义与价值作充分正面的估量,反而认为存在"唯心主义的误区"。仝冠军则认为老子主张的内向传播是在"我"和"吾"之间进行,"唯有如此,才可清除尘世蒙蔽在心灵上的杂草,才可能以自我的智慧、虚静的心灵去玄览万物,把握规律"②。总之,老子是通过排除知识的蒙蔽,来认识和把握"道"。仝冠军这一阐述完全适用于庄子的内向传播。仝冠军在论述庄子的传播思想时未涉及庄子书中更丰富深邃的内向传播思想,而是关注庄子的"传播与直觉模式",强调庄子在传播活动中加入个体的灵感与直觉。这一点对研究庄子内向传播思想是有启发的,即作为为道者在"坐忘""心斋"的过程中实现"吾丧我"的内向传播过程中,理性的作用在退位,在消解,而灵感、直觉、顿悟的认知方式在增强,由释放,再含摄,从而实现由个别向一般、由微观向宏观的开放,在自我的内心深处经由真人而达至"真知"。这是《逍遥游》《齐物论》展示的境界,是人经由内心的解放而获得的高峰体验,其本质是世俗的人经由"坐忘心斋"的功夫而达到心灵自由与解放状态。这里前后的主体一样,却实现由自我、本我向超我的转变。老庄道家开创出一条独特的通过坐忘心斋的内向传播操作而实现自我升华的路径,这是华夏传播理论奉献给世人的最可宝贵的传播理论。

第一节 "吾丧我"命题呈现主我与客我关系意识

"吾"与"我"首先是个语言学问题,不同时代的思想家难以脱离时代的语法规则与用词习惯来使用语言,当然,我们也不否定同一时代思想家的语言有自身的个性。只不过,个性中有共性,普遍中有例外。"吾丧我"这一命题就可以从语言学的共性和思想家的个性角度加以分析。

庄子直截了当地提出"吾丧我"这一命题,把在《老子》一书中还仅是通过

---

① 何庆良:《先秦诸子传播思想研究》,博士学位论文,中国人民大学,1993年,第37～38页。
② 仝冠军:《先秦诸子传播思想研究》,博士学位论文,北京大学,2005年,第183页。

"我"与"众人"形象对比来呈现的道我与俗我的差别问题以开门见山的方式抛给世人，其《齐物论》整篇，乃至整本《庄子》，都在阐述或反映自我超越的命题。正如米德考察人内传播的社会性和互动机制后所作的结论：自我意识对人的行为决策具有重要影响，而自我可以由相互联系和相互作用的"主我"和"客我"两个方面组成。"'客我'表现了使行为举止在其中发生的情境，而'主我'则是个体对这种情境实际作出的反应。这种把活动二分为情境和反应的做法，是任何一种明智的活动都具有的特征——即使一种活动并不包含这种社会机制，情况也仍然是如此。"①换句话说，内向传播是人对自己的确证，即"我思故我在"，是人类的"明智的活动"。陈力丹教授说："通过人内传播，人能够在与社会他人的联系上认识自己，改造自己，不断实现自我的发展和完善，从而使自己能够更好地适应社会的需要，处理好各个方面的关系。"②如此看来，内向传播是人类一切传播现象的原动力，是文明创造的原点。人类文化的终极价值在于释放人类自身的良知良能，以完善自我，从而建设和谐生态、和谐社会、和谐世界。

从内向传播视阈来考察道家的自我观，不难发现，道家，尤其是老庄道家，甚至后来演变出的道教，更注重通过内修（精神升华术，道教称为内丹修炼），以达到脱胎换骨，由"俗我"向"道我"的升华。这里的"俗我"类似于"主我"，"道我"类似于"客我"，"道"（道门建构的独特符号系统与意义世界）则充当指引着整个内向传播过程的象征符号。本章就以"吾丧我"这一命题入手剖析庄子学派如何教导世人由"俗我"（"小我"）向"道我"（"大我"）转向，由凡入圣，由俗而仙。

"吾"与"我"有较大区别，一言以蔽之，"吾"即道我，真正超越是非、生死、物我、善恶区隔的我，庄子称之为"真君"或"真宰"；"我"则是在世间行住坐卧，计较利害得失、祸福成败的我。道家的自我观的价值取向就集中体现为世俗"我"的意识消退和大道"我"的日益壮大，即"吾丧我"过程。

一、"无待"之"吾"与"有待"之"我"

1916 年胡适写《吾我篇》，因为他在阅读章太炎《检论》时，怀疑章氏吾我互训的做法，于是着力研究《论语》《左传》《孟子》和《庄子》四书中的"吾""我"

---

① 　（美）米德：《心灵、自我与社会》，霍桂桓译，上海：上海译文出版社，1992 年，第 299 页。

② 　陈力丹、陈俊妮：《论人内传播》，《当代传播》，2010 第 1 期。

两者的区别。他指出《马氏文通》对两者的错误分析源于马氏忽略了语言用法的历史变迁。他认为"吾"专用于主语,而"我"则可作定语和宾语,特殊时也可做主语。不过,到《诗经》成书时两者已没有区别。① 不过,胡适的《吾我篇》也招致不少批评,如潘允中的《批评胡适的"吾我篇"与"尔汝篇"》、陈觉生的《从"吾我篇"与"尔汝篇"看胡适的考证》、廖礼平的《从〈论语〉的"吾我"看胡氏的〈吾我篇〉》,都批评胡氏材料有所偏颇,指出"吾"也可用于宾语。即便如此,胡氏的功绩不可忽视,他强调"吾""我"的区别,引发后人继续更深入地探讨。

不可否认的是,《庄子》的"吾丧我"没有表述成"我丧吾",其内在有语言学的一般规则以及庄子运用规则的个性发挥。本书在前人研究的基础上整合爬梳并从内向传播理论视角加以评析。

王力指出,"吾"和"我"的分别,就大多数的情况看来是这样:"吾"字用于主格和领格,"我"字用于主格和宾格。当"我"用于宾格时,"吾"往往用于主格;当"吾"用于领格时,"我"往往用于主格。在任何情况下,"吾"都不用于动词后的宾语。但在宾语前置的否定句中,"吾"可作宾语。他甚至说:"依我推测,在原始时代,'我'字只用于宾位,'吾'字则用于主位和领位,这就是'吾''我'在语法上的分工。"②因此,从语言学看,庄子将"吾"与"我"连用时,"吾"当主语,而"我"当宾语的语法形式,"是通过主语的地位和形式,显示'吾'的独特品格。至于作为宾语的'我',又称为受词,是主语发出动作的接受者。由此语法结构可以突显'吾''我'的主从地位,明示'吾丧我'是主语的能动、主动行为"③。这是仅就语言使用习惯而言。王力还说:"如果在同一部书里,特别是在同一篇文章里,甚至在同一个句子里,同时使用了'吾'和'我'……就不能归结于时代的不同和作者的不同。如果说毫无分别的两个人称代词在一种语言中(口语中)同时存在,并且经常同时出现,那是不能想象的。"④"吾"与"我"同时出现在一个句子中,一定有独殊的意义。曾有学者从分析《老子》入手指出其中"吾""我"意义存在差别。《老子》书中总共使用"吾"22 次,20 次做主语,2 次做定语;而"我"使用了 19 次,15 次做主语,3 次做宾语,1 次做定语。通过

---

① 胡适:《胡适全集》第十八卷,合肥:安徽教育出版社,2003 年,第 280 页。

② 王力:《汉语语法史》,北京:商务印书馆,1989 年,第 45～46 页。

③ 王亚波:《从语言和体系两个层面理解庄子的"吾丧我"》,《江苏广播电视大学学报》,2012 年第 4 期。

④ 王力:《汉语史稿》,北京:中华书局,2004 年,第 303 页。

分析，得出结论："《老子》中，'我'是得道之人，是'道'，而'吾'是未得道之人，是'德'。"①作者甚至认为老子的哲学思想是通过"吾"与"我"的对立表现出来的，甚至是"吾"与"我"的对话。"吾"是与俗的对话，而"我"与"道"的对话，这个"我"是通于"道"的圣人。这个观点富有启发性。不过，笔者认为，《老子》之中"吾"与"我"没有并用现象，两者的区别主要还是在语法上。朱桂曜说："案（清）杨复吉《梦兰琐笔》云：'（元）赵德《四书笺义》曰：吾、我二字，学者多以为一义，殊不知就己而言则曰吾，因人而言则曰我。吾有知乎哉，就己而言也；有鄙夫问于我，因人之问而言也。'案赵氏所云就己而言，就人而言，盖犹今文法言主位受位也。"②最突出的例子是《老子》第四十二章："人之所教，我亦教之。强梁者，不得其死。吾将以为教父。"人与我对称时，用"我"不用"吾"，老子强调自身应以"强梁者不得其死"为戒。《说文解字》早就明确指出："我，施身自谓也。"段玉裁注："谓用己厕于众中，而自称则为我也。"《说文解字》则认为："吾，我自称也。"③当然，《老子》中，"我"可视为老子自称，也可理解为所谓"得道之士"，一个践行"道尊德贵"的为道者。因此，第二十章中"我"与"俗"对举，正是此意。老子用到"吾"的时候，多指道中的自我，把自己放在很低的位置。老子的第四十九章中说："善者吾善之，不善者，吾亦善之，德善。"只不过，这种分野并不明显。不能绝对地认为"吾"就不是得道者，只不过更多情况下是老子现身说法而已。《庄子》说的"吾丧我"则是第一次在道与俗的意义上清晰揭示"吾"与"我"的分野。

"我"字在甲骨文中就出现了，而"吾"字则大约于战国时期才与"我"并用。例如战国睡虎地秦简《日书》甲种 33 号简背："吾（吾）非鬼也。"郭店楚简老子甲 30 号简，老子乙 7 号简、18 号简也可见"吾"（吾）。这样看来，"我"这一观念确实在人的意识中根深蒂固，而对"道"而言，只有"丧我"，达到无知无欲之境，才是化境，才是道境，如此，这般才能找到自我（真我）。

二、真知（道境）之"吾"与小知（俗境）之"我"

庄子《齐物论》开头就以坐而论道的形式引出"吾丧我"这一观点：

① 尹世英：《〈老子〉中的"吾""我"指代辨析》，《广东技术师范学院学报》，2008 年第 7 期。
② 陈鼓应：《庄子今注今译》，北京：中华书局，1983 年，第 35 页。
③ （汉）许慎撰，（清）段玉裁注：《说文解字注》，上海：上海古籍出版社，1981 年，第 632,56～57 页。

　　南郭子綦隐机而坐，仰天而嘘，荅焉似丧其耦。颜成子游立侍乎前，曰："何居乎？形固可使如槁木，而心固可使如死灰乎？今之隐机者，非昔之隐机者也。"子綦曰："偃，不亦善乎，而问之也？今者吾丧我，汝知之乎？"

　　"隐机"一词，后人常把"隐"解释为"依凭"，把"机"通于"几"，即几案。本书不赞同这种解释。本段中反复谈论的"隐机"，应当指类似于"坐忘""心斋"的功夫，把"机"理解为"机心"，"隐机"就应当是隐退机心的打坐功夫。严灵峰曾指出："子綦由'隐机'至于'吾丧我'，就像和尚由'打坐'至于'入定'。"[①]因此，"隐机"的内涵当同于老子所谈的拱璧驷马都无可比拟的"坐进此道"之类修道体验。"仰天而嘘"应当指吐纳功夫。《老子》第二十九章提及"或歔（河上公注为"呴"）或吹"。《云笈七签》卷三十二也提及："凡行气，以鼻内气，以口吐气。微而引之曰长息。内气有一，吐气有六。内气一者谓吸也。吐气六者谓吹呼唏呵嘘呬，皆出气也。"

　　"荅焉似丧其耦"，"荅"，方勇解释为"遗弃形体的样子"，"耦"通"偶"，通常理解为形体与精神，与下文"形如槁木，心如死灰"相呼应。"丧其耦"揭示由有待向无待转化的过程。进入道的境界，呆若木鸡一般，身形的生机隐藏起来，生活中有指向的"机"也隐了起来。子游因看子綦今日隐机与往日不同，其形与心使他的感觉都发生颠覆性的表现。这种"丧我"是日常"我"的意识的消退。因此，子綦以"天籁"对"地籁""人籁"的超越，达到"夫吹万不同，而使其自己也，咸其自取"。可以说天籁是自然而自取达成的万不同的"吹"，这种"吹"，是众音之源，是内在生成的，而不依靠风，或者人去吹，是"大音希声"。庄子运用"地籁""人赖""天籁"三者来表达"吾丧我"的内涵。

　　受弗洛伊德的本我、自我和超我的自我观启发，本书认为庄子语境中有元我（与本我相区别，因为本我具有动物性，而庄子及道家认为存在没有染污的元神性的清静的自我，我称为"元我"，即"吾"）；自我就是当下能够意识到自身存在并能调控自身言行举止的个体存在；"道"我就是"历经"洗尽铅华，还朴归真，由自我超越到能够自觉地"惟道是从"的自然天真的精神自我，是"吾丧我"的产物。至此，"我"与"吾"的分野意识消失了，臻至"逍遥游"的境地。庄子的"齐物论"应当更倾向于齐"物论"，即从大知小知、是与非等对待之中超脱出

---

① 陈鼓应：《庄子今注今译》（最新修订版），北京：商务印书馆，2016 年，第 45 页。

来,获得自由与解脱,进而获得与道相通的快乐自适。① "地籁"是众窍不由自主地在"风"的外在干预下而出现的万般景象(自发状态),"人籁"则不过是对"地籁"的模仿,以达到自主的调控(自觉状态),"天籁"则是对"人籁""地籁"的自主操控。在天人合一中,自然界的一切元素,自我的一切感观,都沉浸在有声与无声的流动之中。声音是人类自我意识的对象性存在,因为意识到声音的存在,也就感受到自我的存在。声音是带动自我与宇宙交会的原创本质,声音是思维的源头,是文化的源头,是意识的自然表达,而文字语言却使人在声音与宇宙终极之间的自然关联日益疏远,导致人对自我天性的迷失②。因此,庄子强调"天籁""人籁""地籁",意在天、地、人合一,希望世人从"人籁""地籁"这种对待性中超脱出来,也就是从"我"超脱出来,回到"吾"(天),进而回到"道"中。因为在"道"中,人是自足的,是与万物为"一"的和谐圆满的境界。

正如陈静老师所言:"'我'必定是独断的、霸道的,'我'由独断、霸道出发'丧我',结果是陷入他我、彼此的是非之中而不得自由。只有使'吾'透显,才有宽容,才得自在自由。"那么,"吾"的意义与功能何在:"'吾'不是'我',不是作为形态和情态的存在,作为'非形态'的存在,'吾'不会纠缠于'物'的关系之中;作为'非情态'的存在,'吾'不会纠缠于'社会'的关系之中。'无人之情,故是非不得于身',只有'吾',能够做到'因是因非'。"③

三、"吾"与道

著名汉学家施舟人认为:"'吾'的'真知'、'真宰'和'真人',在'睡寐'和'媒媒晦晦'的境界中相互关联。这是另一种在自我的意识里的修炼。也就是说,'真人'和'真宰'的'真知'只可意会,不可言传。"④"道"虽然是玄之又玄的众妙之门,但是,"道"是可以修炼的,人通过"吾丧我"达到与道合一。在道教看来,这就是炼精化气、炼气化神、炼神还虚的过程——"道在身中不外求"。不过,被俗世遮蔽的"我"看不见"道",无法与"道"直接建立联系,无法获得顿悟般的感通。比如《太清真人络命诀》所言:

---

① 方勇译注:《庄子·齐物论·题解》,北京:中华书局,2010年,第15页。
② 郑志明:《道教生死学》,北京:中央编译出版社,2008年,第29~34页。
③ 陈静:《"吾丧我"——〈庄子·齐物论〉解读》,《哲学研究》,2001年第5期。
④ (法)施舟人:《道与吾》,《中国文化基因库》,北京:北京大学出版社,2002年,第119页。

神曰："吾与常人未可乎？吾与人居，思有意之。人自忽略，不爱其躯。推我损我，辱我伤我。遏我以妇，劳我以色，扰我弃我，而不以道存我，我亦弃之，各自在人，岂在我哉！"

"道"与"我"的关系正如老子所言"同于道者，道亦乐得之"，反之则"失者同于失"。能不能得道在人，不在道。因此，在修行（内向传播最集中的体现）上，往往注重确立"吾"即"道"的观念。《老子想尔注》多次强调"吾，道也"，其"吾"并不是"道"本身，"吾"自身只是导向"道"的神明（灵能）。《老子中经》提到："经曰：道者，吾也，上上中极君也。"这说明"道"不远人。"吾者道子之也。人亦有之，非独吾也。""吾"可行道，可证道，可弘道，人人皆可为之。《正一法文天师教戒科经》也说："道在一身之中，岂人在他人乎？"正因为"道"与"吾"的亲近性，该经还说："故曰道也，子念道，道念子；子不道，道不念子也……念为真正，道即爱之。子不念道，道即远子。""吾"能够"念道"，以"道"来正身，而"道"可现矣。《老子中经》称："万道众多，但存一念子丹耳。一，道也。在紫房宫中者，胆也。子丹者，吾也。吾者，正己身也。道毕此矣。"说到底，道教炼精气神的过程是"念道"的具体化，根本要求在于"正己身"，而"正己"者，"丧我"也。如此看来，"吾丧我"的精神要旨是后世道教修身养性法门的根本原则。

由此可见，"吾丧我"命题正体现了道家修行得道的理论表征，是道家内向传播的精义所在。

第二节　"丧"：庄子通过内向传播实现自我升华的基本途径

庄子希望人们能够役物而不役于物，个体能够于社会游刃有余，做到这一切的前提是对世俗规则的反叛，走与道合真的道路。功名利禄是牢笼，与世俗价值保持一定的距离，是养生的基本要义。"丧"，其实是对社会实践的自我内在省思，"心灵是行动，是使用符号去指导符号通向自我的行动"[①]。符号可以是语言文字，也可以是声音图像。符号作为社会实践的产物，成为人内在心灵活动的媒介。心灵操持符号进行意义处理，塑造自我，生成新的心灵境界。

从认知心理学视角看人的内向传播活动，其过程无非是"外部信息经感觉

---

① 侯钧生：《西方社会学理论教程》，天津：南开大学出版社，2001 年，第 218 页。

进入人脑后，这些信息不仅完成了在人脑器官中的简单传递，而且与人脑内部的原有信息相互影响，完成了人脑中的认知图式与心理结构对信息进行一定加工处理的过程"①。只不过，庄子的内向传播强调对外部信息以及人脑在俗世实践中形成的认知图式和心理结构的怀疑，注重通过固有的"我"的意识的解构，从而树立一个任凭社会上的毁誉皆不足以干扰个体心灵清静的崇高形象。庄子的内向传播体现在内修功夫，这个功夫唯在一个字上——"齐"。世上物之不齐乃物之齐也。人是能够自我反思的动物，他能在千差万别的事物中找到一个最大的共同点，若是以道观之，一切都是一体的，正所谓"天地与我并生，万物与我为一"。一切事物都如同我身体上不可分割的一部分，身体内五脏六腑的关系亦是如此。正如我们并不感觉到空气的存在，所以空气与我是最自然的和谐关系。提出"吾丧我"的用意在于启迪世人，顺应天道，自我才能得到最佳的安顿，他者也会如同"相忘于江湖"的鱼儿一样得到最合理的安顿。人类的一切有为、一切分别心、一切是非、物我等都是烦恼和冲突的根源，唯有"物化"（与物同化），蝴蝶可以进入"我"的世界，"我"亦进入蝴蝶的世界，获得鱼之乐与"我"之乐的共享，"自喻适志"，快意人生。《庄子·大宗师》载，南伯子葵问女偊如何保持气色依然如同小孩，女偊说乃是"闻道"之故：

> 参日而后能外天下；已外天下矣，吾又守之，七日而后能外物；已外物矣，吾又守之，九日而后能外生；已外生矣，而后能朝彻；朝彻而后能见独；见独而后能无古今；无古今而后能入于不死不生。杀生者不死，生生者不生。其为物无不将也，无不迎也，无不毁也，无不成也。其名为撄宁。撄宁也者，撄而后成者也。

女偊简述修道养生的内向传播过程，即静修三天后做到将天下置之度外，七天后能够将身外之物置之度外，九天后能够将生命置之度外，进而大彻大悟，窥见卓然独立的至道，进而消解古今，超越生死。如此，万物芸芸，而"我"能撄宁，即"以明"之心境览照万物。如此看来，庄子的内向传播通过对自我的超越来获得对社会外物控制的主动性。这也进一步印证了内向传播具有社会性与互动性的特点。

从人格心理学视角看内向传播，学者认为"在追求完美人格的过程中，人

---

① 戴元光、金冠军：《传播学通论》，上海：上海交通大学出版社，2000 年，第 69 页。

类灵魂深处常常充满着动物性与神圣性的深刻矛盾"①。人类因为有文明,与兽相揖别,而具有铁肩担道义的神圣性,不过,人始终无法脱离的动物性又常常纠结着人的内心。弗洛伊德将这种矛盾细分为三种人格,即本我(id,动物性本能意义上的我,追求快乐原则)、自我(ego,理性地处理人与外部世界关系,追求现实原则)、超我(super-ego,审美地处理自我与他者的关系,追求至善原则)。弗洛伊德分析了内向传播的两种运用机制:其一,自我调控本我,使自己成为社会的人,而不被排斥于群体之外,"自我为了伊底的利益,控制它的运动的通路,并于欲望及动作之间插入思想的缓和因素,利用记忆中储存的经验,推翻了唯乐原则,而代以唯实原则。唯乐原则以伊底历程发挥巨大的影响,唯实原则则保证较满意的安全和成功"。其二,超我引领自我。超我以超功利的理想和高峰体验的满足,引导自我自觉舍弃现实中欲望与享乐的羁绊,追求精神上的超越与富足。从这个理论来看,庄子的"吾丧我"内向传播过程,是以"道"的高峰体验为目标来指引个体抛弃是非、成见等意识的困扰,以天地境界实现对自然境界和道德境界的超越。

从社会心理学视角看内向传播,人的内在心理活动是现实社会活动观念化的产物,并将进一步外化到社会实践中去。1890年,威廉·詹姆斯在《心理学原理》中提出"多重自我",区分了作为认知主体的自我和作为认知客体的"经验自我"。"经验自我"可分为物质自我(即以肉体及维持肉体存在需要的衣食住行)、社会自我(即社会关系中存在的自我,大多指人在社会中扮演的角色和对角色的认知)和精神自我(即个体具有的自我认知能力及其呈现的个性气质等精神性因素)。庄子指出,人在社会中常常会陷入钩心斗角、日夜不得安宁的境地,"其寐也魂交,其觉也形开;与接为构,日以心斗。缦者,窖者,密者。小恐惴惴,大恐缦缦。其发若机栝,其司是非之谓也;其留如诅盟,其守胜之谓也。其杀若秋冬,以言其日消也;其溺之所为之,不可使复之也;其厌也如缄,以言其老洫也;近死之心,莫使复阳也"。

1909年,查尔斯·霍顿·库利在《社会组织》一书中提出"镜中我"这一概念,后来在《人类本性与社会秩序》一书中表述说:"个人对于自我有了某种明确的想象,即他有了某种想法——涌现在自己心中,个人所具有的这种自我感觉是由别人的思想、别人对于自己的态度所决定的。这种类型的社会我称作'反射的自我'或'镜中我'。""镜中我"包括自我与他人的三个方面的关系:关

---

① 董天策:《传播学原理》,成都:四川大学出版社,1995年,第112页。

于他人如何"认识"自己的想象;关于他人如何"评价"自己的想象;自己对他人的这些"认识"或"评价"的情感。[①] 庄子的内向传播活动则更注重自我,在修道者心中,圣人(至人、神人)才是重要的他者。在庄子学派看来,只要处理好自我与圣人的关系,就能处理好自我与身边他者的关系。因此,在庄子的心灵世界中,内向传播其实就是以圣人("道"的承载者)为象征符号,传播"道"的意义与价值,指引自我放弃私心妄见,甚至超脱世间名缰利锁,超越世间的价值标准,以否定性的姿态,获得安然自在的心境。

美国学者布恩与埃克斯特兰德在《心理学原理和应用》一书中说:"沉思是一套心理活动和身体动作,其目的在于产生松弛、思想、身体的宁静以及对自己和世事的意义的深邃洞察。目前对各种各样的已知沉思技巧以及它们引起的意识状态进行的科学研究还不很多。我们现在大部分知识来源于宗教,特别是东方。"[②]庄子所言"丧我",是为了活我,日常中的"我"因为处于种种对立之中,一旦放下自我,主体就能获得更大的自由、更强的能力、更优势的地位,即能更清醒地看待自己,庄子称之为"游"。"游"者离开原有情境,获得认识自己的势能,正所谓"不识庐山真面目,只缘身在此山中"。游离这座山,俯瞰这座山,可以获得"旁观者清"的自主。庄子又称之为"道枢","是以圣人不由而照之于天",即圣人因"不由",而能付天于天,是以清灵宁静,"枢始得其环中,以应无穷……故曰莫若以明"。此时,人使自身处于内心清明澄静的境地,就好比让自己处于"环中",左右逢源。《庄子·田子方》中刻画了一位画家,别人在宋元君面前恭恭敬敬,他却"儃儃然不趋,受揖不立,因之舍"且"解衣般礴,裸"。君曰:"可矣,是真画者也。"这位画家在自己的画室解开衣裳,赤身裸体,又开双腿坐在那里进入画境。《达生篇》记载梓庆削木为鐻有鬼斧神工之效,他为鲁侯讲述制鐻的过程:"臣将为鐻,未尝敢以耗气也,必齐以静心。齐三日,而不敢怀庆赏爵禄;齐五日,不敢怀非誉巧拙;齐七日,辄然忘吾有四肢形体也。当是时也,无公朝。其巧专而外骨消,然后入山林,观天性形躯,至矣,然后成鐻,然后加手焉,不然则已。则以天合天,器之所以疑神者,其是欤!"他通过心斋来静心,去除功名利禄之心、巧拙毁誉之念、四肢形体之感,如此入山可得做鐻的绝佳材料,加以一定技艺,则神鐻可成。他讲述其中的奥妙在于

① 姚汝勇:《自我传播内涵考察》,《新闻知识》,2012年第10期。

② (美)伯恩、(美)埃克斯特兰德:《心理学原理和应用》,韩进之等译,北京:知识出版社,1985年,第402页。

"以天合天",将人为痕迹去除殆尽,结果尽得其妙。《庄子·田子方》载:

> 孔子见老聃,老聃新沐,方将被发而干,慹然似非人。孔子便而待之。少焉见,曰:"丘也眩与? 其信然与? 向者先生形体掘若槁木,似遗物离人而立于独也。"老聃曰:"吾游心于物之初。"

孔子见到老子在晾干头发中,一动不动地进入"似非人"之境,在孔丘看来,老子的形体如槁木一般,好像遗弃万物,离开尘世,站立于虚寂独化的境地中。这种"游心于物之初",即游于道境,表现为似乎周围的一切与他不相关,他自身抽离这个世界。叔本华将这种情景称为"自失",他认为思维的理想境界是"超然于对象的各种关系之外,把全副精力献给直观,人们忘记了他的个体,忘记了他的意志;他自己仅仅只是作为纯粹的主体,作为客体的镜子而存在","置身于这一直观中的同时也不再是个体的人了,因为个体的人已自失于这种直观之中了"①。在庄子看来,人在凝神之中坐忘心斋,世间的一切关系都消融了,放下了,这时人就会进入"我即宇宙,宇宙即我"的浑然一体的状态,这也是人生最自由、最享受的感觉。

陈少明指出:"'丧我'则是展示'无己'的途径,也就是一种精神修炼。因为'无己'不是要消灭自己,而是放弃自己的负担。这种负担当然是精神上的,它表现为有己之心。故'丧我'的最好写照自然就是'形若槁木,心如死灰'。"②"丧",本有"无"之意,只不过更强调"无"的动态过程,即修心、洗心、修性的内向传播过程。

---

① (德)叔本华:《作为意志和表象的世界》,北京:商务印书馆,1982 年,第 395～396 页。
② 陈少明:《〈齐物论〉及其影响》,北京:北京大学出版社,2004 年,第 75 页。

第三节 "真":庄子"吾丧我"的最终指向

"法天贵真"是《庄子》内向传播活动的运作导向。庄子之所以强调"吾丧我",乃是因为"我"的意识会遮蔽自我对自然、社会、人生本质的认识,会阻碍自我发挥潜能和以最合理的方式处理对自我与自然、社会、人生的关系。唯有"吾丧我",社会、自我、人生才能按其内在的"道"来实现其本真。

一、以自我之"真性"印大道之"天真"

《庄子》书中 45 次提到"真",有道体之真、本性之真、德行修养之真、审美心境之真四个层次。[①]《庄子·让王》曰:"道之真以治身,其绪余以为国家,其土苴以治天下。由此观之,帝王之功,圣人之余事也,非所以完身养生也。"世人易在追名逐利中迷失自我,庄子学派则认为人生最可宝贵的是"完身养生",建功立业之类的其他事情都为其次。"治身",即"完身养生"的依据在于"道之真"。道之真正是实现自我之真的媒介,这是自我内向传播得以进行的思维机制。主体以遵循道之真为其思索自我价值、评价自我的依据,指导自我围绕这一价值判断实现对"小我""俗我"的反思与批判,引导自我向"大我""道我"转化,实现脱胎换骨之效。《庄子·秋水》有言:"牛马四足,是谓天;落马首,穿牛鼻,是谓人。故曰:无以人灭天,无以故灭命,无以得殉名。谨守而勿失,是谓反其真。""反(还)其真"的这个"反"的过程,正是对"天"(自然、天真)回归的过程,是对人为(有为、虚伪等)的否定。"反其真"并守而勿失,是治身的基本过程。《庄子·天道》有言:"夫至人有世,不亦大乎,而不足以为之累;天下奋柄而不与之偕;审乎无假而不与利迁;极物之真,能守其本。故外天地,遗万物,而神未尝有所困也。通乎道,合乎德,退仁义,宾礼乐,至人之心有所定矣!"至人是心定于道之人,因此,他能不为外物所累,人间的道德仁义礼乐游刃有余,通达事物的本真。庄子书中极力赞赏"真"对于自我超脱的意义。例如《庄子·渔父》曰:"真者,精诚之至也。不精不诚,不能动人……真在内者,神动于外,是所以贵真也……礼者,世俗之所为也;真者,所以受于天也,自然不可易也。故圣人法天贵真,不拘于俗。愚者反此。不能法天而恤于人,不知贵真,

---

① 陈鼓应:《庄子论人性的真与美》,《哲学研究》,2010 年第 12 期。

禄禄而受变于俗,故不足。"真是反映自我精诚程度的标志,有了"真"就能指挥"神",实现常人所不能为、不敢为之事。与此形成鲜明反差的是,俗人(愚者)受制于俗,不能在内在传播过程中做到"贵真"。贵真之人成为"真人",是深谙内向传播之道的人,是大智大慧之人。如此之人才能做自己命运的主人,突破许多常人的能力局限。这一点,《庄子·大宗师》中有生动的描绘:

何谓真人?古之真人,不逆寡,不雄成,不谟士。若然者,过而弗悔,当而不自得也。若然者,登高不栗,入水不濡,入火不热,是知之能登假于道者也若此。

古之真人,其寝不梦,其觉无忧,其食不甘,其息深深。真人之息以踵,众人之息以喉。屈服者,其嗌言若哇。其耆欲深者,其天机浅。

古之真人,不知说生,不知恶死。其出不䜣,其入不距。翛然而往,翛然而来而已矣。不忘其所始,不求其所终。受而喜之,忘而复之。是之谓不以心捐道,不以人助天,是之谓真人。

二、以大道之"天真"促自我"归真"

庄子认为"道"以其真指导人们"修身"以"合真",使有限的自我("小我")融入"大我"("道我")之中,使有限变为无限,使短暂变为永恒,从无奈化为自由。《庄子·秋水》强调至德者,火不能热他,水不能溺他,禽兽不能伤他。《庄子·大宗师》也说,真人是"登高不栗"的。这一切都"是纯气之守,非知巧果敢之列"的结果。纯气乃是纯和之气,对人而言只有恬淡之心方可做到"心使气曰强",达到外物不能胜的效果。相反,如果人试图在自然大道面前摆弄自己的一点小聪明、小勇气,就会自绝于道境,无法忘我归道。《庄子·达生》中,作者认为"夫醉者之坠车,虽疾不死"乃是"死生惊惧不入乎其胸中"的缘故,普通人尚且如此,与道合真的圣人自然更不一般了,"圣人藏于天,故莫之能伤也"。方勇教授以无意识学说来解释:"正因为一切惊人之举皆出自无意识,而无意识又只有在自觉意识彻底消失后才能充分发挥作用,所以庄子就要求主体对盘踞在自己感官中的抽象思维、理性概念进行'损之又损之',以便最终达到与万物浑然同体的无我之境。"①庄子认同个体与"道"具有共同性,即"真"。"道"本是个体的创造者,个体具有向无限全能的"道"回归的可能,而这种可能是通过个体对自我意识的消解来实现的。有学者指出:"就个体而言,真宰超越本我,在本我之上,是个人认知范围之外的存在,它决定了自我和本我的关系,是一种'有情无形'的非个体的超本我。它的认知方式是'无'即无我和'虚'即非主体性的我,是在消解精神主体性之后,能够于自然大而化之的状态。从它对个体的存有而言,真宰既是一种在,又是一种不在;它存在当下存在的个体的人之中,个体因为真宰而能认识他心问题,真宰存在于个体之中,是他心知的依据;它又不在个体之中,它不具有隶属某一个体的性质,在个体中的存在不是一种实有的存在,而是以'天光'的照耀形式,使自我和本我以'以明'的方式达到感观和意识的认知。"②

道之真与个体之真的呼应展现庄子内向传播的作用机制,体现道家内向传播的内向取向。个体以自然的方式维持身心的和谐,即个体以向道敞开的方式获得最大的圆满自足,推而广之,人人获得自足,社会就能安宁。

可见,以个体自我之真去印大道之真正是"吾丧我"为操作指向,唯有"丧我",方可得到"真我"。

第四节 "吾丧我"命题中呈现的自我与社会关系

"吾丧我"中的"我"主要指向社会中的"我",是处在各种关系之中疲于应对中的"我",而"吾"则指向作为自己,挥洒自我风采的"我"。因此,"吾丧我"这一命题自然内含着自我与社会的紧张关系问题,这些问题集中体现在"物论"上。"物论"纷呈是"道为天下裂"的根本原因。人们只是在"摸象",人人所得到的对世界的认知都是"象"的局部。问题是人们往往不承认自己认识的"道"只是皮毛,常常夜郎自大,其纯朴之心因此被物之乱象所遮蔽。"吾丧我"的主要追求是找回真实的自己,找回自己的标志就是"物我两忘"。陆西星曾深刻地指出《齐物论》的要旨:"夫知有大小,见有浅深,物论之所由以不齐也。

① 方勇:《论庄子对无意识心理现象及其作用的认识》,《尼言录》,北京:中国社会科学出版社,2004 年,第 85～86 页。
② 张怡:《庄子"吾丧我"的心身认知观》,《安康师专学报》,2005 年第 5 期。

小知间间，日以心斗，主司是非，意见起而道益亏矣。不知彼亦一是非，此亦一是非，果且有彼乎哉？果且无彼是乎哉？所以至人悯其死心，灰其胜心，解其斗心，为是不用，而照之以天，教之以因是，语之以滑疑，欲其泯物我，忘是非，和之以天倪，休之以天均，因之以曼衍，嗒然如南郭子綦之丧我，犹然如庄周之蝶化，然后与物浑化，百里逍遥之游可遂也。此等议论见识，盖自老子'玄同'上得来。"①

正因为"物论"是"吾丧我"的对象，因此，《齐物论》篇中从是非、语辩、生死、物我等一系列相关问题出发，破除了"物论"对主体的蒙蔽，使主体困在自我意识编织的大网之中。"齐"正是破除众生相、人相等大千世界复归道之"一"的思维方法。

一、丧我即丧耦

"丧我"，即丧耦（偶），使自我的身（形）与心（神）之间不再二元对立，形神合一。不过，庄子却用"身如槁木，心如死灰"来形容"丧我"的外相，这是因为执着于形神合一，本身也是一种"有心"，用槁木来形容身，用死灰来形容"心"，表明无论是身与心都不见形迹，是谓彻底超脱。彻底超脱之后，达到"道"上的"我"十分自主，可以如变色龙一般因应形势而改变自身。《应帝王》中就刻画了列子的老师壶子四次向郑国神巫季咸展示不同的状态，使其惊恐而逃。第一次，壶子示以"地文"（寂静的大地状态），隐藏了自己的生机（"杜德机"），使季咸得出他将死的错误结论。第二次，壶子示以"天壤"（游心于虚），名利不入于心，而一线生机从踵而发（"杜权"），使季咸认为他有生机。第三次，壶子示以"太冲莫胜"的"衡气机"（气机变化不居，却有平稳），且展示出"九渊"之三（即时而如鲸鱼盘旋的深渊，时而如平静止水的深渊，时而如流水潺潺的深渊），如此季咸已感叹自己不得其门而入，无法看出究竟。第四次，季咸一看到壶子，便逃走了。这是因为壶子表现出"道"初始的状态，灵妙多变，"虚而委蛇"，时而如草随风而倒，时而如水随波而流，季咸惊骇而逃。使季咸本有"知人之死生、存亡、祸福、寿夭"的看相本事，列子以为这才是真正的"道"，而壶子告诉列子这些不过是表象，并没有得到"道"的实际，故有上述展示。陈静深刻地分析说："如果人生就展现为一个'形态的我'，人是不可能从'物性'的存在状态中超越出来的，同样，如果人生只展现为一个'情态的我'，人也不可能从

---

① （明）陆西星：《南华真经副墨》，蒋门马点校，北京：中华书局，2010年，第14页。

社会性的存在状态或者说从'角色'中超脱出来。"①

二、丧我即亡我

"丧我"，即亡(死)我，从意境而言，就是心死神活之意。心是意识、意念，而神则是超脱物质、统驭物质的属性。陆西星说："夫丧我者，忘我也。忘我则天矣。游以天者，知而未始有知，言而未始有言，故以三籁启教，推本声气所出之原，而归极于天籁。"②"丧我"即"忘我"，以达到天地自然的境界，无知之知，不言之言。庄子认为人身上存在"真宰""真君"。此"真宰""真君"有类于后来道教所认同的全知全能的元神，即"可行已信，而不见其形，有情而无形"。陆西星曰："真君于人，本无益损，但悟之即圣，迷之则凡耳。"③真人乃是成心(心智浑然天成)之人，能与"真宰""真君"感通之人，是有大智慧之人。"道"本身是没有真伪的，人的"以是其所非而非其所是"造成真伪的产生。为从是非之中超脱出来，庄子提出"莫若以明"，即"明者，明乎本然之未始有是非，而后是非可泯也""知者明得本来原无是非，大道原无物我，但因人己对立、互生意见而起"④而"达者知通为一"。"一"者，没有偏向，是谓"两行"。"真宰""真君"正是"道"在人身上的体现，表现为在"用"中"通"，在"通"中"得"，而且"已而不知其然谓之道"。正如老子所言"太上，下(不)知有之"而人心则不然，"是非之彰也，道之所以亏也。道之所以亏，爱之所以成"。陆西星分析说："道亏则人心不复知有自然之真，作好作恶，各成其自爱自好之私。"⑤

三、丧我，贯通天人

"丧我"并不是要泯灭自我的一切作为，只是要自我自觉到人间一切有为都有对待面。道本无界限，一切都在恒常有序的运行之中。一旦有了"是"的观念，就有了分野，即有左有右，有伦有义，有分有辩，有竞有争等"八德"。明道的圣人，能把握好自我与他者的关系，做到"六合之外，圣人存而不论。六合之内，圣论而不议"。存而不论，当是无欲观妙。陆西星说，"不欲自见也"而"论而不议"，对于六合之内的事物，圣人知之，但不计较短长。因为事物常常

---

① 陈静：《"吾丧我"——〈庄子·齐物论〉解读》，《哲学研究》，2001年第5期。
② (明)陆西星：《南华真经副墨》，蒋门马点校，北京：中华书局，2010年，第15页。
③ (明)陆西星：《南华真经副墨》，蒋门马点校，北京：中华书局，2010年，第20页。
④ (明)陆西星：《南华真经副墨》，蒋门马点校，北京：中华书局，2010年，第23页。
⑤ (明)陆西星：《南华真经副墨》，蒋门马点校，北京：中华书局，2010年，第29页。

是两极相通的。庄子曰："夫大道不称，大辩不言，大仁不仁，大廉不嗛，大勇不忮。"不称之道是大道，不言之言是大辩，不仁之仁是大仁，不嗛之廉是大廉，不忮之勇是大勇。陆西星从反面分析说："道而昭昭然分别名相，则不得谓之道矣，故曰：道昭而不道。言而哓哓然与人争辩，有不及辩者矣，故曰言辩而不及。仁者无所不爱；常系一边，非大成之仁也，故曰：仁常而不成。清者皦皦之行也；廉而清，则近于好名而不实，故曰：廉清而不信。勇而害人，则纯是血气而无义理，不成其为勇矣，故曰：勇忮而不成。""道"而不以为"道"，此为"天府"，亦称为"葆光"，是不知之知，陆西星解释为"以恬养知，茂其知于不知也"①。总而言之，"丧我"，是为了使自身获得自由，而不是如行尸走肉一般，"圣人不从事于务，不就利，不违害，不喜求，不缘道，无谓有谓，有谓无谓，而游乎尘垢之外"。此谓"物化"，与物同化，与物偕行，两不相伤，而其德交归。其实社会上人际的纷争都源于"有我"，有"我"就有是非，得失之念使得争端四起。

　　内向传播同其他传播一样，"其功能都是让主体的心理状态趋于通泰和谐；而自觉的、稳定的、通泰和谐的心理状态将使主体实现一种和合圆融的人生境界"②。同理，人际传播、组织传播、大众传播的根本目的和功能都是促进人与人、人与组织、组织与组织、组织与社会的和谐共荣。庄子"吾丧我"的内向传播所蕴藏的意义在于通过自我内在的心灵对话，以道化人生、与道合真作为自身努力的目标，以自我的和谐去增进社会的和谐。布鲁默的"自我互动"学说认为，"在人内传播的过程中，个人会沿着自己的立场或行为方向对他期待的意义进行能动的理解、解释、选择、修改、加工，并在此基础上重新加以组合"③。换句话说，个人以通过对天性的呵护，营造安宁的自我内在心理环境，在不知不觉间净化社会环境、自然环境，使人与人之间有如相忘于江湖的自在自适。

---

① （明）陆西星：《南华真经副墨》，蒋门马点校，北京：中华书局，2010 年，第 36 页。

② 屠忠俊：《自我传播与大传播》，《华中理工大学学报》（社会科学版），1998 年第 3 期。

③ 郭庆光：《传播学教程》，北京：中国人民大学出版社，2002 年，第 80 页。

第四章

自我与超我的蝶变:庄子之梦的内向传播解析

《庄子》一书以梦喻道,托梦悟道,以启迪世人认识自我,忘掉自我,成就自我。本章以内向传播理论视角来观照《庄子》一书中的"梦"文化,发现庄子学派以梦与醒的"物化"立论,教导世人放下物质自我、社会自我乃至精神自我,达成"坐忘",找到快乐逍遥的自我;激励自我向超我(道我)努力,将本我与超我贯通,做到即我即道,梦醒不二,进入无待的自由状态。

能够认识自我,超越自我,成就自我,是人类作为宇宙精灵的特殊之处。希腊阿波罗神庙墙上的箴言"认识你自己"与中国哲圣老子所说的"自知者明",便是例证。文艺复兴时期法国思想家蒙田说:"世界上最重要的事情就是认识自我。"甚至,卡西尔认为,"在各种不同的哲学流派之间的争论中,这个目标始终未被改变和动摇过:它已被证明是阿基米德点,是一切思潮的牢固而不可动摇的中心。即使连最极端的怀疑论思想家也从不否认认识自我的可能性和必要性"①。人类一切认识的出发点与归宿点本质上都是为了自己,依托自己,安顿自己。同理,自我也应当是传播研究的起点与终点。认识自我的重要性,可借罗洛·梅的名言来锚定:"人类的自我意识是他最高品质的根源。它构成了人类区分'我'与世界这种能力的基础。它给予了人类留住时间的能力,这是一种超脱于当前、想象昨天或后天的自己的能力……是因为他能够站到一边,审视他的历史;因此他能够影响他自己作为一个人的发展,也能够在较小的程度上影响作为整体的民族和社会的历史进程。自我意识的能力还构成了人类使用符号这一能力的基础……使得我们能够像他人看待我们那样来

---

① (德)恩斯特·卡西尔:《人论》,甘阳译,上海:上海译文出版社,2003年,第31页。

看待自己,并能够对他人进行移情……实现这些潜能就是成为一个人。"①人类不仅能够从自己的经历中学习,而且也能从他人,从历史的一切文本中学习。其实,学习,特别是思想领悟的学习过程,本身就是一个自我传播的过程。比如《庄子》一书中的"梦"文化,正是庄周之梦开启了一扇人类自我对话和隔空对话的大门。本章的价值与意义:"个体的活动离不开自我,自我作为个体活动的觉察者、调节者与发动者,它可以使个体的活动具有独特性、一致性与共同性。不同的自我优势,会引起相应的自我评价与自我追求,进而达到理想化的自我实现。所有的自我行动,都是自我的外现,其意义在于保持个体的心理平衡,使个体与现实世界的关系和谐。"②本章别开生面地引入内向传播视角研究庄周之梦的深刻意蕴。

第一节　梦：一种内向传播的特殊形态

邵培仁和姚锦云认为:"庄子发现了人类'交流无奈'的内在之因,提出了人类交流理想的实现路径。交流不在于外'传',而在于内'受',思想学说的不可通约与其说是学理上的,不如说是主观认识上的,即'成心'。因此,交流过程需要付诸'接受主体性'的努力,达到'心斋'和'坐忘'的状态,从而恢复一个'真宰'的精神世界,如'天府'和'葆光'一般。"③两位学者从人际沟通的角度探索人需要"成心"营造好的人际交往心理环境,本章则进一步研究主体内部凭借自我对话从而实现内心的澄明、清静与彻悟。

一、解析与感悟：中西论梦之别

陈力丹多次撰文阐述"梦是一种内向传播形态":"每一个人的内心世界里都有一些白天不知道的经验和记忆储藏室,梦则打开了这扇通往自己世界的门。大多数的梦使用象征语言编织而成。象征语言的逻辑不由时空范畴来控

---

① （美）罗洛·梅:《人的自我寻求》,郭本禹、方红译,北京:中国人民大学出版社,2008 年,第 85~86 页。

② 李海萍:《米德与庄子自我理论的现时代意义》,《太原城市职业技术学院学报》,2011 年第 2 期。

③ 邵培仁、姚锦云:《传播受体论:庄子、慧能与王阳明的"接受主体性"》,《新闻与传播研究》,2014 年第 10 期。

制,而由激情和联想来组织。这不是人们在清醒世界里所通用的语言编码。所以大部分梦就像是没有被启封的信,让我们好像在与自己交流,但又无法与自己交流。"①梦本是不同于一般逻辑思维的另一种人类思维,其运用往往在人的专注或焦虑之下进行。专注凝神下产生的梦能够直达事物的本质,如同门捷列夫发现苯六边体结构的领悟之梦一样,焦虑之梦则带来生理与心理的不安。庄周梦蝶式的梦则是了悟万化流行、不拘不滞、物我一体的人生至高境界。

概而言之,西方对"梦"的研究,注重将其作为展现心理活动的窗口,"梦是对很多来自日常生活并全都符合逻辑秩序的思想的替代"②。尤其是在精神分析学、精神病理学方面,学者往往把梦当成精神分析与治疗的手段。因为"梦"通常被认为是人的潜意识的表现,是许多生理与心理问题的根源所在。通过对"梦"的剖析可以掌握个体的心理状态与精神状况,这是西方科技理性的体现。对东方心理学有深刻理解的瑞士心理学家卡尔·荣格也说:"梦是一段不由自主的心理活动,它拥有的意识恰好用于清醒时的再复制。"③与此不同的是,《庄子》一书中的梦则更多视"梦"为通向道境、悟境、化境的路径,即"坐忘""心斋"之后的精神状态。庄周之梦不是普通的生理、心理或精神方面的问题,而是境界的升华术。虽然《庄子》一书中也分析了梦产生的普遍性生理和心理,但核心不在于"梦"本身,而在于以梦喻道,以梦悟道。相对而言,儒家更强调通过"梦"来进行道德自律,孔子的周公之梦便是典型。刘文英说:"在潜意识的层面上,由于自我意识不能控制(梦),一切善的成分和恶的成分都会暴露无遗。由此,每天人都可以根据自己梦中的所作所为,对自己的道德尽量做出客观的评价。"④总而言之,西方对"梦"的研究重在解析,中国对"梦"的研究重在感悟。就共通点而言,两者都希望通过对"梦"的探讨,更为充分地认识人的认知规律并加以引导,以实现身心健康与人格升华。陈力丹就指出:"依然故我,是人内传播的一种良好状态,要能够始终知道自己是谁,自己要做

①　陈力丹:《自我传播的渠道与方式》,《东南传播》,2015 年第 9 期。

②　(奥地利)弗洛伊德:《梦的解析》,周艳红、胡惠君译,上海:上海三联出版社,2008 年,第 307～308 页。

③　(瑞士)维蕾娜·卡斯特:《梦:潜意识的神秘语言》,王青燕、俞丹译,北京:国际文化出版公司,2008 年,第 14 页。

④　刘文英:《孟子的良知说与道德潜意识》,国际儒学联合会编:《国际儒学研究》第 10 辑,北京:国际文化出版公司,2000 年,第 231 页。

什么,想什么,自己为了什么而做什么。"①

二、社会性与反身性:中西自我对话旨趣的殊异性

米德是内向传播理论的创立者,他创造性地将自我区分为"主我"与"客我"。"客我"是组织化的他者,是社会对自我期待的象征性表达;"主我"则是当下的鲜活的个体存在,具有能动性去召唤"客我",使此两者在对话中实现自我的社会化。不过,米德的"主我""客我"观是社会心理学层面上的观点。在中国情境下,"客我"(比如圣人)往往是先验的、固定的。当然也与经验相关,因为没有脱离经验的先验只是在逻辑上存在,即逻辑的先在性,但在具体的情境中,先验也是可体验到、领悟到、感知到的,比如"道",比如"圣人"。在任何时代下,圣人都是理想的"客我",都是"道"在人间的体现,圣人是"道"的载体,世人通过圣人窥见"道"的意义与价值。先验的事物,离不开以经验为基础,比如哲学范畴的"道",离不开作为"路"意义上的"道"其在具体事务中的"导"的功能。

相比米德社会心理学意义上的"主我""客我"的自我观,道家的自我观比较吊诡,往往不满足于当下的自我,对主我的认知既警惕又依赖。警惕的是"主我"毕竟不是"客我",不是"道我",是存在不足的,是有七情六欲的,是还行进在通往圣人的路上的自我。但自我却要依赖"主我",因为"主我"能够主动以"客我"为参照来规范自我,修证自我;离开"主我","客我"就没有意义。任何人走向"客我"的道路都是独特的,虽然方向一致。因为"主我"注定是独特的、具体的、有情境的。因此,米德更青睐"主我",认为"主我"富有主动性、创造性和独立性。

米德认为"客我"是建构性的,是"主我"不断建构出来的;道家认为"客我"(道我)更理想和神圣,甚至有着无穷的能力,等待"主我"去召唤,一旦召唤成功,"主我"就可以超越,个体得以成就。相比而言,米德作为社会学家,关注的是自我的社会性。他提出的"主我""客我"的自我结构观,关注自我在社会中自处、与社会互动、与自我内在进行互动。道家的自我观关心的是自我的精神超越,追求的是自我对社会的超然与超脱,并不侧重于追求社会价值的实现,而是追求个人性灵的安顿。这源于其自我内在结构设定的殊异性,道家认为人与道同构,具有道性的人能够通达"道",成为"道"的自我;只有成为"道"的

---

① 陈力丹、陈俊妮:《论人内传播》,《当代传播》,2010 年第 1 期。

自我——"道我"，人才是完美的人，才是超人、真人。这一点可从《庄子》一书对真人入火不烫、入水不溺、逍遥自适的描述中可见一斑。由此观之，道家对自我的修行讲究的是对社会价值的超越与否定，才能在内心深处实现真正的完全的纯粹的自由，否则，就会成为进道的障碍。

梦是重要的自我启示路径，启发自我放下"主我"，关注"客我"，成就"真我"。梦，其实是自我内在结构中"主我"与"客我"矛盾张力的舒缓者、沟通者，因为梦具有直观洞察事物本质的功能。梦比较直观，有助于摆脱日常事项的干扰，直达问题的本质。梦境本身往往是问题的直接展开，因此梦境的感悟是破解现实自我困境的方式。笛卡儿相信梦与现实一样具有真实性，并非一切都要"眼见为实"。梦中所见，亦是另外一种真实。不要执着于现实的真实，或许正是现实的真实阻碍了我们去了解和领悟另一种形态的真实，即"无"的真实。"人人都在梦中直接经历和感受过另一个我们并不能接触到实体的经验世界，梦使我们领悟到我们并不是在一个唯一的真实的实体世界中去感受事物，我们同样也在虚无的幻境中信以为真地去感觉。"①

或许正如《黑客帝国》所呈现的那样，梦可能被偷，我们活在别人精心设计的梦境中而不自知。当代《盗梦空间》的科幻片呈现表明，"梦"的原型在于中外对梦的不懈探索中，只不过，电影用上了所谓高科技手段而已。庄周梦为蝶，还是蝶梦为庄周，一时间无解。蝶有没有梦，是人无法知晓的，人所能体验的是人的梦，蝶或有其梦，蝶与人之梦或许可以通约，世界本存在无限可能，比如神龟托梦于宋元君，龙王托梦于唐太宗。

"梦"与"醒"的矛盾，困扰人类数千年。笛卡儿提出"我思故我在"，始终还是离不开"我在"，他强调"我"能够自我怀疑这一点是不应质疑的，从而确证了"我"的存在。道家并不执着于自我是否一定存在，认为人的最好归宿是消融于"道"之中而不自知。任何"知"都可能产生焦虑，只有不知之知，才是了脱。有知还是"有"的状态，无知才是"无"的境界。一切只为找到真我，实现自我内在的统一，而不是人格分裂、人前人后不一样。此时，"个体感到自己是独一无二的、拥有充分的心理稳定性的、不因内部或外部变化而改变的整体"②。庄周梦蝶式的梦是在找回自我，以梦的方式实现自我觉醒。埃里希·弗罗姆曾

① 高秉江：《梦与自我意识确定性》，《学术研究》，2004 年第 2 期。
② （瑞士）维蕾娜·卡斯特：《依然故我》，刘沁卉译，北京：国际文化出版公司，2008 年，第 87 页。

说:"沉睡之际,我们就以另一种存在形式苏醒了。我们做梦。"①梦能够折射自我的状态,梦甚至可以领悟自我的成长,梦本是"我"之梦,是为"我"而存在的。梦的属我特性,注定我们必须正视它,利用它,与之共生共存。西方学者越来越意识到,梦是人类反省的路径。"人们对于梦的认知有了重大转折:命运和上帝不再是决定性的因素,只有自身才是关键性的因素。梦属于做梦者,与其生活状态有关,对于自我反省者来讲,梦的作用不可忽视。"②

古人对"梦"早有释义。《说文解字》"梦,不明也"字面含义是从夕,夕者月半见,日且冥而月且生矣。做梦大多在夜里,有夜长梦多一说。梦给人的印象是真真假假,难以说明。所谓"梦可道,非常梦"。陆德明《经典释文》称"梦,本又作寢",《说文》段注中"寢"从"宀",从"爿","夢"声;"宀","覆也",为梦者所居之处;"爿""倚着也",为梦者所倚之物,这是强调做梦的场所。许慎说"寢,寐而觉者也",段注认为"寢"字的"寐而觉"与"醒"字的"醉而觉"同义(段注说"醒"是"醉中有所觉悟即是醒也")。李小兰认为这两则注无意中触到梦的真谛:寐与觉或醉与醒的悖论式统一。③ 周礼提到六梦,第一个梦便是"正寢",段注中曰:"郑云。无所感动。平安自梦也。"显然是把祥和之梦称为正梦。如此看来,"庄周梦蝶"自然是"正梦",而且是能够带来觉悟的梦。

第二节　庄子以"齐物"的方法重构梦境中的自我

如果说《逍遥游》是庄门的境界和人生追求的目标,《庄子·齐物论》则是庄门的心法,是通达逍遥的方法论。无论是齐一物论,还是齐物一论,共通含义是去掉"成心",即去掉物我、他我的分别心、有待心,以"道通为一"的心态与方法来处理"有"的关系,具体可表述为"万物一齐,孰短孰长""自其同者视之,万物皆一也""万物一府,死生同状",总而言之,齐物是通道的方法。齐物作为方法,说到底是一种思维的技术,是在思维或者灵府(即在潜意识、无意识)中,比如梦中自我能够没有阻碍地处理好"物化"的关系。从这个意义上讲,庄子

---

① (美)埃里希·弗罗姆:《被遗忘的语言》,郭乙瑶、宋晓萍译,北京:国际文化出版公司,2007年,第5页。
② (瑞士)维蕾娜·卡斯特:《梦:潜意识的神秘语言》,王青燕、俞丹译,北京:国际文化出版公司,2008年,第14页。
③ 李小兰:《怎一个"梦"字了得》,《光明日报》,2017年3月20日。

之"梦"是齐物的心路历程，是内向传播的特殊形式。笔者已在《内向传播视域中的〈庄子〉"吾丧我"探析》一书中探讨"吾丧我"的内向传播意蕴，本节则从"庄周梦蝶"等庄子的梦论中继续讨论其独特的内向传播智慧。

《齐物论》的思路大体如下：庄周以"吾丧我"立论，提出物论纷呈，皆源于"我"执，当齐同而忘我。进而以天籁、地籁、人籁为喻，指明人类因其纷繁复杂的心理活动，陷于"其寐也魂交，其觉也形开，与接为构，日以心斗"的无限焦虑。进而分析认为，造成此焦虑的根源是"是非"作梗。"是非"的判断标准显然在于我——"非彼无我，非我无所取"。人的身体百骸自有"真宰""真君"治之，何劳我操心。"我"所以操心，乃是因为"我"有"成心"，即心不虚。心所以不虚，是语言导致的，因为语言本身是遮蔽。"言非吹"，语言毕竟不是"天籁"，能够"吹万不同，而使其自己，咸其自取"。因此，对待语言，应是"至言不言""终日言，未尝言"。摆脱"是其所非而非其所是"的困境，唯有"莫若以明"，即"用空明若镜的心灵来观照万物"。[①] 这种"以明"的自在自主，本质上是"不用而寓诸庸"，是谓无所用心而心自定自主。具体说来，是"圣人和之以是非，而休乎天钧，是之谓两行"，其心境是"孰知不言之辩，不道之道？若有能知，此之谓天府。注焉而不满，酌焉而不竭，而不知其所由来，此之谓葆光"。总之，以无滞于物的超然心境，收放自如地因应物我关系，物来则应，物去不留。

一、庄周梦蝶乃是"忘适之适"的梦境

庄子梦论的殊异性在于石破天惊地提醒人们，梦与醒并非截然分明，那种平常以为自己是清醒的，或许自己正处于梦中。处于梦中，尤其是祥和的梦中，正是不可多得的敞开之时，也是心灵向道的敞开之时，此时的自我或许正是最惬意自然的时刻，正是这种时刻的超越性和创造性，庄子才感叹，大梦谁先觉。人们或许以为梦是虚幻的，不真实的，觉醒时的自我才是真切的。其实，经验也告诉我们，觉醒时的自我正因为有我执、我见，遮蔽了对真常的洞察，我们人使用语言等各种符号，符号编织的意义之网时常网罗人自己，以致于看不到网外更广阔的世界。"梦"中人放下自己的方式，超越主体知觉的障碍，在无意识或潜意识世界里进行无穷追问，那种更深层的意识往往是不被自我发觉的，改造自我，升华自我必须深入其中。《庄子·达生》有言：

---

① 方勇、陆永品：《庄子诠评》，成都：巴蜀书社，2007年，第58页。

工倕旋而盖规矩，指与物化而不以心稽，故其灵台一而不桎。忘足，履之适也；忘要，带之适也；(知)忘是非，心之适也；不内变，不外从，事会之适也。始乎适而未尝不适者，忘适之适也。

工倕的业务操作臻至化境，即"指与物化而不以心稽"，此时是"道也，进乎技"，手指与对象之间已没有分别，到底是"指"指向物，还是物追求"指"，彼此已相互转化。没有分别心于其中稽考。可知"化"境是心泯，心死神活的状态。"心"，直白地讲，即是当下自我的意识。"心"最为合适的安顿状态是"知忘是非"，"知"是小知，即间间，而忘是非之"知"是大知，则是闲闲的，亦即安适的。"心"的最高层面当是"忘适之适"，这时候，"心"的状态是"灵台一而不桎"，郑开解释说："'灵台'即深层意义上的心，'一而不桎'即非常地专注，没有束缚，非常活跃。"[①]"灵台"是人心最纯粹自然的状态，不过，"一"当是一心一意，即整体性的、整全的、通畅的，与物和谐迁移。这一境界，《列子·黄帝》这样描述："心凝开释，骨肉都融，不觉形之所倚，足之甩履，随风东西，犹木叶干壳。竟不知风乘我邪？我乘风乎？"奥秘就在于"不知"即"忘"，此时心凝而为一，自然天真，活泼自在，任我逍遥，亦可谓为"精通于灵府"，灵府乃精舍，是纯粹的灵能，它不是机心所在，而是常心之所居处。正所谓陶渊明所言"形迹凭化往，灵府常独闲"，这个灵府好比蜂巢中的蜂王，它是整群蜂的主心骨。但它时常安然不动，方能制群蜂之动。

苏轼的《书晁补之所藏与可画竹诗》中慨然写道：

> 与可画竹时，见竹不见人。
> 岂独不见人，嗒然遗其身。
> 其身与竹化，无穷出清新。

此真所谓以艺进道，道寓于艺！两者相通处在于"遗身"，即忘身，是为化境，我画竹与竹画我已分不清了，正是这种分不清，方可"无穷出清新"，仿佛自然天成。此意境乃是"庄周梦蝶"的翻版。

---

① 郑开：《庄子哲学讲记》，南宁：广西人民出版社，2016年，第223页。

二、"庄周梦蝶"喻示在"一成纯"中快乐自我

庄子学派继续了老子开创的"无"的智慧,不执于有,而以无的否定方式实现对自我的圆满自足,这其实也是庄子内向传播智慧的源泉所在。众人只看到正的一面,有的一面,而忽视反的一面,无的一面。其实,此二者相反相成,不可缺少。把梦看作虚(无),而把醒看作实(有),"庄周梦蝶"的意蕴似乎就更清晰地呈现出来。虚虚实实,实实虚虚,不可执着。梦之虚却有悟境之实效,而醒之实亦有"分"之区隔,区隔正是为了下一次的打破。未有醒之下的种种省思与追问,亦难有梦之中的超越与否定。《齐物论》没有对人心之缦、窖、密等真实情境的把握,没有对人生"终身役役而不见其成功,苶然疲役而不知其所归"困境的忧思;没有对"物无非彼,物无非是"的人类思维的反身性、对象性的思考;没有对道与物关系的洞察;没有对道与我关系的贯通追求;没有人类认识(即"知")有限性的自我反思;没有对"圣人愚芚,参万岁而一成纯"的敬意;等等。庄周虽只是漆园吏,但庄周注定成为中国文化史、思想史上的巨人,就在于他有着"念天地之悠悠,独怆然而泣下"的孤独感,又有着一颗终结世间一切苦难的雄心,因此,他又是神圣的,他仿佛就是人类自我觉醒的伟大导师、人类和谐相处智慧的奠基者。

在人类过于注重外求,过于注重索取的时代,庄子却反其道而行之,向内求,学会放下,学会舍去身心的负累,无论是有形无形的财富荣誉,还是想得到想不到的成见偏见和争强好斗之心,只有舍去后人生才会获得自由与快乐。自由与快乐才是人生的底色与本质。不要为身外之物而迷失自我,逐于物而成为物的奴隶。

第三节　庄周之梦：实现自我圆融自适的重要路径

《庄子》书中九篇十一处提到"梦",不过,限于篇幅,此处围绕大圣梦、孟孙氏梦和庄周梦蝶这三梦来展开论述。梦其实是人认识对象性的另一种表现,梦一定程度上也是认识自我的路径。当然,《庄子·大宗师》明言"古之真人,其寝不梦,其觉无忧",作为道之究竟的载体——真人——睡觉是不做梦的,因为他安心放心。这一定程度上是在说梦是意识活动的过程和对象,也是人向真人转化过程中的必然现象。此外,栎社之梦、髑髅之梦、白龟之梦都是教导

世人当放下有用无用的计较心和以我观之的人类中心主义的标准观;启迪世人放下生死之别,安顿爱生恶死的执着心;指导人们当意识到人的认识的局限性,不要固执于自我的理性,因为理性皆有所困。

一、梦如镜:"大圣梦"的自我镜像

梦犹如镜子,可于其中看到自己的幼稚可笑,领悟人生苦短与世事无常。《齐物论》有"大圣梦"情节:

> 梦饮酒者,旦而哭泣;梦哭泣者,旦而田猎。方其梦也,不知其梦也。梦之中又占其梦焉,觉而后知其梦也。且有大觉而后知此其大梦也,而愚者自以为觉,窃窃然知之。"君乎! 牧乎!"固哉! 丘也与女皆梦也,予谓女梦亦梦也。是其言也,其名为吊诡。万世之后而一遇大圣知其解者,是旦暮遇之也。

这个梦有好几层意义:

其一,梦与现实并不一致,梦中饮酒纵乐,醒来却因残酷的现实而哭泣;相反,梦中悲伤哭泣者,醒来或许遇上田猎之快事。或许因此,世人常说梦与现实是相反的。其实也不尽然。就现实性而言,梦有一致有不一致,这也正是梦的奇妙处,也是现实的多样性。

其二,更为复杂的是,在做梦之中,不知自己在做梦,而且梦中还梦到自己在做梦,似乎在梦中能够占问梦之究竟。直到觉醒后,才知道是一场梦。经验告诉我们,许多事情,醒着的时候未必想明白,然而在梦中想通了。由此看来,梦与醒着实是可以转化的。其实,结合前文,我们可知,庄子其实已经先陈述了常人与至人的不同。常人则拘于时空与教养,从自己的角度来判断(自我观之),因此未能把握正处、正味、正色。至人的神奇之处在于不仅保有外在的自由自在,即"乘云气,骑日月而游乎四海之外",还"大泽焚而不能热,河汉沍而不寒,疾雷破而不能伤,飘风振海而不能惊"。其内在还可以"死生无变于己,而况利害之端乎",换言之,至人之超越处在于他外生死,泯是非,忘利害,同尊卑。总之,道之境是"圣人不从事于务,不就利,不违害,不喜求,不缘道,无谓有谓,有谓无谓,而游乎尘垢之外"。

其三,大觉而后能知大梦,愚者自己以为自己是觉者,沾沾自喜自己知道。这其实正是小知与大知的区别。愚者(小知)知其一斑以为全豹。而能知此者,需要"大觉"。大觉是对醒的否定,是对觉与梦的双重超越。既不自恃己之已知,又不否定梦可启人感悟。人生便在于梦与醒之中流转。大梦者,因梦而悟道者,大觉者,反省觉之局限,当下之困,而以梦启我心智,不轻易否定梦的启示,也不拘于梦的启示,只是顺势而趋罢了。

其四,孔丘因拘于礼教而不解有道圣人的状态,以至于否定,堵住了自己的进道之阶。从这个意义上讲,孔丘的才智则如同梦一般,迷惑了自己,而自己却不知道自己活在自己建构的牢笼之中。长梧子也称自己如此评价孔丘也是一种执着,一种判断,凡为断言,便是迷误。因此,他自称与孔丘都做梦,都有局限。这正如黄帝问道的情节中所言。知道是不知道,不知道是知道,这不觉得很怪异(吊诡)吗?

其五,庄子感叹曰:"万世之后而一遇大圣知其解者,是旦暮遇之也。"梦与醒的界限果真如我们平常知道的那样吗?果真不是我们知道的那样吗?要冲破这种思想的牢笼,需要大圣大智,或许需要万世之长如同旦暮之短那般的探索,方能解脱这一困扰,因为"人之迷,其日固久矣"。我们在语言的家园中生活,语言似乎成为空气与皮肤,我们能离得开吗?不在一定程度上疏离言语,又不能走出自我,岂不悲哉?!庄子的药方是"和以天倪,因之以曼衍……忘年忘义,振于无竟,故寓诸无竟",说到底,就是要脱离"有待"的境地。有待便有所困,如同蝉对翅膀的依靠。庄周梦蝶又何尝不是不得已的隐喻,即因为蝶也要依靠于翅膀。"山重水复疑无路"之际,庄子却又分析"物化"的道理,而做到"柳暗花明又一村"。物化者,陈鼓应解释为:"物我界限消解,万物融化为一。"[①]方勇解曰:"一种泯灭事物差别,彼我浑然同化的和谐境界。"[②]总之,同化,不分彼此,方是了悟。

汉学家爱莲心甚至认为此梦的内涵似乎较"庄周梦蝶"更丰富。故事的情节确实更为丰富与曲折,喻义也更为深刻,当然少了份梦蝶的诗意与快意。"大圣梦"显得更为崇尚而严肃,话题有点沉重。或因如此,大道至简呀!梦蝶之流传更广泛深远。

二、寥天一:"孟孙氏梦"的梦觉合一

《庄子·大宗师》中借孔子与颜回之口谈论"孟孙氏之梦":

---

① 陈鼓应:《庄子今注今译》上册,北京:中华书局,1983年,第92页。

② 方勇、陆永品:《庄子诠评》,成都:巴蜀书社,2007年,第96页。

颜回问仲尼曰：孟孙才，其母死，哭泣无涕，中心不戚，居丧不哀。无是三者，以善处丧盖鲁国，固有无其实而得其名者乎？回壹怪之。

仲尼曰：夫孟孙氏尽之矣，进于知矣。唯简之而不得，夫已有所简矣。孟孙氏不知所以生，不知所以死；不知就先，不知就后；若化为物，以待其所不知之化已乎！且方将化，恶知不化哉？方将不化，恶知已化哉？吾特与汝，其梦未始觉者邪？

且彼有骇形而无损心，有旦宅而无耗精。孟孙氏特觉，人哭亦哭，是自其所以乃。且也相与吾之耳矣，庸诅知吾所谓吾之非吾乎？且汝梦为鸟而厉乎天，梦为鱼而没于渊。不识今之言者，其觉者乎，其梦者乎？造适不及笑，献笑不及排，安排而去化，乃入于寥天一。

此例子亦是借"梦"言人当处理好自我与外物的关系问题，关键是顺物化而不为自我情绪所左右。庄子时常要走打破世人对梦与醒的执着，将自我从观念的束缚中解脱出来自我升华。借助詹姆斯对物质自我、社会自我和精神自我的分析来看，庄子学派眼中的物质自我主要指人的形体及其与形体相关的各类财富；社会自我指人的各种身份和关系；精神自我比较特殊，不同于詹姆斯心中指人能够指导日常生活的精神理性和精神气质，以实现对社会生活的应对。具体说来：

其一，不化的精神自我。庄子的精神自我是归宿，是精神，是对现实的超越，例如，生死不入于心中，最终是对自我的负责，而不是对社会的负责。在庄子看来，社会的名位是对自我的伤害，只有回避社会价值，回到自我，自我精神才能得到安顿。以孟孙氏之梦的故事来看，与其说，孟孙氏在处理丧事，不如说是他在安顿自我，以顺应自然的方式安顿自我性灵的方面来安顿亡灵，本身才是最好的安顿。孟孙氏母亲过世，他"哭泣无涕，中心不戚，居丧不哀"。这里的哭泣不是真的，因为他只是"人哭亦哭"，因顺人心，不给自己留下麻烦，此谓"人之所畏不可不畏"，此是社会自我的顺应。值得注意的是，文中提到"且方将化，恶知不化哉？方将不化，恶知已化哉？吾特与汝，其梦未始觉者邪"，庄子借以告诉世人，大化流行，人的知识有限，面对即将变化的情景，我们何以知道那不变化的情况？遭遇不化的境况，何以知道已然变化的情景？事物的变化可以多样，这是事物的常态，也是道的常态。于此，孔子感叹他俩执着于礼教之悲伤情感，固执于名实之别，而未能化。因此，相比于孟孙氏，他俩更像是在做梦还没醒过来呢?! 孔夫子明明跟颜回谈论孟孙氏的事情，何以说自己是在梦中呢？此处之梦更像常规意义上的梦，不真实的，虚空的，因为拘泥于形式，不把握本真，以人之规范束缚自我的身心，是一种"困"，一种"累"，如同噩梦一般萦绕在其身上，不得欢乐。孔子希望速速从中"觉"起，"觉"是破迷而悟的境。孔子强调如同做梦化为飞鸟而一飞冲天，化为鱼儿沉没于深渊，不知此时说话的我们是在梦中，还是在清醒状态？可能是做梦在一起说话，果真在一起说话了吗？最后作者表达了自己的看法："造适不及笑，献笑不及排，安排而去化，乃入于寥天一。"适，本身是一种身心安适的状态，这种状态不以情绪表达，一落言诠，便不自然；不期然而笑，笑得那么自然，没有任何做作刻意，总之，顺应自然而变化，便能进入寥远天然的纯一之境，无梦无觉，亦梦亦觉。

其二，"骇形旦宅"的物质我。我哭之时，旁人都以为这就是"我"，他们哪里知道我果真不是我。旁人看到的是人的形，而不是我的神。哭所以"无涕"乃是因为不以心伤身，是谓"骇形而无损心，有旦宅而无耗精"。形可骇（变化）而心无损，有躯体的转化而无精神的损耗。这本是"通天下一气"的表现。此为庄子对形体我的态度，更不用说视财富名誉等为浮云。此为庄子的"物质我"。

其三，"是其所以乃"的社会我。孟氏的社会自我体现为"不知所以生，不知所以死；不知就先，不知就后"。常人的社会自我是有先后、生死所体现的利益关系纠葛的自我，孟孙氏则"不知"，用现在的话说，他不把社会的规范内化成为自己的规范。生死之哀不起，先后之得失不较。此时状态就好比随顺事物的变化，以此应对那人力不可知的变化。

三、自我与超我："庄周梦蝶"的"物化"启示

《庄子·齐物论》结语曰：

昔者庄周梦为胡（蝴）蝶，栩栩然蝴蝶也，自喻适志与，不知周也。俄然觉，则蘧蘧然周也。不知周之梦为胡（蝴）蝶与，胡（蝴）蝶之梦为周与？周与胡（蝴）蝶则必有分矣。此之谓物化。

"庄周梦蝶"这一故事历来为世人称颂，也演化为世人追求自由快乐的符号表征，意义深远。

（一）"庄周梦蝶"：在本我与超我之间的梦境

"庄周梦蝶"的情境是庄周式的，但做梦变为生物，如鸟、鱼、花之类，则是

人类的常态。这个故事寥寥数语,却有无穷意境,其根源当在于对人性的追问。蝴蝶其实是自我的镜像,深入而言之,是超我的表征,蝴蝶不是当下的自我,而是自我的究竟,了脱了的自我。因此,显而易见,"庄周梦蝶"故事直接表现的是庄周这个"自我"(ego),蝴蝶则应是"超我"的表征。当然,一定程度上也可以看作本我(id),即作为万物之一的我。庄周讲究的是物我两忘,他反对以物役我,求役物而不役于物,与物偕行。如此,我们则可以抽象地继承弗洛伊德的本我、自我和超我的自我观,但在内涵上加以改造。在庄周看来,本我是作为万物之一的我,没有人的特殊性,而有物的共性,没有人的优越感与分别感。自我,则是处于社会情境中的我,是现实中操作的自我的提升与沉沦的我。超我,则是人作为类的存在的高尚性体现,抑或人作为文化的动物而产生的对终极真理的关怀与自我的永恒安顿的主体。其实,人作为进化中的过程存在物,本我、自我、超我共处一体,本我的快乐原则易迷失于众生之中,自我的现实原则则在有时易于成为有违道义的下人与有时易于成为不食人间烟火的神人这两端之间摆动,端赖于灵能如何驱使自我。"庄周梦蝶"意喻自我的提高与超越。

有学者富有创意地将蝴蝶视为本我,将庄周视为弗洛伊德的自我,认为本我有走向死亡本能,自我则拥有充满爱欲的力比多,展示求生的本能。庄周力图追求"本我"(id)对"自我"(ego)的战胜,这便是逍遥游。① 梦蝶既然作为追求自由的象征,应当是"超我"的体现,"庄周"则代表现实理性的自我。游之类的逍遥,在庄子看来可以实现,但要与道为一,即"物化",亦即齐物,说到是自我的消融,本我与超我的贯通。但不能因此说明自我是障碍,恰恰需要"自我"的操控,自我最终埋葬了自我,这是自我的最大归宿。自我遵循现实原则,一直探讨在本我的快乐原则与超我的自由原则的平衡。放纵快乐原则终究害人害己,不安抚本我的快乐,追求超我的实现则没有动力。本我与超我似乎是两极,在庄子看来是相通的。这个相通的桥梁便是"道"。道是"率性之谓道",道是性的本然实现,不过,性是"天命之谓性",是天然的,是纯粹的,而非弗氏强调的充满性欲的本能。"修道之谓教",在修之中不断磨合心性,使本我、自我与超我合一,以超我为主导。道的存在虽然不以人的意志为转移,却是人的意志可以感通的。因此,需要去"修",这个"修"在庄子看来就是"心斋""坐忘",

---

① 马荟苓、王爱敏:《从弗洛伊德的精神分析解读庄周梦蝶》,《湖南第一师范学报》,2010 年第 5 期。

就是逍遥游,是万物相和之境,"无死地"也。"庄周梦蝶"所以流行,因为其文本的象征意义深远,富有无穷的诠释空间。本我是原始的,非理性的,本能的。超我则是理想的自我,是道德理念,是富有升华的,悟性的,超越性的。没有本我何来超我?"庄周梦蝶",表面上只有庄周与蝴蝶两者,其实,还有道,亦即道我。一切都因为有我才有意义。没有"庄周"这一现实的自我,蝴蝶和高远的道,没有任何意义。因此,笔者认为,蝴蝶与髑髅都是道的影子。

(二)梦:通向觉醒之知的媒介

庄周与蝴蝶之间以梦为接引。"梦"何以能接引,发挥媒介的作用,是因主体必有所求。"求以得,以罪以免"的欲望实现,如同蝴蝶的自由飞翔,这一切的前提是进入梦(道)。蝴蝶作为物的存在是有限、有形的、有名的、短暂的,只有道才是永恒的、无名的、无形的,如梦境一般神妙奇幻。物不化,则有阻隔。庄周之为庄周,因为意识到物必有分,正因为物之分,则物之为物,而不能为物物之物的道。

1. 梦:开启深层自我认知的按钮

"梦"的内向传播过程,关系互动性,唯在一"化"中,蝴蝶本身就由毛毛虫转化而来的,寓意"道"具有化腐朽为神奇的功能。经历由蛹到蝶的转变,这一去茧的过程孕育着新生命,即化的过程。必须有所舍弃,才能实现超越。具体说来,"化"体现为"坐忘",可以是"心斋",可以是"吾丧我"。在此类情景下,庄周易于梦为蝴蝶,易于进入自我超越之境,在此心境下,自我易于退位,超我易于上位,本我则易于消隐转化,进而呈现"虚室生白,吉祥止止"的和谐场景。

吴光明的《尼采与庄子》一文认为:

通过反思他的梦,庄子获得了一种觉醒之知:我们不能知道我们不变的身份。正是这种知,使做梦者(我们自己)从被客观实在论缠住的专横中解放出来。这是一种元知识,一种对自己无知的觉醒。这一觉醒的无知导致在本体论转化之流中的逍遥游。[①]

庄周梦蝶之梦所以是好梦,因为蝴蝶"栩栩然"生动活泼,而又"自喻适志",心灵似乎在尽情地诉说志向的舒适实现,这种实现不用付出代价,是自然

---

① (法)爱莲心:《向往心灵转化的庄子:内篇分析》,周炽成译,南京:江苏人民出版社,2004年,第102页。

而然的。如同庖丁解牛一般,游刃有余,臻于舞曲之境。梦中之蝶已然不是现实中的蝶那样有生有死,而是不生不死的永恒自在,此时,蝴蝶的快乐是无须条件的,不需要等待,是谓"无待"。无待,即消融了现实的我与理想我的界线,即无我而有真我。无待本亦是无的一种形式,无是一种否定,更是一种超越。郑开亦解说:"'无待'就是指我们所进入的独立且自由的状态。我们既不需要凭借某种东西,同时,又将所有的外部条件统统去除,进而,将真正的'我'释放、发挥出来,这便是'无待'思想的精义。"①或者,无待就是物我距离消融了,物我合一,蝶我合一,是谓"物化",此时"出于无有,入于无间",即谓"适志",心想事成。依徐复观所言,"惟有物化后的孤立的知觉,把自己与对象,都从时间与空间中切断了,自己与对象,自然会冥合而成为主客合一……此时与环境,与世界得到大融合,得到大自由,此即庄子之所谓'和',所谓'游'"②。

2. 醒:梦后的大觉

吴光明指出,"庄周梦蝶"还包含着梦与醒之外的第三个阶段——大醒。大醒即"从醒中醒",即"庄周认为他不是蝴蝶为'醒',庄周不确定他是庄周还是蝴蝶则代表他从这个醒中'醒来'"③。这种深沉的"大醒",会带来"知不知"的认知转化。"知不知"的瞬间感悟,如同濒死体验一样,一下子便明白了活着时的迷昧和死时的明白。

庄周有名,成形了,则必有成心,蝴蝶没有具体的名,故而是整全的,没有分化的,乃是永恒的。"蝴蝶的精髓在于'栩栩然'的翩翩飞舞——它从一个思想飞向另一个思想,从一个事件飞向另一个事件……它不否认梦与醒、现实与幻想、知与无知……它所能确定的,只是它从此飞到彼的状态。"④蝴蝶是庄周力欲超脱的精神指称,是精神形式的庄周,即自喻其适的庄周,而"蘧蘧然"觉醒状态的庄周则是物质形式和社会形式的庄周。此二者统一于庄周一身,又是分离的。因为精神状态的"我"是可以超越或忘记身体或关系形态的自我,故有"缸中之脑"一说。飞是一种穿越,从梦到醒到大醒,即悟,即由觉而悟。蝴蝶显然是庄周精神的投射。蝴蝶在别人看来可能是他者,但在庄周看来则

---

① 郑开:《庄子哲学讲记》,南宁:广西人民出版社,2016年,第207页。
② 徐复观:《游心太玄》,北京:北京大学出版社,2009年,第98页。
③ Kuang-ming Wu. The Butterfly as Companion. NY: State University of New York Press, 1990, p.217.
④ 郭晨:《吴光明与爱莲心"庄周梦蝶"的阐释比较》,《漳州师范学院学报》(哲学社会科学版),2013年第3期。

是从他者回归自身，进而反观自身，这个过程便是从与他者（蝴蝶）的对话（心灵感通）中实现对自我与他者的同时"去蔽"，即同时实现对物化的顺应，而齐一，最终实现通过关注他者而实现回归自我的完整齐一，即灵与肉的统一。

正如汉学家爱莲心所说的，蝴蝶这一意象的选择，无论是有心还是无意，它本身是"化"的现实表征。蝴蝶从毛毛虫到蛹，到蝴蝶，实现华丽的转型（transformation），即"转型为蝴蝶必须蜕掉原有的皮。这点表明仅有旧事物让位于新事物时，转型才会实现。且此种转型是一种内部转变，不需要任何外在媒介"①。

梦蝶中所提到的"物化"，《天道》中这样描述："知天乐者，其生也天行，其死也物化。"相似的描述亦见于《刻意》中（"圣人之生也天行，其死也物化"）。既然天行与物化对举，其含义就应当是相对的。物化即天行，是天道自然而然的运动。人主动地进入天行物化之境，是圣人之为，其境界是"天乐"，本然的快乐，而为人欲之乐。庄子在"寐"和"觉"中转变，其实亦即在"物化"中体会自身的醋畅淋漓，此正所谓"大醒"。庄子并不纠结于对觉中的懊恼，而是于这一转变中感悟到，自然之道不可违。唯使自我与道相通，使主我与客我合一，才能形神俱妙，快意人生。他以各类形体残缺，但精神圆满自足之人来进一步揭示"齐物"的奥妙——万物与我为一，"我"与万物在大化流行中互为主体，彼此相通相化，"物有分，化则一也"②。值得注意的是，《知北游》篇中亦言"古之人外化而内不化，今之人内化而外不化，与物化者，一不化者也"，似乎在否定"物化"，不过，此处所讲为"与物化"，而非"物化"。罗勉道解释说："外化而内不化者，应物而心不与之俱，内化而外不化者，心无定而为事物所撑触也，与物化者，外化也，一不化者，内不化也。"③"古之人"是人心纯朴之世下的人，亦即庄子心中的理想人物，他们"外化而内不化"，"承认并随顺外界的变化，与之一起迁移，但却保持自己的真然本性，保持内心的真宰，保持内心之真，不'丧己于物'"④。

可见，"与物化者"，主体随着他者变化，丧失主体性，失去自由与自在，不由自主。"物化"则表征物的齐一性与贯通性，物与物、我与物都紧密无间，没

---

① Robert E Allinson. Chuang-Tzu for Spiritual Transformation: An Analysis of the Inner Chapters. NY: State University of New York Press, 1989, p.74.

② 钱穆：《庄子纂笺》，北京：九州出版社，2011年，第23页。

③ 罗勉道：《南华真经循本》，《道藏》第16册，上海：上海古籍出版社，1996年，第110页。

④ 奚彦辉、高申春：《心理学视角的〈庄子〉自我观探究》，《心理研究》，2008年第2期。

有分别。"生物者不生,化物者不化"①,物化是物之常,道之常。"天地固有常矣,日月固有明矣,星辰固有列矣,禽兽固有群矣,树木固有立矣。夫子亦放德而行,循道而趋,已至矣。"②人顺道而为,与物无伤。"至德者,火弗能热,水弗能溺,寒暑弗能害,禽兽弗能贼。非谓其薄之也,言察乎安危,宁于祸福,谨于去就,莫之能害也。"③

　　"庄周梦蝶"寓言可见庄子有自我超越的意向,有对物我两忘境界的追求与向往,但他也批判物我二分的常规思想。正如弗洛姆所言,人在进行创造性工作时处于物我合一状态:"在每一种创造性工作中,创造者同他的工作材料结合为一,工作材料代表了整个外部世界。无论是木匠做一张桌子,还是金匠打一件首饰;无论是农民种庄稼,还是画家作画——在所有这些创造性工作中,工作者与对象都合二为一,人在创造过程中将自己与世界结合起来。"此即所谓"道进乎技"。最彻底的创造性精神活动,便是自我的形与神的美妙统一,实现形之安顺,神之灵妙,梦当是其最贴切的表征。"庄周梦蝶"之梦不是精神狂乱之梦,身体狂躁之梦,而是形就神和之梦。此种吉祥之梦本身是身心放松的表现。

　　弗罗姆还认为:"人——所有时代和所有文化之中的人——永远都面临着同一个问题和同一个方案——克服这种疏离感,实现与他人整合,超越个体的生命,找到同一。"在庄子看来,人源于道(齐一),因此人从本性上有向往"道"那齐一且永恒安顿的诉求。人总感觉自身是被抛到世上的孤独的存在者,生不却,死又不能止,亲人朋友也只是共同通向"一"的桥梁,人更易于趋向以和谐为本质特征的"道"。庄子派意识到人的内心深处有拘于形体的现实自我,追求现实原则,又有一个追求超越,不满当下,追求无形境界的超我。正因为有超我,人本有为万物之灵的高贵所在。一般人追求的是物与我的分别,呈现自我的殊异性;圣人则反之,消融物与我的差别,展现自我的高贵性。上文已言的"大圣梦"启示我们:梦是实现超越的媒介。因为(大)梦联系着醒(觉)与解。通常生活中的睡与醒的反复如同人处于"钧"之上,苦不堪言。庄周梦蝶式的大梦,消解睡与醒(觉)的界限,不认为醒时才是真实的,而梦中是虚幻的。反而,正因为有梦这一触媒,人可以放下执着,达到"悟"的境地。梦真乃造化

①　杨伯峻:《列子集释》,北京:中华书局,1979 年,第 2 页。
②　方勇评注:《庄子》,北京:商务印书馆,2018 年,第 233 页。
③　方勇评注:《庄子》,北京:商务印书馆,2018 年,第 284 页。

的神奇表现。不过，白龟之梦表明物我可以感通，理性有穷困之虞。

　　刘文英指明，蝴蝶梦状态就是"与大道合二而一"的状态："从艺术形象来看，我们可以把蝴蝶梦中的蝴蝶，视为大道的象征性符号，而'梦为蝴蝶'则意味着庄子得道，与大道合二而一。若就思想境界而论，蝴蝶梦中的'不知周也'，亦即'至人无己'的形象化，表明庄子自认为他已达到至人的境界了。"[①]故而，蝴蝶梦暗示主体精神的自由快适，其境界是"至人无己、神人无功、圣人无名"，是齐同物我状态下逍遥自得、无挂无碍的自由境界，是物化的最高境界。

　　综上所述，《庄子》书中的"梦"是通向自我内在结构（"主我"与"客我"）消融的重要方式，也是实现自我升华的路径。因此，引入内向传播的理论视角，有助于我们深入剖析《庄子》的自我观，进而实现中西内向传播理论的跨越时间的对话，意义深远！

---

① 刘文英：《庄子蝴蝶梦的新解读》，《文史哲》，2003 年第 5 期。

第五章

因“见独”而“独见”：庄子的修行内向传播观念

近年来，“新子学”观念日益兴盛。“新子学”之“新”在于以子学为接引，鼓励当代的“百家争鸣”。本章引进内向传播理论视角，重建道家的“见独”观念，道家的自我修养功夫体现在将“我”与“道”的关系内化为意识中的俗我（主我）与道我（客我）关系，使两者互动，促进自我超越，达致真人的境界。“见独”是道家自我认知、自我反省、自我升华的内向传播活动，其运作机制是“道我”召唤“俗我”，“俗我”以“道我”为镜鉴而推进修身养性，这一过程中，内观、心静如镜的一系列内向操作能让心灵焕发“天光”，促成“俗我”向“道我”转化。

方勇教授提出的新子学是思想多元时代里重新认识子学价值的产物，是对子学论域的再现与升华，更是对子学精神的继承与发扬。心性之学是诸子百家关注的核心问题，争议修身是诸子“知人论世”的起点和归宿点。针对修身与治世，诸子有自己的独特方案。本章围绕道家“见独”观念，引入内向传播理论视角，以内省心理学的视角，重新建构道家的修身养性学说。

臧克和认为，儒释道都以内心为起点，且殊途同归。他认为：“诸家之别，根源在心-物之关系：儒家心/物——心＋物，道家心/物——心→物，释家心/物——物→心。然而即一家之眷属，于心—物关系、内-外距离之把握，亦为门派所由生。”[1]其中，“道家本体为道，道法自然，是由自我到丧我，由内在到自然，最终丧所怀来，走向自然之一边”[2]。诚然，道家讲究以心御物，役物而不役于物。

何庆良曾深刻地指出：“可以肯定地说，道家在春秋战国时代就已经清醒

---

① 臧克和：《简帛与学术》，郑州：大象出版社，2010年，第5页。
② 臧克和：《简帛与学术》，郑州：大象出版社，2010年，第3页。

地意识到内向传播的存在,试图利用这种传播方式来认识自然与社会现象。"①何庆良认为,庄子的"心斋坐忘法"是内向传播的表现,可惜未能对内向传播的运作进行更深入的思考。全冠军认为,清静是进行内向传播必需的境界和途径,道家"重在通过内向传播排除智识的蒙蔽,认识和把握最高的'道'"②。近几年对华夏文明中的内向传播智慧的研究发现,道家的内向传播通过涵养内心的清静灵明来实现自我的自由与逍遥。老子"在方法上却采取了与传播学上的内向传播理论不同的操作方向,即通过对社会性活动的减损和人类已有知识的超越来实现自我升华"。《庄子》以"吾丧我"为命题,视"吾"为"道我","我"为"俗我",通过个体修炼(主要是心灵的内在对话)来消除后天自我观念对本性的遮蔽,以"丧我"为路径,回归道我、真我。在此基础上,笔者将目光转向儒佛,一方面,以禅宗为核心继续探讨佛教心性论蕴藏着的内向传播思想;另一方面,在研读儒家《大学》《中庸》等经典过程中发现"慎独"是考察儒家内向传播观念的绝佳入手处。考察儒家的内向传播观念发现,道家的"见独"最能体现道家式的内向传播智慧。"见独"清晰地呈现道家内向传播活动的运作,善于营造良好运作的环境条件。

第一节　独:"人即媒介"的自我观

"独"是自我存在的确证,在与他者(包括宇宙大道)的映照中显现自我的崇高与伟大。因此,"独"是集本体与功夫于一体的自我观。具体说来,从人即媒介的角度看,道家认为人能修道、体道、悟道、合道,以自我的身心为道场来把握和处理人与宇宙自然的关系,人与人的关系,自我身心的关系。"见独"修证是通向"即我即道,即道即我"的过程。道是"我"的灵魂,有了"道","我"才成为"我"。"我"又是"道"镜子,"道"的载体。"道"是隐藏着的,"我"是显在的。"道"因"我"而显,"我"因"道"而成。自我将"我"与"道"的关系内化为意识中的俗我与道我关系,类似于米德的"主我"与"客我"。这两者的互动催生道家独特的内向传播观念。总而言之,道家内向传播观念指以道为理想自我的本质规定,以与道合真为目标,召唤特定时空下的自我(俗我),以道为参照

① 何庆良:《先秦诸子传播思想研究》,博士学位论文,中国人民大学,1993年,第37~38页。
② 全冠军:《先秦诸子传播思想研究》,北京:中国书籍出版社,2014年,第245页。

系,在心灵深入推动俗我与道我的对话,以实现自我的逍遥。

一、"独"观念的生发与演进

《正字通·犬部》:"独,猨类。似猿而稍大。猨性群,独性特。"所以引申出"独特"意。可见,"独"的基本意是贬义的。《尚书·泰誓》说:"独夫受洪惟作威,乃汝世仇。"这里"独夫"特指商纣。"言独夫,失君道也。大作威杀无辜,乃是汝累世之仇,明不可不诛。"①这里的"独"当指残暴、专横,如恶犬之态。这其实为后世引申出反面的褒义留下伏笔。《论语·里仁》曰:"德不孤,必有邻。""独"有不道德义,迫使先秦思想家们思考去除"独"的外在呈现出的"凶"义,即去"毒",使之转化为内在化的"德目"。帛书《五行》曰:"言至内者不在外也,是之谓独。"②这里强调由对外在丧服的过分关注转向丧礼的内在本质——内心的至哀。因此,从一定程度上讲,春秋战国时期"独"已从"不群"之意(单独)转向修身意义上的"独自"。"独"便是从原先以"孤寡不穀"为外在表现的孤立状态转到《道德经》倡导的侯王以自谦"自称"的辞语,同样"孤寡不穀",此时已去"毒"。

查考《汉语大词典》,"独"除是上文所言兽名以外,还有多义:"1.单独,独自;2.老而无子孙,亦指无妻者;3.独断,专断;4.犹如,类似。"还有副词、连词使用的情况。③ 但无"见独"之"独"义,这说明"见独"之"独"当有另外的含义,且这个含义当是名词性。因为"见"一方面可以视为"看见",另一方面,"见""现"相通,所以"见独"亦可理解为"现独"。《道德经》中有言"不欲见贤"(第七十七章)④,此"见"即为"现"。后人一般把此"独"理解为"道",于意可通。但"道"应当不是"独"的本义与初始义。李臻颖考证,"独"的本义与太阳崇拜有关。独字繁体字为"獨"。"蜀"当是"獨"的本字。郭店楚简《五行》有"慎其蜀(独)"是书证。进而言之,李氏认为"蜀"当是"烛龙"一类的太阳神物之象形。"烛龙","人面蛇身"且"直目",眼睛睁开为白天,闭上为黑夜。类于甲骨文、金文、篆字的"蜀"字。李氏还以《庄子》中的"见独"等文献做佐证。《管子·枢言》言:"道之在天者,日也。其在人者,心也。"⑤据此,"见独"字面意思当是"见日"。因为

---

① (汉)孔安国传,(唐)孔颖达疏:《尚书正义》,北京:北京大学出版社,1999年,第280页。
② (东汉)庞朴:《竹帛五行篇校注及研究》,台北:万卷楼图书有限公司,2000年,第40页。
③ 汉语大词典编纂处:《汉语大词典普及本》,上海:上海辞书出版社,2012年,第944页。
④ (魏)王弼撰:《老子道德经校释》,楼宇烈校释,北京:中华书局,2008年,第186页。
⑤ 管曙光主编:《诸子集成 简化字、横排、点校本(2)》,长春:长春出版社,1999年,第40页。

"见日"然后能悟天行有常，无古今之变。^① 其实，见日了，自我便能光芒万丈，消融了时空，明白四达，通天彻地，无所不能。其实，《庄子》中单列《则阳》一篇，"则阳"是文中人名，该篇强调顺阳道，明天道的重要性。《则阳》曰："圣人达绸缪，周尽一体矣，而不知其然，性也。复命摇作，而以天为师，人则从而命之也。"^②天者，日也，光明正大之象征。日的特点就是"光明万丈"，人法之，则内心光明清朗，神明洞开。其实，道家之"道"的确立，与"天"有密切关联。张岱年曾指出："春秋时所谓天道是天之道，道是从属于天的。老子则认为道比天更根本，天出于道。"^③说到底，老子之道正是"观天之道，执天之行"的观念结晶，"老子的'道'是由天道中概括出来的，作为天地人存在的依据"。正是天、日、心、道之间的关联概念为道家的修行炼心提供了内向传播的象征符号。

二、从"独夫"至"独有之人"的意义转换

据统计，《庄子》书中出现六十六次"独"，虽有时含贬义，但更多为对后世有重要意义的褒义^④。比如，与世俗之人相对应的"独有之人"："出入六合，游乎九州，独往独来，是谓独有。独有之人，是谓至贵。""独有"内含特立独行的品格，具有这种品性的人"至贵"。"独有之人"正是道家崇尚自然、自由的践行者与代言人。《庄子·田子方》言："先生（注：老子）形体掘若槁木，似遗物离人而立于独也。"以之状写老子遗世独立的气象，无有所累，无有所待。独立者"独与天地精神往来"，在精神境界上与天地并立，成为真正圆满具足的自我。方此时，自我具有超凡的能力，亦即宇宙在于手，万化运乎一心。我即宇宙，宇宙即我。无牵无挂，自由自在。"大概'独'这一语词，反映出他们在现实上的、思想上的孤绝感，守持其孤绝感的刚毅性以及在个体的最深处所回响的澄明性。"^⑤

何以如此呢？《说文解字》注"独"为"犬相得而斗也"。由犬性好胜而落单

---

① 李臻颖：《"慎独"源出"则阳"考》，梁涛、斯云龙编：《出土文献与君子慎独——慎独问题讨论集》，桂林：漓江出版社，2012年，第228~261页。

② 方勇、陆永品：《庄子诠评》，成都：巴蜀书社，2007年，第836页。

③ 张岱年：《中国古典哲学概念范畴要论》，北京：中国社会科学出版社，1989年，第24页。

④ 朱小略：《明"化"而见"独"——〈庄子〉"独—化"论解析》，《黑龙江社会科学》，2014年第3期。

⑤ （日）岛森哲男：《慎独思想》，梁涛、斯云龙编：《出土文献与君子慎独——慎独问题讨论集》，桂林：漓江出版社，2012年，第20页。

出发,"独"的含义就被引申至"单个,单独"。段玉裁注曰:"犬好斗。好斗则独而不群。引申假借之为专一之称。"应当说,"单个,独个"及"无嗣",是"独"的主要字义。"独"由"独而不群"的生存上的孤傲逐渐转变为"独一无二"这一哲学上的孤独。在道家看来,"独"首先是道的存在特性,进而视为得道之人的禀赋。故有"独有之人"一说。

张丰乾分析儒家"慎独"时,有独到之见:"独用于人事,可以从知行两个方面专讲。独知、独觉指人的认知能力,独立、独行则是人的行为方式,概而言之'个性即为独'。"①张丰乾认为各学派各门派都十分重视"独",道家将"独"作为行道的特性。《淮南子·泛论训》有言:"必有独闻之听,独见之明,然后能擅道而行也。"行道难,徒赖于耳聪目明。道本身是普世的、普适的,但不同人修道时的感受是如人饮水,暖冷自知。因此,有所谓"道不可言""道不可知"之说。

就独知、独见而言,《吕氏春秋·制乐》有言:"圣人所独见,众人焉知其极。"圣人区别于众人的重要特征在于因其见独而有独见,此"独见"以其有独特的修道体验而从中生发自己的见解,进而表现为独特且非凡的行为,成为众人领袖。道门还有"独觉"一说:"仙师独觉,闭迹山水。"②《文史辞源》将此"独觉"解释为"道家指独自悟出玄机"③。觉悟讲究切身的体悟,而非仅从纸上得来或他人口授而得。"心行路绝,言语道断",道自道中悟,道外勿谈道,此等经验之谈,都是指示后人:"道一直在路上,需要自己去走,去感悟。"

就独立,独行而言,《庄子·庚桑楚》:"为不善乎显明之中者,人得而诛之;为不善乎幽闲之中者,鬼得而诛之。明乎人,明乎鬼者,然后能独行。券内者,行乎无名;券外者,志乎期费。行乎无名者,唯庸有光;志乎期费者,唯贾人也,人见其跂,犹之魁然。"④要"独行",当明"为不善"于显明处必得人诛,"为不善"于幽暗处则鬼诛之的道理。只有襟怀坦荡,才能独行不惧。从高境界来说,独行不惧,当即便独自行走时面对影子也不惭愧,这正是慎独之意。《文子·精诚》言:"圣人不惭于影,君子慎其独也,舍近期远,塞矣。故圣人在上,则民乐其治,在下,则民慕其意,志不忘乎欲利人也。""独行"的价值在于"券内"即"务

---

① 张丰乾:《"慎独"之说的再考察——以训诂哲学的方法》,梁涛、斯云龙编:《出土文献与君子慎独——慎独问题讨论集》,桂林:漓江出版社,2012年,第153页。

② (唐)符载:《卢山故女道士梁洞微石碣铭》,李琔光编:《文史辞源》第3册,台北:天成出版社,1984年,第2012页。

③ 李琔光编:《文史辞源》第3册,台北:天成出版社,1984年,第2018页。

④ 方勇、陆永品:《庄子诠评》,成都:巴蜀书社,2007年,第754~755页。

内"，表现为行不求名。不舍近求远地去"券外"，务外则常会如同商人一样出现注重表面上的"魁然"，而掩饰其本质的"跂"。不过，道家的务内是可以治外的，道家的内向传播有明显的社会性功能。道家式的圣人不求名利，"圣人后其身而身先；外其身而身存。非以其无私邪？故能成其私"，"圣人欲上民，必以言下之；欲先民，必以身后之。是以圣人处上而民不重，处前而民不害。是以天下乐推而不厌。以其不争，故天下莫能与之争"。圣人心志上采取"后身外身""言下之"等姿态，却赢得众人的拥戴，反而名垂千古、功盖千秋。奥妙在于榜样的力量，是视觉劝服，老子言"不言之教，无为之益，天下希及之"。陈嬿如曾提出"人即讯息"，诚然，人能如同电视广播等媒介一样时刻发送信息，只要处在社会中，就处处有意无意中传递着思想观念，尤其是有格局、有操守、有追求的人们。其认为典型宣传所以能有效果，道理在于："人的心灵好比土壤，土质有各种各样，典型和模范的事迹作为讯息传播出去，犹如种子撒进了心田，究竟什么时候发芽，是否能够长大，能否开花并结出精神文明的果实，在很大程度上取决于心灵土壤的状况，在一定程度上又取决于外来的'雨露阳光'——客观环境和其他人的影响，是一个长达一生的过程，不适合用一时一事来衡量。"[1]"人即媒介"是"人即讯息"与"媒介即讯息"综合体现。虽然道家式圣人不像儒家一生努力传道布道，宣传仁义学说，但其践行自己心中之"道"所产生的气象，却能在不知不觉中感染他者，使之抱有希望与信心。正如丹尼尔·布尔斯廷所言：具体的个人形象总是比抽象的道德说教对人心有更大的影响力。

三、从道之"独立"到人之"见独"

"独"原来用以指独而不群的孤立的动物，春秋战国时期的思想家们将其升华为具有本体论和功夫论的范畴。道只有以道的方式才能感悟，这一方式道家称之为"见独"，老庄道家的指向是回到生命的原初本真——"独者，无待之真"[2]，归根才能获得生命的永久。女偊所以年长而如孺子，因其"见独"（儒家称"慎独"），其指向是以自我的原初本善去感召他人，共同导向"善"。

戴君仁指出，《荀子》及《大学》所言的"慎独"受道家的影响，例如"见独"，

---

① 陈嬿如：《心传——传播学理论的新探索》，厦门：厦门大学出版社，2010年，第85页。

② 徐海印：《天乐集——道教西派海印子内丹修炼典籍》上，北京：宗教文化出版社，2013年，第225页。

改变道家术语的意义,使趋于平实。① 儒道两家有此关联与共通之处,但儒家的"慎独"与道家的"见独"之歧如同两家"道"观念的差异一样明显。儒家侧重人道,强调德性之善。道家侧重天道,强调自然之真。对于"独",儒家求"慎"的姿态,道家求"见"。儒家求的是呵护自我德性原初纯粹的状态,禅宗大师神秀"时时勤拂拭"的渐悟修持得之。道家强调"见",求天道自身自然状态的自我呈现,拒绝一丝一毫的人为干预,慧能大师以"见性成佛"的顿悟修持,追求营造自我心境,达到以道见道的境界。同于道者,道亦乐得之;同于德者,德亦乐得之,同于失者,失亦乐得之。自我所臻至的境界直接决定了自我见到的是道、德,还是失。儒家"将'独'定位于要往天下国家扩充的出发点",道家的'独'则是"拒绝天下国家的最后皈依处"②。

确实,老庄道家常常警惕甚至拒斥事功时心灵的负累,担心世人在谋求事功中迷失自己,放弃对心灵的呵护。梁涛认为:"庄子所描绘的'见独'颇类似于现象学中的先验还原,即舍弃对世界的自然态度和固有看法,而回到纯粹的先验意识,见独即发现内在、先验的意志、意念。"③《庄子·渔父》曰:"谨修而身,慎守其真,还以物与人,则无所累矣。今不修之身而求之人,不亦外乎!"道家追求修身葆真,纯朴自然,不外求,无所累心。活出自我,"不累于俗,不饰于物,不苟于人,不忮于众,愿天下之安宁以活民命,人我之养毕足而止,以此白心。"道家追求不以俗累己,不以物饰我,不苛责于人,不去拂逆人情,通过自我修持,天下百姓皆能安宁活命,彼此奉养都能满足即可,约束自己,以最少的欲求,促进自我和谐与社会和谐。《庄子·德充符》言:"唯(尧)舜独也正,(在万物之首)。幸能正生,以正众生。"这里强调说,尧舜所以能"正众生",在于"能正生",即自正心性。以此观"独",当注重自我意志之坚毅操持,独守、独行。这也可说明道家的"独"正亦具有"正众生"的社会性指向。

---

① 戴君仁:《荀子与大学中庸》,《梅园论学集》,台北:开明书店,1970 年,第 225~231 页。

② (日)岛森哲男:《慎独思想》,梁涛、斯云龙编:《出土文献与君子慎独——慎独问题讨论集》,桂林:漓江出版社,2012 年,第 20 页。

③ 梁涛:《朱熹对"慎独"的误读及其在经学诠释中的意义》,梁涛、斯云龙编:《出土文献与君子慎独——慎独问题讨论集》,桂林:漓江出版社,2012 年,第 119 页。

第二节　"见独"：俗我与道我互动呈现出的内向传播形态

道不远人，人能载道，弘道，见道，这一切只有自己修持，方可实现。

一、以独见道：道是理想的自我（客我）

道家强调"独"，如威廉·詹姆斯所言"我们实际上也许可以说，有多少他所关心其看法的人的不同群体，他就有多少个社会自我"①，人被日常生活中身体所关涉的一切存在的集合所局限，为代表着身份地位的自我，即"物质自我"所区隔。在此情景下，"精神自我"亦被"物质自我"与"社会自我"所牵绊，往往难以自由地发展心智。与詹姆斯的社会视角不同，道家试图跳脱社会观念的羁绊，而以事物本来面目和合乎本性的方式来舒展自我。因此，道家时常尝试摆脱世俗价值观念的左右，追求做独立的自我。道家的自我观与儒家追求以社会价值为导向的自我不同，而以客观自在的"道"作为应然的模范来形塑自我，以道的方式生活，个人获得最大最终的解脱与圆满，无论对自己，还是对他人、社会、国家，都是如此。人在"独"中找回自己。

"道我"（客我）才是最真实、最本质的自我。道是人存在的终极依据，也是人的价值的终极本源。在道家看来，人在世间的一切价值便是成为无须依伴的自己，就是得道。《老子》第五十八章言："正复为奇，善复为妖。人之迷，其日固久。"人在祸福、正奇、善妖之中颠沛流离而忘记自我，我为物转，而非物为我转。对此，岛森哲男说："'独'意味着舍去所有人类非本质性的东西后，所残留的最本质性的个体状态。多余的东西，必须完全'雕琢复朴，块然独以其形立'……因此，人首先必须借由'反己''反性''反性命之情''复初'的方法在本来的'独'里找出真实的自己，并且必须彻底保护之。"②在道家看来，儒家倡导的仁义礼智信都是人的非本质性状态，仁义礼智信是人类相处的自我规范，但不是人本真的东西，相反是对人本真的负累。因此，道家的修身是"谨修而身，

---

① （美）欧文·戈夫曼：《日常生活中的自我呈现》，黄爱华、冯钢译，杭州：浙江人民出版社，1989年，第47页。

② （日）岛森哲男：《慎独思想》，梁涛、斯云龙编：《出土文献与君子慎独——慎独问题讨论集》，桂林：漓江出版社，2012年，第20页。

慎守其真，还以物与人，则无所累矣"①。亦即修身即修真。"真"是道的本质属性，自然也是人的应然规定。

何为"真"？《庄子·渔父》曰：

> 真者，精诚之至也。不精不诚，不能动人。故强哭者虽悲不哀，强怒者虽严不威，强亲者虽笑不和。真悲无声而哀，真怒未发而威，真亲未笑而和。真在内者，神动于外，是所以贵真也。其用于人理也，事亲则慈孝，事君则忠贞，饮酒则欢乐，处丧则悲哀。忠贞以功为主，饮酒以乐为主，处丧以哀为主，事亲以适为主，功成之美，无一其迹矣。事亲以适，不论所以矣；饮酒以乐，不选其具矣；处丧以哀，无问其礼矣。礼者，世俗之所为也；真者，所以受于天也，自然不可易也。故圣人法天贵真，不拘于俗。愚者反此。不能法天而恤于人，不知贵真，禄禄而受变于俗，故不足。惜哉，子之蚤湛于人伪而晚闻大道也！

如此，从本质上讲，真就是天性，是人"受于天"的本性，其存在是"精诚之至"，其表现是"不拘于俗"，亦不"受变于俗"，衡量的标准便是"适"。一切的"人伪"阻碍"闻道"。道家提倡"独立人格"，做回自己，张扬个性，率真自适。道家不以求得社会认同作为人生价值或目的，只是追求做回自己。但是这不代表道家不追求个体存在的社会功能，只是认为"道之真以治身，其绪余以为国家，其土苴以治天下"。治天下，只是治身的副产品。身是天下的缩影，身治了，天下亦可治。

在道家的视界中，"道我"才是"真我"，而"'真我'之'独'，不是'独夫'之'独'，而是'独有'之'独'。明物之化而不扰其心，独与天地相往来。这是应道之性，也是本真的人的状态。庄子揭示了一条由'化'而'独'的修养进路，而在这样的进路中，人逐渐地近于逍遥应世的'真我'"②。"俗我"乃因种种功名利禄附加于我之上，犹如"余食赘行"，是造成自我迷失的根源。《庄子·庚桑楚》提出回归自我的方法："彻志之勃，解心之谬，去德之累，达道之塞。贵、富、显、严、名、利六者，勃志也；容、动、色、理、气、意六者，谬心也；恶、欲、喜、怒、哀、乐六者，累德也。去、就、取、与、知、能六者，塞道也。此四六者，不荡胸中则正，

---

① 方勇译注：《庄子》，北京：商务印书馆，2018年，第581页。
② 朱小略：《明"化"而见"独"——〈庄子〉"独—化"论解析》，《黑龙江社会科学》，2014年第3期。

正则静,静则明,明则虚,虚则无为而无不为也。"①自我如阻止"四六者"干扰自我心灵,方能有清静灵明虚空之心境,览知自我,成就自我。

在老子的心中,自我内在有俗我与道我的结构张力。俗我以道我为目标,实现自我的脱俗入道。老子说:"我独异于人,而贵食母。"这里,"我"正是老子期待的"道我",人即俗人正是"俗我"。"我"所以与众人不同,根源在于"贵食母"。母者,道也。食母,即服膺于道。"异"体现在以下五个方面,这五个方面说到底亦是"独"的内涵。其一,我独泊兮,其未兆。内心沉寂,停泊不动,似乎没有任何发动的征兆。这正是我"安"于道的体现。其二,"众人皆有余,而我独若遗"。"我"自足于道,道外无物,故而似乎在众人看来好像遗失得一无所有。众人却因为有私,故积累财累名誉,而显丰富有余。这里表现的是"我""足"于道的体现。正所谓"知足之足,常足矣"。其三,"俗人昭昭,我独昏昏",昏昏者,乃道之恍惚窈冥状态在"我"身上的体现,亦即"明白四达,能无知乎"的境界,内心明白而外貌则似愚。俗人则相反,以智自知自求,知得不知舍,知有不知无,知利不知害。这里的"我"以无知之心以应道之虚无妙境。其四,"俗人察察,我独闷闷。"闷闷者无所求之心境,是无欲之境。察察者则锱铢必较,耗精损神,丧于物而不自知。"我"应以无欲之境应大道之朴。其五,"众人皆有以,而我独顽且鄙"。我顽皮天真又好像鄙陋无华,而众人却都表现得很有作为,意气风发。这里强调"我"以"无为"应大道之"自然"。

二、"见独":实现"俗我"对"道我"召唤的重要路径

"见独",《庄子·大宗师》:"参日而后能外天下;已外天下矣,吾又守之,七日而后能外物;已外物矣,吾又守之,九日而后能外生;已外生矣,而后能朝彻;朝彻,而后能见独;见独,而后能无古今;无古今而后能入于不死不生。"②这是女偊在回答南伯子葵如何学道。依此,可知,为道的过程是个由外而内的过程,亦即反的过程,即反世俗常规向外追逐的意识。郭象注曰:"外,犹遗也。"成玄英疏曰:"外,皆非有也。"③可见,外乃有忘却,超越万有之意,是谓由行天下到外天下,从逐物到外物,从求生到外生(忘生),是向内追求超越,是谓朝彻,即彻悟,心中呈现一片清静灵明之气象。如林希逸所言:"朝彻者,胸中朗

---

① 方勇、陆永品:《庄子诠评》,成都:巴蜀书社,2007 年,第 768 页。
② 方勇、陆永品:《庄子诠评》,成都:巴蜀书社,2007 年,第 219 页。
③ 刘文典:《庄子补正》,北京:中华书局,2015 年,第 203 页。

然,如在天平旦澄彻之气也。"①这正是《庄子·人间世》中所言的心斋:"若一志,无听之以耳而听之以心,无听之以心而听之以气。听止于耳,心止于符。气也者,虚而待物者也。唯道集虚。虚者,心斋也。"②心斋者,收心也,虚心也。不诉诸感官(如耳朵)之听等外求的活动,也不放任心志与事物相合的认知,臻至"听之以气",气是虚的、遍在的、无限的,有限的心意与声音都会导致自我局限,唯有"气"因其虚而可容纳万有。因此,朝彻者突破有限,直面无限的大道,开启心灵无限可能。"朝彻",其实是"主我"平时一直努力,直至有一天,"客我"(道我)被唤醒成为自我的状态,此时,主我与客我本身便统一了,消融了,无我了。托马斯分析了米德的主我与客我后指出:"这个主体我,以其对客体我所作的行为而言,实是独断而又奇异,但以其行为而言,它系取决于客体的我。作为意识的一个对象而言,客体我是唯一可见的行为者,但这个客体我,除非有一个不可见的主体我予以造访,否则便不可能行动。"③其实,"主我"愿意召唤"客我",因为"客我"许以"主我"逍遥自在的"我",那时的"我"获得摆脱一切奴役状态的自由,获得心理学上"延迟满足",能克制自我做到"延迟满足"的人往往比较能驾驭自己的情绪,因此也比较能处理好各种关系,终将有大成就。对道家而言,正是道我的感召,使当下的"主我"愿意以道我为镜子去认知自我,反省自我,改造自我,以为将来成为道我做心理上的准备。

"见独"之"独"后世通常称为"道"。方勇解释说:"见独:谓窥视到卓然独立的至道。"冯友兰认为:"见独,就是与道相见了。庄周认为,道是绝对,没有跟它来相对,所以称之为见独。"钟泰解释得更明白:"'见独',独即道矣,天也。谓之'独'者,无与为对也。自'朝彻'而'见独'而'无古今'而'入于不死不生',不言日数者,一彻而俱彻,更无先后渐次也。"④如此看来,朝彻谓入道,见独是朝彻之后显现的功能。成玄英当是从这个意义上疏曰:"至道凝然,妙绝言象,非无非有,不古不今,独往独来,绝待绝对,睹斯胜境,谓之见独。"但他为何不直接言见道而说见独?这是因为"独"是"道"的特性。老子有言:"有物混成,先天地生,寂兮寥兮,独立而不改,周行而不殆。"独即独一性(无二),独立(无依)性,孤独(无伴)性。《列子》亦曰:"不生者疑独,不化者往复,往复其际不可

---

① (宋)林希逸:《庄子鬳斋口义校注》,周启成校注,北京:中华书局,1997年,第111页。

② 方勇、陆永品:《庄子诠评》,成都:巴蜀书社,2007年,第126页。

③ (美)托马斯:《东西之我观——论米德、雍格及大乘佛教的自我概念》,徐进夫译,台北:成文出版社,1977年,第32页。

④ 钟泰:《庄子发微》,上海:上海古籍出版社,1988年,第147页。

终，疑独其道不可穷。"这里的"疑独"与《庄子·大宗师》的"疑始"都指终极本源。至此之境的功夫是始而不始，不始而始；独而不独，不独而独，是谓惚恍窈冥。此时，既已是外天下、外物、外生的"朝彻"的觉悟之境，这个境地是空间（天下、物）与时间（死生）的消弭。

"见独"之后的妙境是无古今，无生死。无古今，亦通古今为一，无分别。郭象注："当所遇而安之，忘先后之所接，斯见独者也。"杨文会说："古今迁流，方有古今之异；妄念全消，过去、未来、现在不出当念，岂有古往今来之定相耶？"无古今，即超越时间的视界。无生死当然不是针对人的躯体而言，而是对人之自身关注的超越，不是从人的视角看问题，而是从道的视角超越问题。故有"万物一府，死生同状"。方勇认为，不生不死是"谓破除死生之观念"①。世人害怕于成功荣辱得失之间，而不得自由。道家以"见独"功夫，实现自我的了悟与超脱。"道家的'独'，是拒绝对他性，而自我完结的终极状态。"②

说到底，"见独"才是见到真正的自我。道的阳光直射入心灵的深处，化解心灵的阴暗。那薇评述说："人是以本真的、不沾滞任何关联的孤独的自身与万物本然的存在相遇照面，这时候人的心境清澈透亮，没有成见，没有好恶，没有爱憎，如同海德格尔所说的澄明之境。这一澄明之境是与生俱来，与死俱往，伴随着人整个生命过程，是内在于心，外在于物的独立存在。人不可能通过言传身教获得这种境界，只能通过持守大道的体悟，即'见独'。'见独'所体悟的独一无二的道就是孤独的自身所持守、所护卫的敞开之所。把自己从非本真的沉沦于常人状态取回来，返回到孤独的、无所沾滞、无欲求的自我，就是女偊所说的'外天下''外物'。"③

其实，古人的体悟智慧，现代已有了科学的解释。以现代神经学来看，在虚极静笃的境界中，人类的大脑神经元活跃异常，"能够在极短的时间内向所有方向传递多种多样的冲动。有些神经元同时或者连续形成波阵面（或波群放射），这些波阵面的边缘区又能潜在地激活其他神经元，决定了新波阵面的出现"④。这时人类的文化基因密码可能被激发，人类祖先实践的智慧可能在

---

① 方勇、陆永品：《庄子诠评》，成都：巴蜀书社，2007年，第221页。
② （日）岛森哲男：《慎独思想》，梁涛、斯云龙编：《出土文献与君子慎独——慎独问题讨论集》，第22页。
③ 那薇：《道家与海德格尔相互诠释：在心物一体中人成其人物成其物》，北京：商务印书馆，2004年，第282～288页。
④ （美）阿瑞提：《创造的秘密》，沈阳：辽宁人民出版社，1987年，第478页。

瞬间被感通。在科学探索人的精神现象时,常常会发现,由于"意识向下跃迁,沉潜到尽可能低的层次""显层的噪息被隐去",而那些"在人脑或心理底层潜在着我们的无数祖先乃至宇宙发展过程的信息"被勾连了起来,让人有恍然大悟的感觉[①]。《庄子·天地》云"视乎冥冥,听乎无声。冥冥之中,独见晓焉;无声之中,独闻和焉",其独见与独闻的感受类于马斯洛所言的"高峰体验"。

第三节 "独"何以"见":道家内向传播运作机制及其条件的营造

上文已言,道家"见独"本质上是"俗我"("主我")对"道我"("客我")的召唤;"道我"在进入"俗我"后,促使"俗我"提高召唤"道我"的水平与能力,正是在此反复互动中,实现"见独",即自我的解放与自由。这一点托马斯总结得很到位:"主体我所表现的逐渐自律,只有发生于它与客体我作特定的遭遇之时,而在它所经验的时间过程之间,作为已成为历史的我消失于客体我之中。客体我的逐渐含摄,只有发生于它被主体我的特有行为唤起之时,后者才迫使它自行去作超级的表现。自我就在此种动力的交换当中出现。"[②]

一、"撄宁":营造"见独"之境的进阶之路

值得注意的,庄子并不把"见独"神秘化,而明确把无心意作用于其间的不将不迎、不毁不成的心境称为"撄宁"。按现代的话来说:"外界的一切纷纭烦乱,都不能扰动我的心境的安宁。"[③]这种心境是有进阶之路:"闻诸副墨之子,副墨之子闻诸洛涌之孙,洛涌之孙闻之瞻明,瞻明闻之聂许,聂许闻之需役,需役闻之於讴,於讴闻之玄冥,玄冥闻之参廖,参廖闻之疑始。"道虽然是无名,但是因有名而入。因此首先从文字(副墨之子)着手,文字只是依靠视觉传播,容易形成线性思维;其次,逐渐抛开文字,诉诸诵咏,以求贯通,此时侧重听觉;再次,依诵咏,而进入不听不看的主观意识的见解洞彻之境;又次,则想都不想,在嗫嚅不清的声音中获得悟觉;复次,待时而动;又次,在讴歌之中自得其乐;

---

① 严春友:《精神之谜》,北京:中国科学出版社,1991年,第158页。
② (美)托马斯:《东西之我观——论米德、雍格及大乘佛教的自我概念》,徐进夫译,台北:成文出版社,1977年,第35页。
③ 方勇、陆永品:《庄子诠评》,成都:巴蜀书社,2007年,第22页。

复次,不知不觉中浑浑沌沌;又次,仿佛在深远冥寂的宇宙中徜徉;最后,以至于到达宇宙精神凝结的本源。[①] 这种内向传播的训练过程,正是强化人的主体意识和释放人类灵能的过程,进入没有依靠却又能拥有整个宇宙一般的化境。这一点,《庄子·天地》中称为"独与天地精神往来,而不敖倪于万物",即"心与物化",而不化于物的自主、自然、自化,此所谓"独化"(自化)。独既是孤独的状态,即无待,又是整全的状态,没有割裂;同时相伴随的便是"独化",因独而能化。以化而见独。借用麦克卢汉的"冷热媒介观",道家"见独"(即"独化")的过程论也具有文字、声音和行动,它们都是"热媒介"。人们对意义的占有十分明确,明确的意义便是遮蔽,一切有形存在于一定的时空中,人类却总有冲决一切追问究竟的本能,这个终极便是"独",便是道。道是无,即蕴藏万有,因为其至"冷",意义无穷。从"媒介即人的延伸"这一角度看,"道"便是心灵的媒介,心灵对"道"含摄,拥有整个世界。"道"如同电子媒介,是人类中枢神经的延伸,它是整体的,部落化的,地球村的,超越时空。人与人,人与物,人与宇宙都进入同一场域中,能同时互动,尽善尽美,实现人对人本质的完全占有,这就是《中庸》所说:"诚者,自成也,而道,自道也。"

（一）泰定以发天光,实现"见独"

"见独"是为了获得真正的、纯粹的、自由的、快乐的自我。《庄子·庚桑楚》:"宇泰定者,发乎天光。发乎天光者,人见其人。人有修者,乃今有恒;有恒者,人舍之,天助之。"[②]林希逸说:"宇,胸中也。泰然而定,则天光发见,即诚而明也。"庄子一派强调修持真我的奥秘所在,让自我的心灵泰定安宁,有了这份心境,就能激发人的智慧之光,即"天光"(自然之光,大道的光辉)。有了"天光",人就能照见自己,看见真实的自己,实现对自己没有遮蔽的占有,实现自我的自由与逍遥。胡文英解为:"心胸泰定,则发天然之光辉,而照见真吾。"

修道关键是修心炼己,将自己作为认知对象、操作对象,不断认识自己的缺点、不足,不断改善它,久而久之,臻至真人之境。因此,庄子一派强调修道的人会有永恒的光辉。林希逸说:"人有修者,修真之人也。修真之人,至于天光,既发则有恒矣。"修真本是无止境的,好比充电一样,不断发出天光。有这种天光,人们就会向它归附,上天就会帮助他。当然,这正如老子所言"天道无

---

① 吴予敏:《无形的网络——从传播学的角度看中国的传统文化》,北京:国际文化出版公司,1988 年,第 179 页。

② 方勇、陆永品:《庄子诠评》,成都:巴蜀书社,2007 年,第 754 页。

亲,常与善人",究其实质,还是人自助,只不过因为合道,如有天助般地得到众人拥护,其个人能力获得超越与突破。

儒道佛的直觉都强调与道合真,获得与道的同一性,通过"见素抱朴""存理灭欲""明心见性",进入澄明之境,获得对宇宙人生的本质理解,使自己进入自由之境,释放自己的潜力,贯通一切。这是对内向传播妙境的礼赞。马利坦的感悟认为:"上帝的直觉,创造性直觉,是一种在认识中通过契合或通过(产生自精神的无意识中的)同一性对他自己的自我的和事物的隐约把握。这种契合或统一性出自精神的无意识之中,它们只在工作中结果实。"①

(二)心静如镜,认知自我,方能实现自我超越

《文子·下德》言:"人性欲平,嗜欲害之。唯有道者,能遗物反己,有以自鉴,则不失物之情;无以自鉴,则动而惑营。"②道家要人保持性之平静。但其深知人易受诸多欲望诱惑,因此,需要有"道"的定力,做到"遗物反己",即不为物牵而失己。道家主张"自鉴",即确立心灵的镜子,这类似于库利的"镜中我",道家也强调以自己为认识对象,不同的是,库利的"镜中我"是社会对自我的期待,道家的"镜中我"是"道"对自我的期待,是"真我"应有的状态,以此观照当下的"主我"。只不过,这个对象由心灵追问。道家强调用宁静的心灵来发挥镜子的功能,观照自己的真相,剖析并找出其中的私欲等阻碍自己获得真我的方方面面,进而洗涤它,消除它。其内向传播过程的奥妙在于洗心以鉴心,鉴心以洗心,是双向互动的过程。这个过程是公心与私心的较量,成功的关键是要有道心,要有强烈的修道志向与意志,亦说服主我以"道"所代表的正常方面,即"客我"来改造自我,才能以新的"主我"来接纳新的"客我"的召唤。不断地进行自我互动。所以,老子才说"自胜者强,强行者有志"。

庄子学派以镜为喻,突出内向传播过程的特征。《庄子·应帝王》言:"至人之用心若镜,不将不逆,应而不藏,故能胜物而不伤。"他们期许通过内向传播,使人成为至人。至人的状态下,互动的关键是保持心静如镜,物来则应,物去不留,从容自在,不将不逆,如此与物相和。庄子学派十分注重心静保持客观自主地推进内向传播,昏昏昧昧则无以修心。《庄子·天道》曰:"万物无足以铙心者,故静也。水静则明烛须眉,平中准,大匠取法焉。水静犹明,而况圣人之心静乎?天地之鉴也,万物之镜也。"心发挥灵能,自觉效法道的自然特

---

① 马利坦:《艺术与诗中的创造性直觉》,北京:三联书店,1991年,第102页。

② 王利器:《文子疏义》,北京:中华书局,2000年,第383页。

性,端在一静中。圣人凭借道心坚固而生成心静状态,这时就能鉴览万有,洞彻事物的本质,把握解决问题的关键,而达致身国共治。

臧克和指出:"道家偏重于'外物',则万物复以心境为逆旅,心境又以万象为过客。关心内心与外物的'将''迎'关系,道家直以世人心境为外物之逆旅。"①在道家的视域中,心是自我的表征,心引导着自我实践、自我认知、自我改造与完善。心将"我"与"物"放置在一起,考查"我"与"物"的互动关系是否妥当,如果妥当,鼓励继续,不妥,加以反省。以平静之心找出当下之我"主我"与"道我"的差距,促动自我进行调整,改善役物的能力与水平。其中,心之"明"十分关键。《周易·晋卦·象》"明出地上,晋。君子以自照明德",君子当效法天道(太阳)之光明本性,这本是人的良知良能,即"自照明德",进而反躬自省,自觉觉他。

二、内视自反,守一处和

人如何获得光明的力量,如何推动开展内向传播活动呢?《文子·上德》曰:"夫道者内视而自反,故人不小觉不大迷,不小惠不大愚。莫鉴于流潦而鉴于止水,以其内保而不外荡。"②修道者明于"内视"(即内观),作为内向传播的形态,重在自我认知,以自我为对象进行分析,以为下一阶段的自我改造的基础,内视是为了"自反",这包涵两个意义,一是自己反对自己,批判自己,明了自己对"道"的背离与距离;二是自己返回自己,即做回自己,保有真我的风采。道家认为人和社会会为外物所诱而偏离本性,修道之要在于懂得自返于道。徐灵府注:"反听内视,自得于身也。执荧耀而方太阳,非迷者若何? 持燕石而比和玉,非愚者若何也?"③在此过程中,还要把握住不因小觉而入大迷,不因小惠而成大愚。"道隐于小成"(《庄子·齐物论》)是世间常态,只有"慎终若始,则无败事"。

《文子·上德》还说:"君子日汲汲以成辉,小人日快快以至辱……故怨人不如自怨,勉求诸人,不如求诸己。"④君子自强不息,努力培育自己的德性光辉,小人则天天心里不服,斤斤计较以至于最终受辱。小人如此,是逐物外求的结果,君子则内求于己,不断壮大自己。徐灵府注曰:"君子勤身以修道,日

---

① 臧克和:《简帛与学术》,郑州:大象出版社,2010年,第6页。
② 王利器:《文子疏义》,北京:中华书局,2000年,第260~261页。
③ 王利器:《文子疏义》,北京:中华书局,2000年,第261页。
④ 王利器:《文子疏义》,北京:中华书局,2000年,第300页。

益晖光。小人乘闲以快意,终致困辱。"①君子修身,不断增强智慧(灵能),积累彻悟的势能,久而久之,心至功夫,豁然开朗。

《庄子·人间世》于此有所呼应:"瞻彼阕者,虚室生白,吉祥止止。夫且不止,是之谓坐驰。"成玄英疏曰:"瞻,观照;彼,前境也;阕,空也。观察万有,悉皆空寂,故能虚其心室,乃照真源,而智惠明白,随用而生白道也。"②庄子学派日常生活强调收视返听,是谓内观。此内观讲究能够看空万有,虚其心,从而空明的心境能够生发纯白的自然天光,此光是智慧之光,能够廓清自己的种种迷惑妄见,洋溢出吉祥之气象。如其不然,则会形虽坐而心驰,使自己不得安宁自由。"见独"如前文已言,本是彻悟的状态,心智的功能。可以描述如同阳光普照之下,万物一片生机盎然。

(一)确立内外之别,建构心灵纯净之境

有学者指出:"'外天下''外物''外生'的'外',表面意义是不以为意的摒弃,而其实质具有无畏、无拘、无执、无滞等意义,它既是观念上的更新解放,又是消解役使、束缚的超越。"③其实,这里的内外,并不是人体之外与内的关系,心灵世界中的潜意识所认同的核心价值取向的集合体为"内",显意识领域中世人所追求的功名利禄等为代表的观念集合体为"外"。从这个意义上讲,内与外正是自我心灵内部互动机制的建构必要条件。如同米德主张的"主我"与"客我"的关系。从比较意义上看,"客我"当同于"内","主我"当同于"外"。明于内外之别,是为了进一步消融内外之边,只有以内御外,内外才有可能贯通。

(二)无待而齐一:自我的升华

面对不一的世界,面对差异的社会,庄子学派的说法就是"有待"的世界,这样的世界是纷争的,心灵时常纠结斗争。道家显然否定这种世界并试图超越,追求"无待"的世界,力求在观念心灵世界中实现自我贯通。"有待"便有矛盾,"见独"消除"有待"而进入"齐一"之境。《管子》中的《内业》《白心》《心术》上下四篇被公认为是黄老道家所作。《白心》言:"和以反中,形性相葆(抱),一以无贰,是谓知道。将欲服之,必一其端而固其所守。""一"本是道的表征之一,"道生一"表明道在初始状态是一体不分的,是混沌一体的。因此,"守一"

---

① 王利器:《文子疏义》,北京:中华书局,2000 年,第 300 页。
② (西晋)郭象注,(唐)成玄英疏:《南华真经注疏》,北京:中华书局,1991 年,第 57 页。
③ 李明珠:《〈庄子〉"见独"的视野及其价值再思考——兼谈〈感悟庄子〉创作》,《学术研究》,2008 年第 11 期。

或《白心》中所言"内固之一，可以久长"，都可以视为进道的功夫。所谓"一"有精神专一，纯一不杂之意。可见，"一"与"独"是相通的。扬雄《方言》卷十二早有言："一，蜀也。南楚谓之蜀。""蜀"与"独"相通。

同样的，道家的"见独"，既是"独"的看见，凝视与坚守；又是为"独"的呈现而修身。因此，"见独"本身是功夫，自然不可不"慎"。《庄子·在宥》中托广成子之口说：

> 至道之精，窈窈冥冥；至道之极，昏昏默默。无视无听，抱神以静，形将自正；必静必清，无劳女形，无摇女精，乃可以长生。目无所见，耳无所闻，心无所知，女神将守形，形乃长生。慎女内，闭女外，多知为败。我为女遂于大明之上矣，至彼至阳之原也；为女入于窈冥之门矣，至彼至阴之原也。天地有官，阴阳有藏，慎守女身，物将自壮。我守其一以处其和，故我修身千二百岁矣，吾形未尝衰。[1]

慎内以静，令神之不外泄，可保护外在之形。"慎守女身"，不过是保持身处于正位，不越位。这样身自然得保。

"见独"根本上还是使精神专一，不致纷扰。《管子·心术上》："世人之所职者精也，去欲则宣，宣则静矣，静则精，精则独立矣，独则明，明则神矣，神者至贵也。"神之贵在于能够"独立"，能独立则能够清明，做自己的主人。因此，养神之道在于"一"（即独立）。《管子·内业》言："'一意抟心'，专注于一意，不分心。"《管子·心术下》言："专于意，一于心……能专乎？能一乎……能止乎？能已乎？能毋问于人，而自得之于己乎？"其专一的过程便是自得的过程，其境界便是"独成而意，与道徘徊"。总而言之，"见独"是人把握自我的方式，人作为主体将道所象征和规定的应然的"我"（真我，道我）作为自我努力的方向，指导当下的"我"（主我，俗我）去召唤它，以"道我"之镜洗涤心灵，做回自己，这样做的最终结果便是"逍遥游"，便是大顺天下。

---

① 方勇、陆永品：《庄子诠评》，成都：巴蜀书社，2007年，第334页。

第六章

修身为本:儒家内向传播的鲜明意蕴

前面以老庄为个案分析道家的内向传播智慧,本章开始探讨儒家的内向传播智慧。从本质上讲,儒家内向传播思想实质是主体在心灵世界中的自我对话,即实然的我(主我)与应然的我(客我),在修身成圣的精神感召下,不断地反省,推动自我朝适应社会、完善自我的理想境界前进。所以,"修身"可以视为儒家内向传播观念,因为其过程往往表现为主体自身自由自然地将自我分别为主我与客我,在心灵中深入进行着类似于人际沟通的对话,这一过程贯穿于士人精神生活的始终。总而言之,儒家的"修身"实质是"内圣外王"的精炼表述,它以古代圣贤为榜样,以"内省""自悟"为基本路径,以"仁"为操作指向,以"礼"为自我调适的标准,以"中庸""慎独""恕道"为内向传播的主要方法,以造就"圣人之德"和"圣人之功"为最高精神境界和理想目标,蕴含着内涵丰富的儒家内向传播体系。

修身是中华传统文化的基本价值取向。无论是鸿博大儒,还是普通儒生,古代儒家知识分子强调道德修养以及自我道德体系的建构。《大学》开宗明义地指出"大学之道,在明明德,在亲民,在止于至善"①,明确提出教育的要旨在于光明自我德性,进而造就新民,以"至善"为远不停歇的追求目标,且将这目标推广到全社会。《大学》接着又说:"自天子以至于庶人,壹是皆以修身为本。"儒家倡导,无论是高高在上的天子,还是普罗大众,都要以修身为做人的根本要求,以之作为实现自己的人生目标和培育高尚情操的必由之路。

朱莉娅·伍德认为:"自我传播是我们与自己进行的交流,或自言自语,或促使自己做某件特殊的事情或是决心不做……自我传播是在自身内部进行的认知过程。而且由于思考依赖于语言——用语言为现象命名、用语言表示现

---

① (宋)朱熹撰:《四书章句集注》,陈立校点,沈阳:辽宁教育出版社,1998年,第1页。

象,因此这就是一种传播。"①国内学者郭庆光、陈力丹等都涉猎内向传播,他们都把内向传播作为一切传播的起点,一切传播活动不可缺少的环节。例如,郭庆光的《传播学教程》认为,内向传播是个人接受外部信息并在人体内部对信息进行处理的过程。本书继续运用内向传播理论来系统阐释儒家的修身智慧。概而言之,儒家修身的内向传播为:儒家士人在自我心灵世界中开展自我对话,即实然的我(主我)与应然的我(客我)在修身成圣的精神感召下,不断地反省,推动自我朝适应社会、完善自我的理想境界(即"内圣外王")前进。研究儒家修身的内向传播智慧意在剖析儒家何以具有铁肩担道义的内在心理机制,把握这种心理机制有助于发扬儒家催人奋进的道德吸引力与人格感召力,培养新时期有理想有担当的当代新公民。

第一节　构建以"修身"为传播原点的内向传播系统

《论语·宪问》言"修己以敬""修己以安人""修己以安百姓"②,可见修己(亦即修身)是立身处事之本,有了修身方可以致远。"修身"之"修",《说文解字注》曰:"修,饰也……此云'修,饰也'者,合本义引申意而兼举之。不去其尘垢,不可谓之修。不加以缛采,不可谓之修。""修"的初始意义为外在的修饰,并不关涉内在的精神活动。余英时亦指出:"'修身'最初源于古代'礼'传统,是外在的修饰,但孔子之后已转化为一种内在的道德实践。"③将"身"与礼关联起来,由于礼具有礼仪与礼义两个层面,追求这两层面的内在协调,修身自然具有内心与外在交往一致的意涵。君了以人格魅力作为影响和感召天下万民的重要手段,修身成为儒家教民化俗的着手处和归结点。孟子、荀子直接强调"修身"具有治国平天下的政治事功。孟子曰"修其身而天下平"④,而荀子曰"请问为国? 曰:闻修身,未尝闻为国也"⑤。

---

① (美)朱莉娅·伍德:《生活中的传播》,董璐译,北京:北京大学出版社,2009 年,第 22 页。
② 杨伯峻译注:《论语译注》,北京:中华书局,2006 年,第 179 页。
③ 余英时:《士与中国文化》,上海:上海人民出版社,1987 年,第 125 页。
④ 杨伯峻:《孟子译注》,北京:中华书局,1962 年,第 338 页。
⑤ 王先谦:《荀子集解》,北京:中华书局,1988 年,第 234 页。

一、修身是"内圣外王"的枢机

杜维明指出:"在儒家传统中最崇高的理想人格是圣王。在这个理想背后的信念是人必须自我修身,以成为一个为人楷模的道德导师。"[①]"内圣外王"是儒家的行为范式与价值追求,修身不过是"内圣外王"的缩略表达,为了实现修身,必先研读四书五经这些经典作品,确立修身的信念,有了这个信仰,君子圣人的人格于其中涵养,事功不过就是外显的功夫了。修身的意义与价值,如《大学》所言:"欲治其国者,先齐其家。欲齐其家者,先修其身。欲修其身者,先正其心。欲正其心者,先诚其意……身修而后家齐,家齐而后国治,国治而后天下平。"[②]在以修身、齐家、治国为三大柱石递进建构的华夏文化传播系统中,修身是基点,是核心。作为儒家内向传播中的基本概念,修身体现儒家内向传播的旨趣,儒家内向传播的出发点是自我修身,其社会事功(安人,安百姓)蕴涵在其中,修身成为终身的任务。

修身是儒家内向传播观念,因为内向传播是主体自身自由自然地开展心灵的自我对话,主体将自我分别为主体与客体,进行类似于人际沟通的对话,这一过程贯穿于生活的始终。只不过,修身强调士人自觉地将圣贤的形象(包括口耳相传的有关圣贤的言行举止的全方面的记忆)作为理想自我的榜样加以省思,以反省当下的自我,不断催促认识、改善自己。修身,也即德润其身,以尧舜禹等圣贤为榜样,以"修己"的道德自律为基本模式,以"仁"为核心,以"礼"为传播的判断标准,以"博学""正己""尚义""中和""多思""慎独""重节""重行"为主要内容,以立"圣人之德"为最高精神境界作为思想追求,是完善的内向传播系统。

二、儒家修身式的内向传播特点

儒家"修身"为本的内向传播思想具有深厚的人性论基础,形成德润其身的传播模式,强调从自省到自悟的传播过程,注重"仁""礼"并行的传播标准以及"中庸为上"之类的传播基本方法。

(一)修身追求"为仁由己"的自觉自主性

儒家修身强调自主性与自觉性。孔子曾强调,"为仁由己,而由人乎

---

① 杜维明:《一阳来复》,上海:上海文艺出版社,1997年,第144页。
② (宋)朱熹撰:《四书章句集注》,陈立校点,沈阳:辽宁教育出版社,1998年,第1~2页。

哉"①，"我欲仁，斯仁至矣"②，"人能弘道，非道弘人"③。孔子希望世人发挥主观能动性来挖掘自己的德性，相信只要努力追求，持之以恒，就能在点滴进步中达到"仁"的理想。"仁"是修身的指向与落脚点，是儒家的核心信仰。孔子强调"仁"是"为"出来的，需要自我去开发。主体要努力地向自己内心深处追问，圣贤可以做的，为什么我做不到呢？圣贤是为人之楷模，作为士人，自己必当效法之。效法就要有铁肩担道义的愿望，以弘道为指向，在弘道的过程中发扬自己的"仁"心。这个发扬"仁"的修身过程，是自我内心千百次对话成就的，这体现修身内向传播的持续性特点。此外，儒家也明了修身中肯定会遇到挑战，孟子就说："有人于此，其待我以横逆，则君子必自反也。"④别人对我不好，关键不是追究他人，而是要通过反观内省，在增强自己的德性中逐渐提高人格，增强感染力与亲和力，以消解一切不愉快。修身的要旨正在于时刻注重自身，把解决问题的着力点放在自我身上，以自我修身的深层涵化效应而生成的亲和力去感召他人，自然而然发挥出修身的社会功能。这也体现出，修身作为内向传播必然产生外在的社会效应。这也是儒家将"修身"作为齐家治国平天下的起点并始终坚持的原因所在。

（二）修身彰显"克己"的抑制性

修身的核心在于修正，即克服自己知性、德性上的不足，简而言之，即是"克己"，本质上是要清心寡欲，以做自己的主人，不为欲望所主宰。在克己的过程中，当主动"约之以礼"，以礼的标准端正自己。孔子就强调，"仁"不是抽象的，而在于尊礼的日常生活实践中，他说"克己复礼为仁"。孟子提出"养心莫善于寡欲"，修身核心是纯正自我的心灵意志，确立起匡扶社会道义的雄心壮志，而不为五斗米折腰。"克己""寡欲"在宋明理学家那里受到极大关注，南宋朱熹就曾极力强调"克之克之而又克之，以至于一旦豁然欲尽而理纯"⑤，克己是明理的基本路径。同样的，王阳明也认为，"若不用克己工夫，终日只是说话而已，天理终不自见，私欲亦终不自见"⑥，他以反面论证，从正面肯定克己方可去欲见天理的观点。概而言之，克己是修身的起点，天理是修身的归

---

① 杨伯峻译注：《论语译注》，北京：中华书局，2006 年，第 138 页。

② 杨伯峻译注：《论语译注》，北京：中华书局，2006 年，第 85 页。

③ 杨伯峻译注：《论语译注》，北京：中华书局，2006 年，第 190 页。

④ 杨伯峻译注：《孟子译注》，北京：中华书局，1962 年，第 197 页。

⑤ （宋）朱熹：《克斋记》，《朱熹文集》第 8 册，台北：德富文教基金会，2000 年，第 3368 页。

⑥ 陈荣捷：《王阳明传习录详注集评》，上海：华东师范大学出版社，2009 年，第 57 页。

宿。儒家的修身是不断扩充与超越的过程,即不断地扬弃禽兽的自为性,克服本能欲望,超越小我的得失,以理性引导感性,在道义与诱惑面前,甚至不惜舍生取义。可见,儒家修身的内向传播非常重视社会性与群体性,甚至先人后己,哪怕牺牲自己也在所不惜。

(三)修身涵养"尽性"的内向性旨趣

儒家的修身意向传扬中也出现偏差,甚至出现"饿死事小,失节事大"的极端思想,漠视人的基本生存需求,显现出其保守的一面。修身诚然是为了提高人的自觉与主体,即通过"自省""慎独"来实现"尽性""至诚"。明代理学家吴与弼提出"静观涵养",与此意涵相通,他说"习静日同禅""静观万物生生意""无穷身外事,逐一静中思"……主张在静中体味蓄养心性,通过涵养清静的功夫修持来感通天地的盎然生意,来消解世事对内心的干扰,用平常心觉知事理①。这种注重自身化解一切不合道义事项的努力十分可贵,体现坚韧的意志,然而过分强调容易导致形成整个民族深闭固拒、抱残守缺,反而最终影响修身内向传播事功的开显。总之,修身要旨为可信、可行、可爱三者的统一。

儒家修身的意向是得大自由,大解脱,即"随心所欲不逾矩"的潇洒之境。后世对"存天理,灭人欲"的误读与误解使修身蒙上一层阴影。其实,"存天理"彰显士人的高远追求,以理来惩忿制欲的精神自主,"灭人欲"的对象是过分地放纵自己沉迷声色犬马的生活的欲望。将这一高远的思想进行庸俗化理解,就束缚了普通百姓基本生活追求的欲望,出现以理杀人的悲剧。那些贞节牌坊,扼杀了多少人的幸福生活,制造了无数的人间悲剧。因此,光大阐扬儒家(尤其是先秦儒家)的修身尽性的基本指向,突出释放人性自由的天性,才能使天人合一成为可能。儒家"修身"为特色的内向传播,其实质是要成人成己,成为圣贤君子,成为快乐幸福的人。

---

① 张俊相:《吴与弼的人格修养论》,《求是学刊》,1994 年第 2 期。

第二节　"修身立命"：儒家修身思想的
内向传播功能与基本路径

在儒家的视野中，"性"源于上天，即"本于天而备于我"①，这也是人与天能够相应的依据，"性"规定了人应当顺应"天道"。不过，性往往会在被人欲所遮蔽，因此，就需要呵护，这也就是修身的必要性所在。《中庸》开篇就宣称："天命之谓性。率性之谓道。修道之谓教。"②

一、修身具有"化性起伪"的功能指向

儒家祖述尧舜，将传说中的尧舜等部落首领神圣化为世人的楷模——圣人，倡导"人皆可以为尧舜"，号召人们自觉地修身成圣。孔子未明示性的善恶，只是说个体因后天修习的用功差异，会逐渐区别开来，即"性相近也，习相远也"。其后，孟子从四端学说出来，认为人性本善，不过，还需要后天的扩充和发挥，才能培养善性。荀子以性恶论著称，他倡导"化性起伪"，因为"化性而起伪，伪起而生礼义，礼义生而制法度"③，他认为"无伪则性不能自美"④，人性是可以教化的，可以有所作为。后天努力的差异彰显了修身的意义，人能够去除恶性而向善。孔孟与荀子，言人性善恶，貌似各执一端，实则殊途同归，都强调修身正心，开掘善性，养成大儒的风范，以铸成美好的心灵。无论是汉代扬雄的"善恶混"说，汉儒董仲舒的"性分三品"的学说，唐代李翱"性善情恶"说，还是理学大家朱熹的"天命之性"与"气质之性"的分别说，都积极主张应加强后天的修养，积极行善，以为善人，或者"忘情""复性"，通过后天的"教"扩充人的善性。

汉儒董仲舒的"性分三品"说很具代表性，《春秋繁露·实性》把人性分为三品——圣人之性、中民之性、斗筲之性，圣人之性是上品，不教而能为善；斗筲之性下同于禽兽，受情欲控制，虽教亦不能为善；中民之性，虽有情欲干扰，但可教而后能为善。唐代韩愈认同此说："性之品有上中下三：上焉者，善而已

---

① （宋）朱熹撰：《四书章句集注》，陈立校点，沈阳：辽宁教育出版社，1998年，第17页。
② （宋）朱熹撰：《四书章句集注》，陈立校点，沈阳：辽宁教育出版社，1998年，第17页。
③ 王先谦：《荀子集解》，北京：中华书局，1988年，第438页。
④ 王先谦：《荀子集解》，北京：中华书局，1988年，第366页。

矣;中焉者,可导而上下也;下焉者,恶焉而已矣。"①性品说虽然认为人生来属于何品人性是不可改变,但都注重后天教化,强调后天教化可导善去恶。

虽然,在儒家内部修身有"尽性"与"化性"的不同,但两者目标一致——让"性"得以良好发扬与引导,使"善性"不断萌生壮大。孟子"尽性",强调呵护本性之善,杜绝不善。荀子主张"化性",认为人在社会中生活,容易放纵自己感官欲望,使自己受诱惑而生恶,因此,有必要以十二分的努力化除"恶"对"性"的腐蚀,维护人的尊严。荀子强调后天制度和教育等方面对人的影响。可见,无论是化性,还是尽性,不过是修身关注的角度不同。

二、内省与自悟:儒家从内省到自悟的内向传播路径

儒家的修身高扬道德主体性与内向性,其主体性凸显自我的升华意识,即意识到人作为现实的存在是未定型的,总是不能圆融地与天道相合,儒家主张在内心建构俗我与圣我的对话交流的情境,进而以圣人的形象、气质与思想作为动力开启生命的觉悟,开启强烈的道德自律与果敢的道德实践,使抽象的天道转化为鲜明可爱的人道。换言之,儒家的内向传播过程的指向是作为自我的心身经由道德的升华而实现"天道"本源的感通,达成天人合一的境界。

修身是儒家内向传播智慧的精炼概括,大致可以分两个层向。其一是内省,内省的自身理路是,要完成自我人格的升华,由俗人向圣人转化,首先需要道德认知,其次以该认知来观照自己,最后自醒,是谓"内省"。其二是自悟,是内省的延伸,如王阳明的龙场悟道一般,在不断研习儒家经典的过程中,获得和巩固道德认知,确立起道德理想,如孔子的"梦见周公",实质就是与周公思想的对话与同构,不断地继承与发扬先圣的思想,博学广知,成为"圣人"还需要"悟",实现"吾道一以贯之",将自己的思想与先圣的思想融汇贯通,在生活实践中悟证,从而最终实现人生价值与理想。

孔子自述说:"吾十有五而志于学,三十而立,四十不惑,五十而知天命,六十而耳顺,七十而从心所欲,不逾矩"②,揭示他从内省到自悟的内向传播心路历程。从学至立,到不惑,主要是内省的过程,而从到知天命、耳顺到随心所欲而不逾天理,说明此时的孔子已经能够将道德认知与道德实践贯通一致。朱

---

① (唐)韩愈:《韩昌黎文集校注》,马其昶校注,马茂元整理,上海:上海古籍出版社,2014 年,第 22 页。

② 杨伯峻译注:《论语译注》,北京:中华书局,2006 年,第 10 页。

熹引胡氏之言评价说"圣人此言，一以示学者当优游涵泳，不可躐等而进；一以示学者当日就月将，不可半途而废也"，进而议论说："愚谓圣人生知安行，固无积累之渐；然其心未尝自谓已至此也。是其日用之间，必有独觉其进而人不及知者。故因其近似以自名，欲学者以是为则而自勉，非心实自圣而姑为是退托也。"①

孟子对此也有精辟论述："尽其心者，知其性也。知其性，则知天矣。存其心，养其性，所以事天也。夭寿不贰，修身以俟之，所以立命也。"②孟子所讲"知性""知天"是内省的范畴，存心养性是自悟的范畴，总之，修身，说到底是自省与自悟的统一。内省与自悟本是一体两面，彼此交融，只是为了分析方便而分开阐述。

（一）内省即自觉自律的内向传播

"省"，《说文》曰："视也"。《尔雅》曰："察也"。内省强调对自己的看管与省察。内省是儒家修身的基本功夫，《论语》里有深入的阐述。《论语·颜渊》言："内省不疚，夫何忧何惧？"③内省可以明是非，远祸害，何忧之有？《论语·学而》载曾子之语："吾日三省吾身；为人谋而不忠乎？与朋友交而不信乎？传不习乎？"这是内省的日常功夫的具体表现。朱熹注曰："尽己之谓忠，以实之谓信。传，谓受之于师，习，谓熟之于己。曾子以此三者，日省其身，有则改之，无则加勉。其自治诚切如此，可谓得为学之本矣。"④

不过，儒家的修身的内省功夫强调效验。在内向传播追求自我完善的同时，在实践中验证所思所想是否能够在修身齐家治国平天下的各个层次上一以贯之，始终如一。对自己诚然要"修己以敬"，具体体现为"躬自厚而薄责于人""君子求诸己，小人求诸人""不怨天，不尤人"，强调自省。"主忠信，毋友不如己者，过则勿惮改"，强调学习要及时化为内在的忠信，及时改过。孟子说："爱人不亲，反其仁；治人不治，反其智；礼人不答，反其敬。行有不得者，皆反求诸己，其身正而天下归之。"这是所谓见贤思齐，"见善如不及，见不善如探汤。吾见其人矣，吾闻其语矣"。修身就是要保有精进勇猛的精神。检验修身的内向传播真懂、真信、真行，要看是否做到"九思"："视思明，听思聪，色思温，貌思恭，言思忠，事思敏，疑思问，忿思难，见得思义。"这样的"思"体现内向传

---

① （宋）朱熹撰：《四书章句集注》，陈立校点，沈阳：辽宁教育出版社，1998年，第56页。
② 杨伯峻译注：《孟子译注》，北京：中华书局，1962年，第301页。
③ 杨伯峻译注：《论语译注》，北京：中华书局，2006年，第140页。
④ （宋）朱熹撰：《四书章句集注》，陈立校点，沈阳：辽宁教育出版社，1998年，第49页。

播的主动性与生活性。"内圣外王"的修身取向,展现在通过自身的"思"以成就事功上的"圣",有类于西方内向传播理论所指向的内容——社会关系的更好维护和自身目标的更好地实现。

（二）自悟为修身的终极指向

内省是由道德认知走向道德实践;自悟则是由道德实践返回到内心,提高道德认知,此时的道德认知不是理性之知,而是悟性之知。悟性之知是知行合一,是触类旁通。此时,圣贤之言,已然是自我体悟,换句话说,就是圣人之言、辞章之意、道中之理都圆融自在。悟者,吾心也。一切认知与境界都在自己身上行过,获得真正的觉醒与觉悟,知识与行动是一体的。此时诚如《中庸》所言"君子无入而不自得焉"①,君子只有入乎其内,方能自我涵咏而有所得,有所悟。

悟是内省之后内心世界的调理过程,是内省成果的内化与升华,以至完美的人格和理想信念。内省只是个体的道德与天道不断地对话磨合,以我心印道心,即"明而诚",达至自我真实主体与自在的天地宇宙共振的至善状态,把天道引入人心,或使人心开显出天道的光芒,使两者合而为一。自悟则是"诚而明"的过程,即将自我对天道的体验与理解的结果,借助儒学经典话语化为自己的思想体系,即把由内省形成的道德感知和德性积淀进一步转化为自己思想体系的有机组成部分,指导自己进一步开展内心修养与社会实践。② 悟即诚明之境,有了这样的诚明之境,就能开出自觉、自由的弘道、传道实践,也便能推自己之诚明而及他人之诚明,共达中和之道。

第三节 儒家修身观念群展示出的儒家
内向传播操作旨趣

修身是儒家思想体系的一条红线,为更深入地阐发修身,儒家发扬了一系列的观念群,从各个维度阐发"修身"的要义。

---

① （宋）朱熹撰:《四书章句集注》,陈立校点,沈阳:辽宁教育出版社,1998年,第24页。
② 陈全英:《论儒家教育思想中的"悟"及对现代教育的启示》,《宁波大学学报》(教育科学版),2001年第4期。

一、慎独是儒家内向传播的重要法则

内省与自悟是儒家内向传播两个循环往复的运作机制。扩而言之，慎独亦是内省的另一表达形式，突出儒家内向传播的自律性、自觉性。儒家发扬《诗经》中"相在尔室，尚不愧于屋漏"的自律精神①，注重自我管理，即便在自家里，也要处处事事做到问心无愧。儒家的《大学》言："所谓诚其意者：毋自欺也。如恶恶臭，如好好色，此之谓自谦。故君子必慎其独也！小人闲居为不善，而著其善。人之视己，如见其肺肝然，则何益矣？此谓诚于中，形于外，故君子必慎其独也。"②儒家慎重地提出"慎独"概念，阐释"慎独"的核心意涵是诚意正心。努力做到人前人后都能严格遵循圣人的训诫，多做自我反省，恪守仁义礼智信五德。

《中庸》亦言："道也者，不可须臾离也。可离，非道也。是故君子戒慎乎其所不睹，恐惧乎其所不闻，莫见乎隐，莫显乎微，故君子慎其独也。"儒家强调慎独当于隐与微处着眼，不因善小而不为，不因恶小而为之。始终秉持内心的道德信条，不可须臾离开。荀子也声称："昔者瓠巴鼓瑟而流鱼出听，伯牙鼓琴而六马仰秣。故声无小而不闻，行无隐而不形。"③在他看来，瓠巴鼓瑟时，连水中的鱼也会浮上水面倾听；伯乐鼓琴时，六马也会仰首而听，因此，声音不会因为小而不被听见，行为不会因为隐藏而不被看见，可见任何小的行为都会产生影响，也不会被遗漏，因此能不注重"慎独"吗？朱熹也认为，自反内省是"自为学之本"，抓住道德修养的根本。具体要求：一是"省察于将发之际"，即在不良念头将发萌发的时候，就要抓紧反省和检查，努力将其消灭"始萌"之中；二是"省察于已发之后"，即各种意念萌发后，也要及时检查和纠正，不让坏的念头潜滋暗长④。儒家的"慎独"是内省的内向传播活动，其本质是将外在的自我与他者关系概念化为内在的主我与客我的关系。具体而言，"慎独"的运作过程是通过符号化圣贤形象为客我，进而与当下的主我进行自我互动，力争实现由凡入圣的心灵升华目的。进而在此过程中自然会对他者产生示范和感召效应，发挥出其强大的社会功能，既成人，又成己，实现天下大同。⑤

---

① 周振甫：《诗经译注》，北京：中华书局，2013 年，第 456 页。
② （宋）朱熹撰：《四书章句集注》，陈立校点，沈阳：辽宁教育出版社，1998 年，第 5～6 页。
③ 王先谦：《荀子集解》，北京：中华书局，1988 年，第 11 页。
④ 孙培青：《中国教育史》，上海：华东师范大学出版社，2000 年，第 223 页。
⑤ 谢清果：《作为儒家内向传播观念的"慎独"》，《暨南学报》，2016 年第 10 期。

二、恕道为儒家内向传播的纠偏之道

众所周知,忠恕之道是孔子思想的基本内核。所谓"恕道",即宽容待人。子贡曾经问孔子:"有一言而可以终身行之乎?"孔子回答说:"其恕乎!己所不欲,勿施于人。"可见,"恕道"在孔子心中的分量,而这种分量相当程度上可以视为内向传播的"纠偏之道"。《中庸》的"矩之道"其实正是"恕道"的详细表达:"君子有矩之道也,所恶于上,毋以使下;所恶于下,毋以事上;所恶于前,毋以先后;所恶于后,毋以从前;所恶于右,毋以交于左;所恶于左,毋以交于右;此之谓'矩之道'。"君子能行推己及人的共生性观念,能够理解、同情和包容他人,不能将自己的意志强加于人,努力地成人之美。荀子则用"兼术"一词来表达"恕道"精神:"接人用抴,故能宽容,因求以成天下之大事矣。故君子贤而能容罢,知而能容愚,博而能容浅,粹而能容杂,夫是之谓兼术。"[1]儒家以建立大同世界为目标,这就要求人与人之间相互协作,文明礼让,发挥各自所长,而不以自己之长攻人之短,而是知人之长而习之。儒家提倡注意内心修养,多做自我说服的工作,这正是儒家内向传播的特点与优点所在。"恕道"其实是儒家修身内向传播中的自我"纠偏之道",即始终使自己不走极端,而是行中庸之道。[2]

三、中庸为儒家内向传播的心法

中庸思想是中国先贤对处理人与自然,人与社会,人自我身心关系最佳方式的理性认识结晶,因此,表现为处理问题的世界观和方法论,就其运思程式而言,可称其为儒家内向传播的思维方式。中庸并不是儒家独有的,但却是儒家一贯坚守的原则,因此,可以视其为儒家实现自我完善和适应社会的内向传播方法。

要理解作为内向传播方法的"中庸",当从"中庸"二字的基本意涵入手。"中"有着丰富的含义,其初始意义如有靶心之意,还有甲骨文的"中"的字形像旗杆,旗杆正中竖立,上下有旌旗和飘带。后延伸为前后左右上下等距离的位置,即中心的意义。"中"即最合适的意思,类似于黄金分割点。"庸"字的基本含义如汉代经学家郑玄所言:"曰'中庸'者,以其记中和之为用也。庸,用也。"

---

① 王先谦:《荀子集解》,北京:中华书局,1988 年,第 86 页。

② 孙培青:《中国教育史》,上海:华东师范大学出版社,2000 年,第 223 页。

又说："庸，常也。用中为常道也。"①国人将"庸"理解为"常用"，即百姓日用而不知的常道，即"不唱高调"②。因此，"中"与"庸"结合起来即是"用中"的平常道理。"中"是恒常自在的状态，体现在生活中便是对这种状态的理解与运用，即心物相合的佳境，是中国人的核心价值追求。

中庸是调节自我内心使之合乎常道、中道，如此，一方面让自我身心安泰，另一方面在与外界的互动中以之为指导自我与他者和谐共处的最高原则。因此，儒家不断演绎"中庸"形成丰富的理论体系，以"仁"为核心观念，以"礼"为外在规范。③

儒家"中庸"理念以人的自我安顿这一切身需要为出发点和根本价值依据，体现主体内心不断对话并调适这一内向传播内向性的特征；"中庸"不但要追求"成己"，还追求"成人""成物"，因此，要求主体在与外部环境的互动中努力做到"中节"，即内外和谐，天、地、人三才在特定的时空背景下达到平衡点，臻至"致中和"。总而言之，内心的"中"、外在的"节"体现"中庸"作为内向传播观念的社会性，"致中和"便是自我和谐与社会和谐的美妙统一。④

四、复礼归仁是修身的试金石

"仁"是修身的内向传播的指导思想，即"修身以道，修道以仁"。子贡问孔子："如有博施于民而能济众，何如？可谓仁乎？"⑤仁者必然爱人，因此仁者讲究博施济众，行恭、宽、信、敏、惠五者于天下。孟子说："仁，人之安宅也；义，人之正路也。"⑥人本着仁心而行义事，换言之，内心涵养仁义之大爱，必须扩充于社会，服务他人。明清之际的王夫之说："'立人之道，曰仁曰义'，在人之天道也。"⑦仁义是天道在人身上的体现，因此人有责任通过修身来行仁义，以合天道，与天同德。

不过，由于"仁"具有很强的主观性，侧重主体内心的自我道德修养，必须有外在的规范加以检验与约束。于是，孔子认为要自觉"为仁"，在内向传播运

① 蒋伯潜注释：《四书读本》，北京：新世界出版社，2010 年，第 29 页。
② 易中天：《中国智慧》，上海：上海文艺出版社，2011 年，第 40 页。
③ 徐克谦："中庸"新探》，《学术月刊》，1984 年第 10 期。
④ 谢清果、董婧玮：《中庸：儒家内向传播的独特运思方法》，《名作欣赏》，2017 年第 9 期。
⑤ 杨伯峻译注：《论语译注》，北京：中华书局，2006 年，第 72 页。
⑥ 杨伯峻：《孟子译注》，北京：中华书局，1962 年，第 172 页。
⑦ （清）王夫之：《思问录　俟解》，北京：中华书局，1956 年，第 5 页。

作中,把本来作为外在规范行为的"礼",通过"仁"的感召,自觉地内化为精神活动的至上准则。例如,《论语·颜渊》就说:"非礼勿视,非礼勿听;非礼勿言,非礼勿动。"强调人们的一切言行举止都应当合乎法度,注重自我调适到礼的要求,总之,礼之行与礼之义是相互为用的。对此,孔子说"君子义以为质,礼以行之,孙以出之,信以成之"[①],如此坚持才能达到仁的境界。

修身重克己,复礼可归仁,换言之,儒家强调士人当有"怀仁""知礼"的身心践行观,即通过内在传播促使自己具备服务于社会的能力与境界,治理国家不但要"道之以德",也要"齐之以礼"。修身的价值在于成圣,成圣的价值在于外王,修身是内圣外王的精炼表述。

"复礼归仁"的修身构成儒家内向传播的核心和标准:通过对自身的修饰与打磨,将自己塑造成为文质彬彬的君子形象,成为自立立人的圣人,如此为建构大同社会营造良好的社会舆论背景。修身,说到底是自我的心灵对话,是将圣人的气象引入内心追求之中,以此为观照,推动自我修身,克己复礼,成人成圣,天下大同。

本章力图从内向传播视角梳理儒家的修身思想,推动传播学的本土化。修身是儒家内向传播的综合用词,其内涵以仁、礼、中庸、慎独等一系列观念群来表述,展现儒家内向传播思想的丰富性与系统性。总之,修身的观念与实践层面,既升华士人圣贤人格,又实现内圣外王的治国平天下理想,"修身"有强烈的事功意义。从这意义上讲,"修身为本"的儒家观念是中国式的内向传播理论。这一理论的要义是,士人内心以圣贤为镜鉴,不断地观照与反省自己,推动自己也成人成圣。将个人的修为普及为天下的伟大的实践,使人生价值与社会发展有机统一起来。

---

① 杨伯峻译注:《论语译注》,北京:中华书局,2006年,第187页。

第七章

慎独成圣：先秦儒家"慎独"观的求索之路

　　慎独是成己的根本路径，成己却能成人、成物。先秦的《荀子》《五行》《礼记》《大学》《中庸》中的"慎独"尽管有"诚意""慎心""慎德""中和"等取向的差异，但本质都是一样的，即以坚定的毅力，促进内在心灵革命，使"俗我"向"圣我"转变。这种转变的价值在于自我身心和谐健康，社会和谐安宁。从这个意义上讲，"慎独"本质上就是儒家的内向传播观。

第一节　"慎独"的"为一"指向，贯通修身
与治世的内向传播过程

　　内向传播（又称自我传播、人内传播）是传播活动的基本类型，其本质是人在意识世界中不断调动新输入的外部信息与人脑中积淀的内部信息，进行一系列符号化操作，诸如运用概念，进行判断，推理，最终形成决策，以便指导自己后续言行的内在过程。在此基础上，人类开展人际传播、大众传播、组织传播、跨文化传播等活动。内向传播是人类一切传播的基础，因为人类传播的主体是人，传播的内容本身是人类思维活动的产物。换句话说，一切传播活动都源于人的内向传播，即人体的信息传播系统的运作。根据传播的社会性与互动性角度，"内向传播是发生在同一个人体内的一种信息交流活动，是在作为意愿和行为主体的主我（I）和作为他人的社会评价和社会期待的代表的客我（ME）之间进行的信息交流……内向传播的核心是自我管理"①。"慎独"是儒家修身的核心观念，以严格的自我管理而著称。《中庸》言："君子戒慎乎其所不睹，恐惧乎其所不闻。莫见乎隐，莫显乎微，故君子慎其独也。"君子慎独是

---

① 董璐：《传播学核心理论与概念》，北京：北京大学出版社，2008 年，第 1～2 页。

儒家的内向传播活动,作为主体的君子以高度自觉的心态来处置自我的内心活动。儒家智者在生活实践中意识到,世人常会在别人看不见、听不到的时空中放任自我,于是提出,哪怕在独处时,或者只有自己清楚意识到内心涌动着的人欲时,当以中庸之德,即圣人的仁德来"惩忿制欲",换言之,即存天理灭人欲。其内在理路是,天理即圣我,"人欲"是"俗我",其中的内向传播活动受圣人平天下使命的感召,进行洗心革面,于隐处、于微处着手,一点一滴地消除心中的人欲,这个内向传播过程,即心灵的对话和升华过程,洋溢着人性的光辉。

米德的主我客我理论是公认的内向传播理论经典,该理论的核心思想体现在:"'主我'是有机体对他人态度的反应;'客我'是有机体自己采取的有组织的一组他人的态度。他人的态度构成有组织的'客我',有机体作为一个'主我'对之作出反应。"[①]"主我"与"客我"的互动,使自我内在结构具有张力,使自己处于心智不断成长的社会化过程中,这里既有对前人经验的吸纳、内化,又有主我对自己融入社会,处理关系进行的观念上的整合和行动前的准备。竹帛《五行》言:"闻君子道,聪也。闻而知之,圣也;圣人知天道(也)。"[②]圣与天道相通,圣乃是德性之最高层次。"德之行五,和谓之德;四行和,谓之善。善,人道也;德,天道也。"[③]仁义礼智称为"四行","四行"总称为"善";只有圣与四行相和,方可称得上"德",这种"德"具有本体意义,即天道。因此,天道是慎独的终极依据。在天道的感召下,生发出仁义礼智圣,所以继之,成之,开启自我成就的历程。

值得强调的是,"慎独"的功夫,不是要求自我迷恋于仁义之中,以至于忽视意义的总源头——天。而要明白"慎独"的目标是"天人合一",亦即儒家常常强调的"为一"的贯通功夫,即将天道内在化为人道的过程,以究天人之际,通古今之变。

儒家何以如此重视"一",当源于《尚书》的十六字心法:"人心惟危,道心惟微,惟精惟一,允执厥中。"这是舜授禹的治世心法,核心在于"执中",力求中正。何以要如此作为,原因还在于人有二心——人心与道心,二心说到底是公与私的矛盾。平衡公私关系,正是执政之要。执政,说到底是以道心管制人心,实现二心归一心——天心。不过,治世在儒家看来,当从修身始。这个修

---

① (美)米德:《心灵、自我和社会》,霍桂恒译,北京:北京联合出版公司,2014年,第155页。
② 庞朴:《竹帛〈五行〉篇校注及研究》,台北:万卷楼图书有限公司,2000年,第63页。
③ 庞朴:《竹帛〈五行〉篇校注及研究》,台北:万卷楼图书有限公司,2000年,第29页。

身当然要求君王首先垂范。修身，无论君王还是个人，要义还在于道通为一，一以御多。《荀子·儒效》曰：“曷谓一？曰执神而固……神固之谓圣人。”①“一”的功夫在于专注于神，于己。《荀子·性恶》：“专心一志，思索熟察，加日县（悬）久，积善而不息，则通于神明，参于天地矣。”②持久于一，则能通神明。儒家追求道心人心“为一”，是慎独内向传播活动的过程。这个过程是作为向圣人境界行进中的主体自觉将天的神圣性内化为自身的最高的道德律令，其内心升腾起惩忿制欲的心理势能，进而在心灵深处形成自我（“主我”）与天（命）及其一般化的他者（圣贤）为表现形态的“客我”间对话的张力，推动着自我境界升华，亦即以圣化俗、超凡入圣的过程。可见，儒家“慎独”的参照系是永恒的天道及其代言人——圣贤，自我在带有泛宗教信仰色彩的天命精神感召下去超越自我，期待成为安邦定国的圣人，求得“内圣”开出“外王”的内向传播效果。西方内向传播的参照系是当下社会的价值规范，要求自我受人文主义（如公平正义）原则，督促自己服从社会规矩，借以体现作为公民的尊严，最终呈现出社会井然有序的效果。

米德明确指出：“姿态是该动作中造成它对其他个体的影响的那个方面。”③它（姿态）可以成为一种情绪的表达，以后还可以变成一种意义、一种思想的表达。”④其实，正是自我促进一次次“姿态”的形成，并在互动中不断变换“姿态”，以维持互动的进行。“客我”是历史与社会对自我认知所形成的应然的“自我”，也包括前一秒钟之前的“主我”，即由“主我”转化而来的“客我”，“一秒钟之前的你也就是现在的‘客我’的‘主我’”⑤。从这个意义上讲，“主我”既导致“客我”，又对它做出反应。“客我”成为“主我”意识的内容与对象，“主我”不断地成为自我意识的内容与对象，成为“客我”。这个过程的重心是整合原有信息和新认知的信息，不断丰富自我，提高自我加工“客我”信息的能力与效率，使自我在主我与客我的互动中不断升华，当然也可能堕落。总之，客我具有理想性、自在性、反身性，慎独是自我意识的凸显，没有自我，何来慎独？慎独显然是儒家加强自我意识、去私立公的过程和手段。慎独，从直观看，是功夫，亦即不断督促自我，从而塑造以圣贤境界之崇高反衬俗我之卑贱的“姿

① 安继民注译：《荀子》，郑州：中州古籍出版社，2008年，第109页。
② 安继民注译：《荀子》，郑州：中州古籍出版社，2008年，第388页。
③ （美）米德：《心灵、自我和社会》，霍桂恒译，北京：北京联合出版公司，2014年，第191页。
④ （美）米德：《心灵、自我和社会》，霍桂恒译，北京：北京联合出版公司，2014年，第39页。
⑤ 丁东红选编：《米德文选》，北京：社会科学文献出版社，2009年，第82页。

态",推动着内向传播活动的进行,不断以最新的成果为基础,巩固与推进更深层次的自我心灵革命。此外,从长远讲,"慎独"没有本体指导,难以为继,当然,没功夫落实的本体是虚妄的。从这个意义上看,"慎独"的合理性前提是对儒家道德本体的认知与记忆。"慎独"的功夫就体现上对本体的不断感悟,不断萌生催发理性自觉,形成道德感召力和执行力。这才是"慎独"不断进行的原动力。

如上所言,慎独是体用一体的。儒家的"慎独"观以"为一"彰显贯通自我的指向。程颐亦曾表达其对"一"的见解:"或问敬。子曰:'主一之谓敬。''何谓一?'子曰:'无适之谓一。''何以能见一而主之?'子曰:'齐庄整敕,其心存焉。涵养纯熟,其理善矣。'"①其实,慎有"敬"之意,常称"敬慎"。且"慎"还有慎始慎终,表里如一的意思,这都表明,慎是要"为一",要收敛自我身心,不敢放肆。儒家"慎独"论"为一"指向明确自我意识在解析内在结构中俗我(主我)与圣我(客我)的差异,努力通过自我互动,促使自我超凡入圣。这实现了圣对俗的全面消解,让天理的光辉照亮自我的心灵,使自己成为脱离低级趣味的、高尚的、纯粹的、道德与能力都超群的圣人。

第二节　"慎独":儒家内向传播寻求突破自我的独特范式

"慎独"是儒家心性修养的重要方式,它折射出儒家处理灵肉关系、人际关系、人物关系的基本取向,主要方法是调控自我心灵与意识,尽力发挥自己的能力与水平,以自我为同心圆,推己及人促进一切关系的和谐,实现对社会无害而有益的个人价值,追求共赢,这是和合思想的体现。

一、"慎独":儒家超凡入圣之进阶

"慎独"在儒家修养中具有独特的地位。刘宗周的《圣学宗要》认为:"孔门之学,其精者见于《中庸》一书,而'慎独'二字最为居要,即《太极图说》之张本也,乃知圣贤千言万语,说功夫说本体,总不离'慎独'二字。独即天命之性所

---

① (宋)程颢,(宋)程颐:《二程集》第四册,《河南程氏粹言》卷一,北京:中华书局,1981年,第1173页。

藏精处,而慎独即尽性之学。"①刘氏将"慎独"视为孔门"尽性之学",且视功夫
与本体为一。"慎独"之于儒学大有纲举目张之作用。慎独是儒家超凡入圣、
实现自我突破的方法与路径,其精神修持正是内向传播的表现形式。"自我传
播实质上是个人的意识活动与思维活动。一个人只要意识到自己的存在,只
要思考问题,便在进行着各式各样的自我传播。在日常生活中我们常常'沉思
默想''自言自语''暗自思忖''独自考虑',这些都是自我传播的过程。"②此为
日常温和的内向传播形式,即人整合外在信息的过程。人在进行情感与理智、
灵魂与肉体、崇高与卑贱、道德与本能的选择时,便会遭受激烈的内心冲突,此
为内向传播的非常形态。儒家主张"慎独",既要求"吾日三省吾身"的时时修
为,又要求面对生死存亡、成败荣辱之时激发"舍生取义"的道德觉悟。正因如
此,从先秦到明清,儒家不断演绎"慎独"之说,以教化世人,培养君子。有学者
认为:"就儒家慎独说而言,汉唐学者所看到的恭谨自持,不欺暗室,只能是修
养论的意涵;而先秦儒者所解读的谨慎于内心的独一不二,宋明儒所倡言的谨
慎于人所不知而已独知之地,则都具有功夫论的意蕴。"③本章着重以先秦"慎
独说"为核心展开论述。

　　诚然,慎独是儒家心性之学的核心概念,其本身是修养功夫与心性本性的
统一,慎即修养功夫,亦指道德情感,是本体召唤下的自觉;独即心性本体,是
至善的天理。独,即心,即性,即理,即天,即道,独一无二,独步天下。梁涛认
为:"在先秦典籍中'独'往往指'舍体',也即是内在的意志、意念,慎独的'独'
即是在这个含义下使用的,慎独即诚其意……故作为一种修养方法,慎独强调
首先要端正内在意志、意念,从根本上、源头上杜绝不善行为的出现,反映儒家
重视'内省'一派的思想。"④"内省"是内向传播活动的形式,它以自己为对象,
不断认知自己,改造自己,最终完善自己,使自己成为理想的圣人,至少成为
君子。

① (明)刘宗周:《圣学宗要》,《刘宗周全集》第2册,杭州:浙江古籍出版社,2007年,第301~
303页。
② 董天策:《传播学导论》,成都:四川大学出版社,1995年,第101~102页。
③ 戴琏璋:《儒家"慎独"说的解读》,梁涛、斯云龙编:《出土文献与君子慎独——慎独问题讨
论集》,桂林:漓江出版社,2012年,第106页。
④ 梁涛:《朱熹对"慎独"的误读及其在经学诠释中的意义》,梁涛、斯云龙编:《出土文献与君
子慎独——慎独问题讨论集》,桂林:漓江出版社,2012年,第122页。

二、"慎独"：以"为己"的方式"为人"

刘宗周认为说："独者，心极也。"独是心灵境界最为极致的状态，亦即最为纯粹精诚的状态。唯在这种状态中，主体（圣人）才能有人格的感召力，带领百姓共入圣境，共创大同社会。王中江就明确强调："所谓'慎独'或'慎其独'，就是持守或牢固地保持自我的道德本性和本心。"①我们可以从人所处的三个层次加以深入分析。其一，身心关系。在这个关系上，注意以心治身。"慎独"强调的是主体的能动性与主动性、自为性与反身性。身体具有好逸恶劳的本能，放任它，就走向堕落。唯有以一颗正心，以社会的伦理规范来牵制住欲望，进而以高尚圣人的气象来感化，抚慰蠢蠢欲动的本我，以坚定的道德信仰促进由重索取的贪欲转向重奉献的自豪。其二，群己关系。儒家要求自己无条件地对他人与社会确立起道德自觉和道德责任。以库利的"镜中我"理论为参照，树立光辉形象，留心自己在他者心中的印象，日常生活中求究遵循"非礼勿言，非礼勿视"等原则，以此自律。儒家也在乎社会的评价，讲究口碑和声誉，行动时"以和为贵"告诫自己，奉行忍让、谦让。这样做，期望做到内心无愧坦荡。其三，人与自然关系。强调人要在万物面前树立道德人格和道德表率。一方面强调人与万物之间是"民胞物与"的关系；另一方面说人与人之间通过万物产生"主体间性"。比如保护生态，也是保护他人。"'慎独论'恰恰以人的内在本性为基础来要求'尽性尽心'和'诚心诚意'。作为修身论和功夫论，慎独是以高度关注内在自我的'内观'和'内省'为特征的，它有意识地积极主动地超越外在性的形式，使之对'自我'的终极关怀体现为证成自我内在道德本性的'内在超越'，体现为以'道德理想'和'道德价值'来无限地扩展'自我'的不息过程，从而把孔子的'为己之学'发展为实现自我内在道德本性（'守独'）的精神修炼之学。"②

相比较而言，西方的内向传播思想根植于其公民意识，强调遵循社会规范，强调必须；中国儒家的内向传播思想根植于圣人意识（君子意识），强调内省，强调应该。西方的内向传播活动关注个体的社会活动效果；儒家内向传播侧重个体的人格境界，内圣才能外王。正由于儒家更具有集体主义倾向，其修

---

① 王中江：《早期儒家的"慎独"新论》，梁涛、斯云龙编：《出土文献与君子慎独——慎独问题讨论集》，桂林：漓江出版社，2012年，第179页。

② 王中江：《早期儒家的"慎独"新论》，梁涛、斯云龙主编：《出土文献与君子慎独——慎独问题讨论集》，桂林：漓江出版社，2012年，第185页。

身不仅仅是为了个人的成功,而是为了天下的安宁,天下的安宁正是个人真正的、终极的成功。西方更具有个人主义倾向,强调的是个人正当地利用社会资源,获取个人的成功。当然,我们也应当看到,较道家而言因儒家更具有入世情怀,也与西方内向传播有更强的共通性。比如,儒家的慎独这种修身意识是为了平天下这一理想目标,即具有强烈的社会取向。这与西方内向传播的社会取向一致。道家则不然,道家排斥社会的价值约束,追求的是人性的逍遥自由,讲究个性的舒展与解放。

　　总而言之,儒家的内向传播更具责任意识,即个人对社会的责任与担当,西方的内向传播更具权利意识,即保护国家赋予个人的权利,遵循应有的义务,维护个人与国家社会的平衡。归结而言,儒家的内向传播范式以天下苍生为念,自觉提高自己的道德境界与经世能力,在社会实践中不断涵养自己的德性,即以慎独这种"求诸己"方式为日常行为范式,以"泛爱众"为情感指向,以天下大同为目标,最终实现成圣与天下治的和谐统一。其实,儒家"慎独"是对自我的期许,这种诉求有如米德所说的"角色扮演",即"自我个体像对其他人行事那样社会性地对他自己"①。具体说来,儒家圣人自觉地把自己置于社会情境之中,无论是与他人在一起,还是独处,都警惕自我个体欲求的泛滥,因为那样既会伤害他人,也伤害自己的德性。儒家始终把社会当成考验的试验场,独处的时候也是如此。从这个意义上讲,儒家有极强的自我观,致力于保持完善自足的自我,是自我同一,而非人格分裂。此时,自我有着类似高峰体验的精神满足,这种精神满足促使自我约束自我。因此,慎独是"个体感到自己是独一无二的、拥有充分的心理稳定性的、不因内部或外部变化而改变的整体"②。

第三节　以内向传播视角观照先秦儒家的"慎独"观念

　　慎独是内向传播形态,这里以先秦儒家典籍中已有的"慎独"文本为诠释对象,力求展现"慎独"内向传播活动的多维面向。

---

①　(美)E·M.罗杰斯:《传播学史》,殷晓蓉译,上海:上海译文出版社,2005年,第146页。
②　(瑞士)维蕾娜·卡斯特:《依然故我》,刘沁卉译,北京:国际文化出版公司,2008年,第87页。

一、荀子以"诚意"明"慎独"，注重自我意识审查

"自我认知是我们对自己的思想、感觉、偏好和信仰等的理解。"[①]诚意是自我认知，意在提高自我调控能力，不为外在诱惑所迷。将自我意识作为审查对象，这等于启用布鲁默所谓的"自我互动"机制，即人能对自己采取行动，与自己沟通，即进行内向传播。

《荀子·不苟》曰：

> 君子养心莫善于诚，致诚则无它事矣。唯仁之为守，唯义之为行，诚心守仁则形，形则神，神则能化矣。诚心行义则理，理则明，明则能变矣。变化代兴，谓之天德。天不言而人推其高焉，地不言而人推其厚矣，四时不言而百姓期焉。夫此有常，以至其诚者也。君子至德，嘿然而喻，未施而亲，不怒而威。夫此顺命，以慎其独者也。善之为道者，不诚则不独，不独则不形，不形则虽作于心，见于色，出于言，民犹若未从也，虽从必疑。天地为大矣，不诚则不能化万物。圣人为知矣，不诚不能化万民……夫诚者，君子之所守也，而政事之本也……操而得之则轻，轻则独行，独行而不舍，则济矣。济而材尽，长迁而不反其初，则化矣。

围绕"慎独"观念，《荀子》主张"不诚不独"，意指"诚"（诚意）是"独"的必要条件。诚在于精诚纯粹，是杂糅的反面。在荀子看来，"至诚"是精神世界（守仁行义）与物质世界（天地四时）"变化代兴"背后的动力机制，亦即天德、天命。君子至德（至诚）乃顺应天命，接受自然的感召，启动"慎其独"的运作机制。此"独"者，形容独立纯粹精神状态也，意在做回真正的自我，即"不器"的君子。只有"独立"（形式上，独立不群，内容上精诚纯粹）方可"生生"，即"形"。从天地自然来看，不诚不独不能化万物；从社会治理来看，不诚不独不能化万民。因此，守诚则诸事轻而易举，独行而无过无不及，久而久之，则反本开初。要言之，至诚，守诚，方能理顺内向传播活动，才有"卷之退藏于密，放之弥于六合"之化境。可以说，《荀子》以"意"释"独"，强调"独"的纯粹不杂之本性。明代王栋曰："诚意功夫在'慎独'，'独'即'意'之别名，'慎'即'诚'之用力者耳。'意'

---

① （美）托马斯·吉洛维奇，（美）达彻尔·凯尔特纳，（美）理查德·尼斯比特：《吉洛维奇社会心理学》，周晓虹、秦晨等译，北京：中国人民大学出版社，2009 年，第 116 页。

是心之主宰。"①王氏将"慎独"理解为"诚意",将"慎独"的内向传播过程解释为"意"之"诚"的持续进程。

如此看来,荀子所谓"君子慎其独"就是要摒弃心中的固执和成见,廓清混乱的情绪和意向,"虚壹而静",保持心的澄明状态,直面事物本身,不以自己固有的偏见去揣度他人的想法,强求他人,只有这样才能真正消除自我与他人之间的隔阂,实现忠恕之道②。

二、简帛《五行》以"慎心"释"慎独",突出内心意义的整合

马王堆帛书《五行》篇的出土,引发学术对"慎独"的热烈探讨。"独"即独一无二之意,与"多"相区别。慎独是要做到"一心",防止因多而分心。只有一心方可通达天道(德)。慎心就是一种行动,有类于王阳明所言"行之明觉精察处,便是知;知之真切笃实处,便是行"③。这个"行动"便是内在传播。布鲁默就认为人在沉思默想时使用的是内部语言,使用标识个人独特感受的私人语言。个人借助"有意义的象征符",用符号对另一些符号进行选择、检查、中止、重组,这正是意义的处理过程,亦即内心对话过程。

帛书《五行》原文如下:

经7 "淑人君子,其宜(仪)一兮(也)",能为一然后能为君子,(君子)慎其独也。能差池其羽然后能至哀,君子慎其独也。

说7 "(淑人君子),其□□□(仪一兮)。"□(淑)人者□,□(仪)者义也。言其所以行之义之一心也。

"能为一然后能为君子",能为一者,言能以多为一;以多为一也者,方能以夫五为一也。

"君子慎其独"。慎其独也者,方舍夫五而慎其心之谓□。□(独)然后一,一也者,夫五(夫)为□心也,然后德(得)之。一也,乃德已。德犹天也,天乃德已。

"能差池其羽然后能至哀",言至也。差池者,言不在衰绖;不在衰绖也,然

① (清)黄宗羲:《明儒学案》,北京:中华书局,1985年,第734页。
② 罗久:《先秦儒家"慎独"观念的思想史探析》,《聊城大学学报》(哲学社会科学版),2011年第1期。
③ (明)王阳明:《王阳明全集》,北京:线装书局,2013年,第306页。

后能至哀。夫丧,正绖修领而哀杀矣。言至内者不在外也,是之谓独。独也者,舍体也。

经说8　"君子之为德也,有与始无与终"。有与始者,言与其体始;无与终者,言舍其体而独其心也。

　　帛书《五行》解释"慎独",为后人廓清"慎独"之意上的迷雾。《五行》篇重在将"独"简化为以多为一,进而言之,以五为一的功夫,是动词。而"慎其独也者,方舍夫五而慎其心之谓□",明确强调"独"在于"慎其心",换句话说,独所以加以"慎",意在指引世人"独"即一心的过程与状态(结果),所以接着说:"□(独)然后一,一也者,夫五(夫)为□心也,然后德(得)之。"仁义礼智圣五行归根结底不是五心,而是一心。庞朴注:"独,内心专注也。"[1]

　　丁四新认为:"简帛书所谓'慎独'谓慎心,'独'指心君,与耳目鼻口四肢相对,心君是身体诸器官的绝对主宰,具有至尊无上的独贵地位。"[2]诚然,帛书《五行》言:"耳目鼻口手足六者,心之役也……(心)也者,悦仁义者也。"接着阐明"心贵"是因为心是人体之大者,而耳目等六者是人体之小者,心处于"君"位。六者只有"和于仁义"则心与之同善。因此,《五行》又引《诗经·大雅·大明》"上帝临汝,毋贰尔心"[3],强调心与耳目等六者的统一、一致。宋人蔡沈解释说:"心者,人之知觉,主于中而应于外者也。指其发于形气者而言,则谓之人心;指其发于义理者而言,则谓之道心。人心易私而难公,故危;道心难明而易昧,故微。惟能'精'以察之,而不杂形气之私,'一'以守之,而纯乎义理之正,道心常为之主,而人心听命焉,则危者安,微者著,动静云为,自无'过''不及'之差,而信能执其中矣。"[4]守一是执中的关键。说到底是人心对道心的"同"(认同、服从),因为道心居于义理之正,"一"是保持纯净的过程及其结果。朱熹亦曰:"一则守其本心之正而不离也。"[5]

　　"独"是舍多归一,舍现象探本质。因此,"独也者,舍体也","体",自我也。

①　庞校注本:《帛书五行篇研究》,济南:齐鲁书社,1988年,第53页。
②　丁四新:《简帛〈五行〉"慎独"思想略论》,梁涛、斯云龙编:《出土文献与君子慎独——慎独问题讨论集》,桂林:漓江出版社,2012年,第29页。
③　庞朴:《竹帛〈五行〉篇校注及研究》,台北:万卷楼图书有限公司,2000年,第23~24页。
④　(宋)蔡沈:《书经集传》,《虞舜大典·古文献卷》(上),长沙:岳麓书社,2009年,第200~201页。
⑤　(宋)朱熹:《四书章句集注》,北京:中华书局,1983年,第14页。

舍体，超越自我，与天合德，"德犹天也，天乃德已"。这样解释颇有道家本体论意谓。老子曰"道生一"，"道生之，德蓄之"，因此其中内含有"德"为"一"的思想。《五行》则明确指出，"一也，乃德已"，这个德不是人道之德，是天道之德。《五行》开篇明言："德之行五，和谓之德……德，天道也。"《德圣》篇亦曰："和谓之德，其要谓之一，其爱谓之天。"不过，"舍体"之"舍"，意思可能是以体为舍，即"独"舍居于体内，即为一心。《管子·心术上》认为，"心之在体，君之位也""德者，道之舍""以无为之谓道，舍之之谓德"，示人毋于体外去找"独"。

"独"为心体，心为"独"用。"独"为隐，心为显。"独"一定程度上可以释为心，但心不就是"独"。心只是"独"的灵能，不是思虑之官，是精神之思。《说苑·反质》中所引文字意思相一致："传曰：鸤鸠之所以养七子者，一心也；君子之所理万物者，一仪也。以一仪理物，天心也。五者不离，合而为一，谓之天心，在我能因，自深结其意于一。"[1]如庞朴所言，"一心""为一"皆慎独义。[2]

《五行》篇开篇对儒家提倡的五种德性做了内与外的区分：

> 仁，形于内谓之德之行，不行于内谓之行；义，形于内谓之德之行，不行于内谓之行；礼，形于内谓之德之行，不行于内谓之行；智，形于内谓之德之行，不行于内谓之行；圣，形于内谓之德之行，不行于内谓之行。[3]

《五行》篇认为德之行与行具有重要的学术价值与社会价值。没有内心德性支撑的行为，称为"行"，反之，则称为"德之行"。其意思内含，有其德必有其行，而有其行则未必有德。那么既然"德行"不是自然而然出现的，且关键在于"内"（心），因此，主体不可不慎。罗久认为："所谓'慎独'就是慎心、慎所以感、顺乎自己的善良本性而诚其意毋自欺的意思。只有这样我们的行动才能真正合乎道德，成为一个有德性的人。这一理论是建立在感应思维或曰联系性宇宙观的基础之上的，其基本信念是相信天与人之间具有连续性，人通过与万物的感应，效法自然，顺应天道而成人道，使自己的本心保持清明的状态就可以实现天人合一。"[4]思孟学派强调德性之知，类似于康德的道德律令。慎心的

---

① （汉）刘向：《说苑全译》，王瑛、王天海译注，贵阳：贵州人民出版社，1992年，第875页。
② 庞朴：《竹帛〈五行〉篇校注及研究》，台北：万卷楼图书有限公司，2000年，第41页。
③ 庞朴：《帛书五行篇研究》，济南：齐鲁书社，1988年，第25页。
④ 罗久：《先秦儒家"慎独"观念的思想史探析》，《聊城大学学报（哲学社会科学版）》，2011年第1期。

"为一"指向阐明修心的过程性和目标性,其过程性强调以"一"为原则调控内向传播,以一摄多。天德为一,仁义礼智圣为多;其目标是内向传播以达到"一"为目的,多归于一。仁义礼智圣的分别心收拢起来,化解整合为一心,即道心。此外,值得注意的是,《五行》所言的"慎独"以礼的运作为情境,此处以"丧礼"为例,或辐射所有的礼仪。相对于礼仪的外在,"慎独"则关注的是内在。内心不哀,礼亦何用? 在这个意义上,其与下文《礼器》所言是一致的。

三、《礼记·礼器》以"慎德"释"慎独",强调自我意识的内外贯通性

《说文解字》注"独"为:"犬相得而斗也。"由犬性好胜而落单这一基本义出发,"独"的含义就被引申至"单个,单独"。段玉裁注曰:"犬好斗。好斗则独而不群。引申假借之为专一之称。"①《正字通·犬部》:"独,猨类。似猿而稍大。猨性群,独性特。"②引申出"独特"意。可见,"独"在基本意上是贬义的。如《尚书·泰誓》说道:"独夫受洪惟作威,乃汝世仇。""独夫"特指商纣。"言独夫,失君道也。大作威杀无辜,乃是汝累世之仇,明不可不诛"③,这里的"独"当指残暴、专横,如恶犬之态。这为后世将其转向正面的褒义词留下伏笔。《论语·里仁》有:"德不孤,必有邻。"或许正是"独"不德的危害,迫使先秦思想家们思考把"独"的外在呈现出的"凶"义消解掉,即去"毒"的过程,使之转化为内在化的"德目"。帛书《五行》曰:"言至内者不在外也,是之谓独。"该书强调由对外在丧服的过分关注转向丧礼的本质——内心的至哀。"独"便是由原先外在的"孤寡不穀"而陷于孤立,转变到《道德经》倡导的侯王以自谦之词,同样的,"孤寡不穀"此时也去"毒"。同样,"独"在"慎独"中,即由于有了"慎"(真),如同侯王虽位高权重依然自称"孤寡不穀",体现自我问责的姿态。这一点,《礼记·礼器》更直接明了地指出:

> 礼之以多为贵者,以其外心者也;德发扬,诩万物,大理物博,如此,则得不以多为贵乎? 故君子乐其发也。
>
> 礼之以少为贵者,以其内心者也。德产之致也精微,观天子之物无可以称

---

① (汉)许慎撰,(清)段玉裁注,许惟贤整理:《说文解字注》,南京:凤凰出版社,2015 年,第830 页。

② 张自烈、廖文英:《正字通》,北京:工人出版社,1996 年,第 666 页。

③ (汉)孔安国传,(唐)孔颖达疏:《尚书正义》,北京:北京大学出版社,1999 年,第 280 页。

其德者，如此则得不以少为贵乎？是故君子慎其独也。

　　古之圣人，内之为尊，外之为乐，少之为贵，多之为美。是故先生之制礼也，不可多也，不可寡也，唯其称也。①

　　《礼记》强调礼之"称"，礼多少，都是德的表现，这才是礼的根本要义。"多"则强调"德"的发扬，广布与至世之赞美；"少"强调德的萌生处之精微与纯粹，自然不可不慎，不可不区分清楚，此处的"慎其独"是"慎德"。具体说来，"君子之于礼也，有所竭情尽慎，致其敬而诚若"。② 君子是践礼履德的模范，其内心有对情的竭尽，对慎的尽心，对敬的追求而致至诚的境界。即孔颖达《礼记正义》疏解所言："是故君子慎其独也者，独，少也。既外迹应少，故君子用少而极敬慎也。"③从"少"入手，减少对外的牵绊，而用心于"敬慎"，是为要义。最早提出"社会自我"概念的美国心理学家创始人威廉·詹姆斯指出，人类有将自己当作客体，进而对自己加以认知与评价的能力，他打了一个比方："自我是一本书，同时也是这本书的读者；这本书充满着长期累积下来的引人入胜的内容，而这本书的读者则是一位在任何时刻都能自由读取章节、任意增添章节的人。"④慎独如同翻书，汲取与对照，即主体将自我投射到书中去，反思自己是否与应然的礼仪偏离，自己的念想是否合乎道义，只有相符，便是德必不亏，亦即真实准确表达了对祖先的敬意。

　　以"慎德"释"慎独"，其实，是在将"独"之虚落实为"德"之实，慎独乃养德（与天合德）的过程，人道的德乃是天道的德的体现（落脚点），因此，礼便成为规范自我的，体现与含蓄德性的基本路径。《逸周书·程典》："思人慎德，德开，开乃无患。"⑤这里的"慎德"主要从为政以德的角度来说，德正是由内而外的开发过程。韩愈的《原道》就说："足乎己无待于外之谓德。"⑥孙希旦亦言："慎其独者，由外而约之于内，自义理之文，而归极于忠信之本也。"⑦他们认为

① 王锷：《〈礼记·礼器〉的成篇年代》，《古籍整理研究学刊》，2007年第5期。
② 孙希旦：《礼记集解》（上），北京：中华书局，1989年，第652页。
③ 方有国注：《四库家藏》，《礼记正义》（三），济南：山东画报出版社，2004年，第792页。
④ Elliot Aronson，Timothy D. Wilson，Robin M. Akert：《社会心理学》，侯玉波等译，北京：中国轻工业出版社，2007年，第111页。
⑤ 黄怀信：《逸周书校补注译》，西安：三秦出版社，2006年，第75页。
⑥ （清）吴楚材：《古文观止译注评》（下），北京：现代出版社，2017年，第45页。
⑦ 孙希旦：《礼记集解》（中），北京：中华书局，1989年，第645页。

主体当追求内在德性的自足圆满。

以"慎德"释"慎独",以德的关系判断,彰显"独"的内向传播蕴藏着的关系指向,具有开显出社会功用的倾向。只有"慎独",方能体现内德与外德合而为一的"慎德"。

四、《中庸》《大学》以"中和"释"慎独"

"慎独"有内向与外化两大进路,以内向保外化,以外化促内向。《中庸》《大学》中的"慎独观"正体现这种内外交融,本体与功夫合一。《大学》《中庸》历来被认为是思孟学派的作品,近年来出土的郭店楚简以及上博所藏的楚竹书,引发学者关注思孟学派性情论。《性自命出》有言,"道始于情,情生于性","信,情之方也。情出于性"①。《语从二》:"情生于性,礼生于情。"②

实际上,"人类的自我意识是其最高品质的根源。它构成了人类区分'我'与世界这种能力的基础。它给予了人类留住时间的能力,这仅仅是一种超脱于当前,想象昨天或后天的自己的能力。因此,人类能够从过去中进行学习,并为将来作出计划。因此,人类之所以是一种历史性的哺乳动物,是因为他能够站到一边,审视他的历史;因此他能够影响他自己作为一个人的发展,并且他还能够在较小的程度上影响作为整体的民族和社会的历史进程。自我意识的能力还构成了人类使用符号这一能力的基础……使得我们能够像他人看待我们那样来看待自己,并能够对他人进行移情……实现这些潜能就是成为一个人"③。对儒家而言,"慎独"正是人成为人的尊严所在。"慎独"是人与禽兽的最根本分野。人会对自己提出要求,对儒家而言,"慎独"是基于崇高的大同之世的道德理想,倡导个体通过自觉的自我省视,坚持成为高尚的正人君子,为和谐世界的来临创造文化心理基础。《大学》《中庸》中的"慎独"说到底力求通过对社会责任的强烈感召,以圣人人格为效法原型,不断进行自我心灵对话,化解俗人底下的私,进入大公无私的理想境界。涵养这一境界方可相应地具备治世的能力。

(一)《中庸》"慎几独处"的"慎独"功夫观

《中庸》所言"慎独",其内涵显然包括"君子戒慎乎其所不睹,恐惧乎其所

---

① 荆门市博物馆编:《郭店楚墓竹简・性自命出》,北京:文物出版社,1998 年,第 179 页。
② 荆门市博物馆编:《郭店楚墓竹简・性自命出》,北京:文物出版社,1998 年,第 180 页。
③ (美)罗洛・梅:《人的自我寻求》,郭本禹、方红译,北京:中国人民大学出版社,2008 年,第 85~86 页。

不闻""莫见乎隐，莫显乎微"。相应地，《中庸》明确指出，"慎独"的对象是喜怒哀乐这些情感，这使"慎独"功夫有了着手处。杨少涵的新作《中庸原论》将情分为"道德情感"和"感性情感"，类似于道情与人情。道德情感是道德本体（天命之性）的呈现方式，亦是道德本体的本质内涵与内在动力。道德情感发而无不中节，无过无不及，感性情感源于气质之性，发则有不中节，有过有不及，因其出于感性需求，又以满足感性需求为目的。于是，作为功夫的"慎独"就包含针对道德情感的先天工夫、针对感性情感的后天功夫。[①] 不闻、不睹未发之际的道德情感（本体）状态称为"中"，已发且中节的状态称为"和"。"慎独"相应也包括对"道德情感"的保护和对"感性情感"的看护。

> 天命之谓性，率性之谓道，修道之谓教。道也者，不可须臾离也，可离，非道也。是故君子戒慎乎其所不睹，恐惧乎其所不闻。莫见乎隐，莫显乎微，故君子慎其独也。喜怒哀乐之未发谓之中，发而皆中节谓之和。中也者，天下之大本也；和也者，天下之达道也。致中和，天地位焉，万物育焉。（《中庸》）

后世儒者对此皆有发挥。徐幹有言："人情之所简也，存乎幽微；人情之所忽也，存乎孤独。夫幽微者，显之原也；孤独者，见之端也。胡可简也，胡可忽也！是故君子敬孤独而慎幽微。虽在隐蔽，鬼神不得见其隙也……处独之谓也。"[②]显然，"慎独"的入手处在于从幽微孤独中自我警觉。幽微者是显现的源头，从源头把握，则不会小洞不补，大洞吃苦。孤独者，看见的发端，有其内必见于外。孤独之所作所为所思所想，必当显现于人前，因此不可轻忽。北齐刘昼的《刘子·慎独》遍举自然现象与社会楷模，强调"慎独"正当性："荃荪孤植，不以岩隐而歇其芳；石泉潜流，不以洞幽而不清；人在暗密，岂以隐翳而回操……居室如见宾，入虚如有人。故籧瑗不以昏行变节；颜回不以夜浴改容；句践拘于石室，君臣之礼不替；冀缺不耕于坰野，夫妇之敬不亏。斯皆慎乎隐微，枕善而居，不以视之不见而移其心，听之不闻而变其情也……暗昧之事，未有幽而不显；昏惑之行，无有隐而不彰。修操于明，行悖于幽，以人不知。若人不知，则鬼神知之；鬼神不知，则己知之。"[③]总之，立身行事当以"善"为原则，以

---

①　杨少涵：《中庸原论》，北京：中国社会科学文献出版社，2015 年，前言，第 3～5 页。

②　（东汉）徐幹著，徐湘霖校注：《中论校注》，成都：巴蜀书社，2000 年，第 23 页。

③　（北齐）刘昼撰，王叔岷集证：《刘子集证》，台北："中央研究院"历史语言研究所，1961 年印行，第 22～23 页。

言行一致、内外一致为准则,以人知、鬼神知、己知为警戒。这是儒家的价值信念,故有"几"的观念。朱熹明言:"'慎独'是察之于将然,以审其几。"在他看来:"独者,人所不知而己所独知之地也。方幽暗之中,细微之事,迹虽未形而几则已动,人虽不知而己独知之……所以遏人欲于将萌,而不使其滋长于隐微之中,以至离道之远也。"①(《中庸章句》)"几"的观念所以重要,它体现"慎"的指向,"几"通于"机""己",又可转化为"心"②,这就突出,因其"独",方能慎几知著。

以库利的"镜中我"理论来看,《中庸》中的"慎独"强调独处时的自我谨慎,其实质是以自己心中向往的"圣人"为他者来审视自我,包括以下三方面:其一,对自己的行为可能给圣人留下什么印象的知觉,体现为自我认知与圣人的差异,以知耻近乎勇的态度去克服;其二,假设圣人就在身边,他会对自己的行为作如何评价的知觉,有了这个知觉,主体会省醒自己;其三,对身边现实生活中的他者(家人,同事或陌生人)直接评价自己的感觉,通常自我会视他人的评价为客观,因此一定意义上也如前两方面的圣人功用。例如,世人评价他公正、清廉,为人谦和,处事得体,等等,如同今天说的口碑。

(二)《大学》"诚中形外"的"慎独"自律观

所谓诚其意者,毋自欺也。如恶恶臭,如好好色,此之谓自谦。故君子必慎其独也!小人闲居为不善,无所不至,见君子而后厌然,掩其不善而著其善。人之视己,如见其肺肝然,则何益矣?此谓诚于中,形于外,故君子必慎其独也。曾子曰:"十目所视,十手所指,其严乎!"富润屋,德润身,心广体胖。故君子必诚其意。

郑玄注曰:"慎独者,慎其闲居之所为。"此注当源于《大学》"小人闲居为不善,无所不至"③。《大学》所言"慎独"是针对诚意而言,要求"毋自欺",不违心,如同人"恶恶臭""好好色"一样,诚实、真诚地面对自己的意念。其实,道心人心都源于一心,"慎独"从根本上就是为了扭转人心易私难公的问题,力主呵护道心之公,化解人心之私,使两心归一心,保持执中、守中的状态。方朝晖认为:"要求一个君子'慎独',也就是要求他认识到自己内心的真实好恶,并以这

---

① (宋)朱熹:《四书章句集注》,北京:中华书局,2011年,第20页。
② 郭继民:《"几"义发微》,《光明日报》,2016年6月13日。
③ (汉)郑玄注,(唐)孔颖达等:《礼记注疏》,北京:艺文印书馆,1955年,第983页。

样的好恶作为自己的行为准绳，获得真正的行为动力，而不要人前一套、人后一套，总是容易背叛或否定自己，人生没有根基和稳定感。"①

《大学》"慎独"所观照的自我闲居行为，指出君子当享受独处，自我修养，这是心灵不断宽广的过程。从这个意义上讲，"慎独"本质上是克服、消除自我异化的过程，这一过程被渲染为享受孤独的过程。科林·威尔逊有段精辟的论述可以跨越时代呼应这一见解："可以肯定的是，每一个人都应该认识到由于要向更高层次迈进而体味到的异化意味着什么。这种异化往往是在取得更高层的自我控制的奋斗中不可避免的。佛曾经描述自己早年为达悟而进行的奋斗：他进行比任何人都深刻的忏悔，生活得比任何人都粗糙，甚至吃牛粪，他还潜入野兽出没的深山老林来砥砺自己抗拒恐惧的意志。他这样奋斗都是因为他认识到自我控制越强大，所取得的自由也就越大，那些缺少自我控制的人也缺少真正的自由。真正的自由感是内心的自由，这就是我们的认识。"②

说到底，慎独就是要做回自己，做真正的自己，彰显独立性与自我个性。"独"，获生徂徕的《中庸解》一文认为"独者不对人之辞"，"独者指己而言也，非为'人所不知而己所独知之地'"，当代学者张丰乾也认为，"独指'内心的一以贯之和不偏不倚'，而非'内心的专一'"③。独正是自我的纯粹和纯粹的自我。从这个角度讲，"独"指喜怒哀乐未发的状态。这一状态是不与外相接的圆满自足的状态，慎这个"独"是涵养此状态，不断积储心理势能，以便与外相接时能够能"中节"，能够"和"。李翱《复性书》说："慎其独者，守其中也。"④

心理学家詹姆斯首先将自我分为物质自我、社会自我、精神自我三种类型。人的自我意识、自我评价相当程度上就是物质自我、社会自我、精神自我交流的结果。"慎独"的主体应当培育出"诚意"的心境，有此心境，对恶衣恶食这一物质自我亦能泰然处之，如颜回那样自甘清贫。有些心境，对社会上对圣贤的期待与要求，就容易往自己身上要求，即所谓有则改之，无则加勉，体现了社会自我意义。有此心境，人就会高扬"精神自我"，弃绝名缰利锁的诱惑、生

① 方朝晖：《儒家修真九讲》（第二版），北京：清华大学出版社，2015年，第149页。
② （英）科林·威尔逊：《另类人——对孤独感、创造力和现代头脑的经典研究》，胡兴译，北京：经济日报出版社，2003年，中文版序，第14～15页。
③ 张丰乾：《"慎独"之说再考察——以训诂哲学的方法》，梁涛、斯云龙编：《出土文献与君子慎独——慎独问题讨论集》，桂林：漓江出版社，2012年，第156页。
④ 北京大学哲学系中国哲学史教研室选注：《中国哲学史教学资料选辑》上，北京：中华书局，1981年，第508页。

死祸福的考验,始终把大丈夫品格作为自己的品格,富贵、威武、贫贱都不会让自己改变。总而言之,"慎独"之诚意内涵用今天的话来说,就是我意已决,绝不更改,为真理抛头颅、洒热血都是心甘情愿。

第四节 儒家"慎独"观对身心健康与社会和谐的价值与意义

在儒家的视界中,"慎独"是营造和谐身心的关键路径。人身心分离,形神不能相守,就会放浪形骸,尸位素餐,终将对自己、他人、社会造成伤害。

一、以独求慎,以慎守独,身心健康

"独"十分重要,是"慎"的灵魂所在,没有"独","慎"就没有目标与原则。"独"是道德本体,其作用开显为"心",即意识活动。作为心性概念的"独",是载道的自我,是大公无私、大正无妄。大明无昧的自我,即光明正大的自我。这样的自我是独一无二的;这样的自我是最潇洒、自由、自在的。这样的自我能够在心灵智慧光明的指引下,在合适的时间,合适的地点,对合适的人,做合适的事情,总而言之,是能以最恰当地方式做自己,成事业,德交归。刘宗周讲得明白:"独者静之神,动之机也。动而无妄曰静,慎之至也,是谓主静立极。"①

值得注意的是,"慎独"之"慎"固然需要"独"的引导,"独"是潜在的,需要转化为当下的"意识",才能体现落实。从这个意义上讲,"慎"是意识的发动者、操作者。没有"慎","独"无以下手,便流于虚空。因此,"慎"当慎重对待之。"慎"反映内心的自省。"慎"为何意,廖名春考证认为本义当为"心里珍重"。《说文解字》:"慎,谨也。"也有人释"慎"为"诚""顺""敬"。② 且通常认为,"真"是慎的本字,"真,仙人变形而登天也"③。可见,真对于仙人的成就至关重要,不可不慎。因"慎"而得"真",因"真"而显"慎"。刘贡南认为"在君子慎其独也"这一命题,当把"慎"理解为"顺"时,是对"独"的顺应;当把"慎"理解为

---

① (明)刘宗周:《圣学宗要》,《刘宗周全集》第2册,杭州:浙江古籍出版社,2007年,第424页。

② 廖名春:《"慎"字本义及其文献释读》,梁涛、斯云龙编:《出土文献与君子慎独——慎独问题讨论集》,桂林:漓江出版社,2012年,第71~82页。

③ (汉)许慎撰,(清)段玉裁注,许椎贤整理:《说文解字注》,南京:凤凰出版传媒股份有限公司,2015年,第673页。

"思"时，是对"独"的认知；当把"慎"理解为"诚"时，是视"独"为一种功夫，即诚一不二、表里一致、始终如一的功夫，它既包括对独的顺应，也包括对独的认知，更包括对独的践行。①

做回自我，呵护自我，要通过"慎其独"，即使应然的理想的"我"即"独"与当下的实然的有欠缺的"我"保持必要张力，以实现内心平衡，这正是"慎"的表现，形象地说，"慎"如鸡抱丸，使之孵化的过程。"慎"的价值体现在"要进行有效地自我传播并不容易，但与自己进行开诚布公的自我传播不仅有利于自身心理健康，而且能为其他传播，尤其是人际传播打下良好的基础"②。

这样的"慎"是不断超越的过程，也是不断更新记忆的过程。其实，自我本身就是由记忆构成的。"通过记忆，'主我'持续不断地在经验中呈现出来。我们可以直接回忆我们的经验的少数几个时刻，然后就可以通过诉诸记忆意象来回忆其他内容了，所以，'主我'在记忆中是作为一秒钟、一分钟，或者一天以前的自我的发言人而存在的。"③这个记忆既有自我记忆，也有社会记忆。有了自我记忆，才能认识到昨非而今是，也才会督促主我以客我为蓝本进行自我改造。有了社会记忆或集体记忆，自我有了前辈的榜样力量，更坚定自我完善的热情与决心。儒家的历史观建构了先有以尧舜作为行中庸、履慎独的楷模，后有孔孟及其后学"为仁由己"的苦心履践。他们的光辉形象本身就是"独"的代言，一次次召唤着主我开展内向传播，促进自我升华。

二、在"慎独"中健全心智，成就自我，服务社会

心理学史上曾经有过著名的"延迟满足"（delay of gratification）实验。该实验于 20 世纪 60 年代进行，美国斯坦福大学的心理学教授沃尔特·米歇尔在本校幼儿园设计了这个实验。实验考察儿童在能够不马上吃掉棉花糖，实验结束后可再得一块棉花糖情况下的选择及其行为。并于二十年后继续跟踪调查，发现总体上当时能够做到延迟满足的孩子大多在自我情绪控制、人际沟通方面都拥有更强的能力，个人成就也比较高。因此"延迟满足""是指一种为了更有价值的长远结果而主动放弃即时满足的抉择取向，以及在延迟等待过

① 廖名春：《"慎独"本义新证》，梁涛、斯云龙编：《出土文献与君子慎独——慎独问题讨论集》，桂林：漓江出版社，2012年，第132页。

② 陈力丹：《自我传播的渠道与方式》，《东南传播》，2015年第5期。

③ （美）乔治·赫伯特·米德：《心灵、自我和社会》，霍桂恒译，北京：北京联合出版公司，2014年，第193页。

程中展示的自我控制能力"①。由此看来,"延迟满足"行为本身可以视为"慎独"的初级表现;"慎独"则是"延迟满足"的高级层次。因为它本质上是以未来成圣的高峰体验为目标,来加强对自我心理的控制。

(一)"慎独"的内向传播形式具有类太极图和谐结构

把圣、诚、天(道)视为无极的状态,把现实的自我视同太极中的两仪,白代表阳,黑代表阴,而白之黑则表明阳中亦有阴暗处,潜藏有破坏阳的力量;黑中之白表明阴暗处也流露一点光明,预示着它可以转代为阳。"慎独"的运作如同太极的分界线一样,守望着阴阳运动。这一点与《老子》所言"致虚极,守静笃;万物并作,吾以观复。夫物芸芸,各复归其根。归根曰静,静曰复命。复命曰常,知常曰明"的思想相通。"复"具有圆形意象。太极的"黑中有白"与"白中有黑"可以分别理解为"消极性慎独"与"积极性慎独"。消极性慎独是他者不在场而表现出的在乎他者眼光的防御性意识。积极性慎独当是以拒绝他者、超越他者而护持纯粹自己而产生的状态。②

人脑与地球都是两半球结构,呈现阴阳鱼对立统一和两半球阴阳属性差异。人脑结构与地球结构具有同构共振性,相互关联密切。人通过"慎独"修为而进入"知者不惑,仁者不忧,勇者不惧"境界,能够使脑电波处于理想的太极图状态。这种状态下的个体,将发挥出人体潜在的巨大创造力。其实,古人天人合一、天人感应的思想,表达的意思无非也是人体这个巨系统,是小宇宙,与天地这个超大系统,大宇宙是开放相通的。只有清静灵明的心灵才有开启通达宇宙真谛门户的钥匙。《淮南子·精神训》有言:"始终若环,莫得其论,此精神之所能登假于道也。"精神反复地进行自我对话,以对天道敬畏的姿态开展"慎独",目的是使精神专一,达到天人互摄的全息之境。此时的我是真正的我,超脱了一切依赖的我,是最自由,最圆融的我。亦即找到自我,意味着自我同一:"个体感到自己是独一无二的、拥有充分的心理稳定性的、不因内部或外部变化而改变的整体。"始终知道自己是谁,自己要做什么,想什么,自己为了什么而做什么,不会以自己的尊严为代价来获得他人的认可。③

(二)"慎独"的内向传播功能具有"同心圆"模式

朱小明曾指出:"儒学的'慎独'是以自我道德修养为圆心并不断在家国天

① 佘双好:《毕生发展心理学》,武汉:武汉大学出版社,2013年,第282页。
② (日)岛森哲男,《慎独思想》,梁涛、斯云龙编:《出土文献与君子慎独——慎独问题讨论集》,桂林:漓江出版社,2012年,第10~26页。
③ 陈力丹:《自我传播的渠道与方式》,《东南传播》,2015年第5期。

下的同心圆结构中践行的道德修养方式。"①吴予敏也曾提出"生命(生活)—传播结构"，核心的圈层是身的层次，是个体生命生活实体；其次是家的层次，个体诞生、训育的起点和人生归宿，也是最基本的社会关系实体；再者是国的层次，个体生命意义、社会责任实践的场所；最后是天下的层次，生命的永恒意义的寄托所在。显现为从个体的内向传播，推向亲情传播(人际传播)、社会(大众、团体)传播、天下(世界)传播。② 此等推己及人的功能模式图很有启发，在此基础上，笔者提出儒家慎独"内向传播"运作模式。以自我为中心，凭借自我的闻见之知与德性之知形成的理想的我的要求，即"客我"。其中，闻见之知，把握的是天道，自然法则，类似于工具理性；德性之知把握的是天下，道德法则，类似于价值理性。内向传播首先要确立互动的原则与方向，那就是天理人心。在心物相合的运态势能中，激发人向真善美复归的本能，此时"客我"发挥着镜子功能，激励着"主我"以"慎"的姿态，去培育、呵护、成就内心的"独"(即经天理人心洗礼后的真我)。

陈力丹基于认知心理学的视角，对内向传播的渠道及其表现方式分析如下："基于对于外界刺激的感觉、知觉与情绪，自我传播的方式既可以是脑海中无声的思维，也可以是自言自语，或以日记为外在形式表现。再隐蔽一点的自我传播，是潜意识的梦境。这些都是作为正常的自我传播方式而存在。"③儒家内向传播的基本方式是内省、观照，以浸染、消融的方式进行自我教化，发现"良心"，即侧重内向化。儒家的内向传播不像西方的内向传播那样以社会为参照，以个人对社会的适应为目标，是个人社会化的过程，即侧重外向化。西方内向传播侧重于社会心理学，如威廉·詹姆斯将"经验的自我"分为物质自我、社会自我和精神自我；米德的主我与客我以及库利的镜中我理论；相较而言，儒家内向传播侧重于人格心理学，如弗洛伊德的本我、自我、超我的人格系统理论。④

西方的内向传播理论呈现与大众传播一样的实用理性倾向。因此，生活就如同一场场演出。维蕾娜·卡斯特说："演员戴上某个传奇人物的面具，形成一个角色，并且进入这个角色，通过表演将他们搬到现实生活中来。而当现

① 朱小明：《思孟学派"慎独"说的三重境界》，《理论月刊》，2014年第7期。
② 吴予敏：《无形的网络——从传播学的角度看中国的传统文化》，北京：国际文化出版公司，1988年，第210～211页。
③ 力丹：《自我传播的渠道与方式》，《东南传播》，2015年第5期。
④ 姚汝勇：《自我传播内涵考察》，《新闻知识》，2012年第10期。

实生活中的我们戴上这样的'面具'的时候,我们就将自己等同于对自身的想象:如何在不同的情境中做出最佳表现? 怎样做最能得到他人的认可?"①西方传播学关注的是人如何演好各个场景下的角色,这就够了。华夏内向传播,以儒家为例,固然在一般层面上,也强调个体要基于自己身份(即角色的地位)来说话做事,遵守礼仪。这方面与西方有共通性,但儒家更有"慎独"这样高层次的要求,在这个层次上,观照的是人性、天性,消除面具下的虚伪与负担,以智慧超越身份、地位、名誉等,进而在天下的格局中,去追求人类最彻底的性灵安顿,以便真正地占有自己,让自己活得自在洒脱,进入天人合一之境,此时的我才是真正的"天子""天民"。这样的人,才能赢得众人的呼应,使社会产生巨大的向心力、凝聚力。对此,《周易·系辞上传》借孔子之口说:"君子居其室,出其言善,则千里之外应之,况其迩者乎?"②

　　总而言之,儒家(尤其是先秦儒家)创造性地提出"慎独"观念,将修身的内涵明确化,其最关心的是建构"主我"与"客我"的张力,使自己永远处于以修身为起点,又以修身为归宿点的循环之中。客我代表的是社会性中"同一性"的方面。儒家以四书五经作为范本来建构起永不褪色的圣人意象,即圣我。主我则因为需时时应对当下的社会情境,因此它所代表的反应中容易包含有新奇的成分,它催发个体的自由感和进取心,它追求"客我"的境界,获得永恒的自由与解放,权且称为"凡我"。因此,它体现出自我的社会性中具有的"新生性"的另一面。正如新生性和同一性是社会性的一体两面一样,主我和客我对自我来说也是一个硬币的两面,它们共同塑造出现在社会经验之中的现实人格。这一人格,通过"主我"与"客我"的张力,使自己成圣,抑或成凡。在米德看来,自我本存在于社会之中,借助两者的张力,形成自我。③ 儒家以"人皆可以为尧舜"的理想,向"慎独"注入永恒的动力。

---

①　(瑞士)维蕾娜·卡斯特:《依然故我》,北京:国际文化出版公司,2008 年,第 87 页。
②　黄寿祺、张善文:《周易译注》,上海:上海古籍出版社,2018 年,第 705 页。
③　(美)乔治·赫伯特·米德:《心灵、自我和社会》,霍桂恒译,北京:北京联合出版公司,2014 年,第 193 页。

第八章

心物相合：儒家"慎独"内向传播观念的理路

儒家的"慎独"是内省的内向传播活动，其本质是将外在的自我与他者关系概念化为内在的主我与客我的对话。首先，"慎独"的途径是通过符号化圣贤形象为客我，进而与当下的主我进行自我互动，力争由凡入圣。在此过程中，儒家巧妙运用视觉修辞，以关系主义取向设置"观看"的姿态，彰显客我的内生动力，督促主我，效法客我，其言说充溢强烈的"平天下"社会责任感。说到底，慎独是不断追求心物相合，儒家之进行主我与客我的心灵对话，追求天人合一，消解道心，区别人心，以促使两者"为一"为操作指向，在同一过程中对他者产生示范和感召效应，既成人，又成己，实现天下大同，这是"慎独"作为内向传播的社会功能。

儒家在中华文明绵延中的地位与作用举世公认。从根本上讲，儒家试图形塑君子、圣贤人格来建构自我和谐身心、和谐人际、和谐社会与和谐天下的理想世界，实现这一目标的起点与路径是"慎独"。"慎独"，士人养成君子，君臣成为圣贤，天下同心同德，大同社会可期。"慎独"是把握儒学的关键，回溯历史，明代儒者刘宗周明言"圣学之要只在慎独"[①]，现代新儒家梁漱溟也认为："慎独之'独'，正指向宇宙生命之无对；慎独之'慎'，正谓宇宙生命不容其懈。儒家之学只是一个慎独。"[②]随着 20 世纪马王堆帛书《五行》、郭店楚简《五行》以及上海博物馆楚竹书等一批出土文献的面世，儒家的"慎独"已然成为学术界热议的对象，以至有《出土文献与君子慎独——慎独问题讨论集》[③]面世。当前儒家"慎独"的研究成果集中于对与"慎独"相关的儒家文本梳理、释读以

---

① 戴琏、吴光主编：《刘宗周全集》第 2 册，台北：文哲研究所筹备处，1997 年，第 424 页。
② 中国文化书院学术委员会编：《梁漱溟全集》第三卷，济南：山东人民出版社，2005 年，第667 页。
③ 梁涛、斯云龙编：《出土文献与君子慎独——慎独问题讨论集》，桂林：漓江出版社，2012 年。

及对"慎独"观念的历史流变考察,褒扬"慎独"在儒家思想中的地位。

本章拟从内向传播视角观照继续儒家的"慎独"观,阐发儒家独特的自我观。

第一节　"慎独":儒家成己成物的内向传播思考

陈力丹指出:"通过人内传播,人能够在与社会他人的联系上认识自己,改造自己,不断实现自我的发展和完善,从而使得自己能够更好地适应社会的需要,处理好各个方面的关系。"①这一表述可视为对内向传播功能的概括,"慎独"作为内向传播活动亦包含三个层次。

其一,认识自己。人的言行举止的前提是自我认知,以自我为中心的他者认知和社会认知,此功夫古人称为"知人论世"。郭店楚简《成之闻之》言:"慎求于己,而可以至顺天常矣。"②该书强调圣人当具"天德","天德"的内涵在于:从自己身上着手,不断追问自己,调适自己的行为,以至于可以顺应天道常理而为。程颐亦言"慎其独者,知为己而已",强调慎独即慎己。儒家认识自己注重认识的自觉性与自主性。所谓自觉性,即要明白认识自己是"为己",不是"为人"。所谓自主性,是"求己",别人不可代劳,强化自律意识。杜维明认为:"为了获得自我的体知,这种信守包含一种不息的为己之学的过程。作为日常功课的组成部分,自我的反省和自讼是一种经常性的行为。在这个意义上,儒家的自我不是一种静态的结构,而一种动态的常新的过程。"③认识自己,成为儒家永恒的主题。

其二,改造自己。有了认识自己的基础,人便能基于当下的时空,调整自己的言行举止,以更好地表达自己,表现自己,成就自己。"'慎独论'恰恰是以人的内在本性为基础来要求'尽性尽心'和'诚心诚意'。作为修身论和功夫论,慎独是以高度关注内在自我的'内观'和'内省'为特征的,它有意识地积极主动地超越外在性的形式,使之对'自我'的终极关怀体现为证成自我内在道德本性的'内在超越',体现为以'道德理想'和'道德价值'来无限地扩展'自

---

① 陈力丹、陈俊妮:《论人内传播》,《当代传播》,2010 年第 1 期。
② 荆门市博物馆编:《郭店楚墓竹简·成之闻之》,北京:文物出版社,2003 年,第 38 页。
③ 杜维明:《东亚价值与多元现代性》,北京:中国社会科学出版社,2001 年,第 186～187 页。

我'的不息过程,从而把孔子的'为己之学'发展为实现自我内在道德本性('守独')的精神修炼之学。"①在慎独的过程中不断涵养自己,改造自己,实质是由凡入圣。这充分显示出内向传播的效果。

其三,发展与完善自己。这是改造自己的目标。正常人都有自己的理想目标与价值追求,实现的方法是认识自己的优点与缺点,进而改造自己,克服缺点,发扬优点,塑造形象,增加美誉度,即口碑。有了这些努力,个人所追求的目标就有了实现的坚实基础,个人的能力与声誉就能不断提高,也就能更好地立身于社会之中,更能圆融地处理各方面的关系。儒家的修身是为了承担齐家治国平天下这个更大责任,个人于其中成就自己。儒家期望通过"慎独"的内向传播,进而扩展至天下,使一切关系从容自然地实现和谐。

一、以"慎独"履践"修身"的内向传播诉求

内向传播的这一功能或机制,中国传统社会用来达致修身。《大学》言:"自天子以至于庶人,壹是皆以修身为本。"②从事"修身"实践,必须先做好格物致知与诚意正心的功夫。前者注重的是道德理性;后者注意的是道德情感,这两者相辅相成。格物致知解决的是为什么要"明明德",要"亲民",其内在理论依据为《中庸》的第一句"天命之谓性,率性之谓道,修道之谓教"。人应当听从上天的命令,上天有好生之德,人就要顺着这天性去作为,这样才能一方面显明内在光明的德性,另一方面也外在地使百姓生活和谐幸福。诚意正心解决的是保有理性认知的成就,用自己的生命去履践这崇高的信念,有坚定坚强的意志,不达目的不罢休的精神,此之谓"止于至善"。因此,所谓"修道之谓教"就是修饬天性,以致率性,达到这一目标的路径在于"教"(教化)。不过,教化重点当不是别人,而是自我。概括成两个字,那就是"慎独"。《大学》明言:"所谓诚其意者,毋自欺也,如恶恶臭,如好好色。此之谓自谦。故君子必慎其独也。"诚意本质上就是做好自己,如同厌恶恶臭,喜欢美色一样自然而然,君子修身必然谨慎自身独处。以反面小人为参照,小人闲居时就会"为不善",而在人前时则"揜其不善",这样做掩耳盗铃,自欺而已。因为"诚于中,形于外",有什么样的内在,必然表现于外在。因此,思孟学派再次强调"君子必慎其独

① 王中江:《早期儒家的"慎独"新论》,梁涛、斯云龙编:《出土文献与君子慎独——慎独问题讨论集》,桂林:漓江出版社,2012年,第185页。
② 王文锦:《大学中庸译注》,北京:中华书局,2008年,第2页。本章所引《大学》《中庸》均出自该书。

也"。同样的,《中庸》也呼吁:"君子戒慎乎其所不睹,恐惧乎其所不闻。莫见乎隐,莫显乎微,故君子慎其独也。"作者强调人当于"不睹""不闻"之际保有"戒慎""恐惧"的情感态势,有了这样的态势,自然有好的心态去"格物致知"。无知便如同没有方向,即便有好心也容易办成坏事。这是儒家要把"智仁勇"三达德中"智"放在第一位的原因。"慎独",以其自知之明,关注于"隐""微"之际遏制住人欲,不让其有泛滥机会。因此,《大学》《中庸》中的"慎其独"从本意上讲当是谨慎独居或独处之意。当然,"独"也有"心"的意涵,简帛《五行》直接将慎独表达为"慎心"。其实,"慎独"无论持何种意思,都强调"守中(道)",强调人应当高度自觉地惩忿制欲,存天道灭人欲。对"道"坚守,对人欲拒斥,保有严阵以待的心态。

二、以"平天下"目标彰显内向传播的社会性指向

《史记·太史公自序》强调诸子百家,殊途同归,百虑一致,皆"务为治者也"。儒家讲究"慎独",与其治世追求相一致,慎独是制住当时社会混乱的釜底抽薪之法,人君如能明辨善恶并加以坚守(即慎独),纷争自然易于停止,大同社会自然可期。老庄道家则更注重以视名利地位为粪土的方式,希望人们转向更注重生命的自由逍遥,解脱人世的纷扰。法家则力图通过严刑峻法来规范社会秩序,统一民心,殊不知,利的追逐,泛滥了人的欲望,最终法亦无法制止。墨家则倡导兼爱非攻,希望以部分精英人士公而忘私的苦行方式来实现社会和谐,最终因立意过高,脱离实际,不可持续而中绝。如此看来,儒道在修身上有共通之处,甚至可互补,因此历史上外儒内道治理范式可以延续。当然,笔者认为儒家的学说有其内在的自足性,即外在的事功与内在的心性统一,相互召唤。只不过,儒家更加强调事功进而追问达成事功所必须的心性修持。换言之,儒家注重心性修持,以教化苍生为念。"当这种'慎独'用于政治领域中,便是一种圣王的道德政治模式,将社会政治寄希望于'聪明圣知达天德'的至圣者,通过'君子动而世为天下道,行而世为天下法,言而世为天下则'的道德感化实现社会的治理,在'小德川流,大德敦化'中实现'一正君而国定'的大清明。"[①]

作为符号互动论的鼻祖,米德的主我与客我观是立足于社会情境下自我的角色扮演,自我以积极的姿态参与社会互动,在其中形塑自我,改造社会。

---

① 朱小明:《思孟学派"慎独"说的三重境界》,《理论月刊》,2014年第7期。

儒家的慎独观也以尧舜等先贤为榜样,以其建功立业来论证道德践行的社会功用与个人成就,这是最理想的内向传播与社会传播相结合的表征。慎独依据的心性论并不是空洞的说教,而以历史建构的尧舜的不朽历史功绩为依托,这是中国文化(尤其是儒家文化)崇古的内在思想动因。"慎独"是"角色扮演",即将自我想象成圣贤,然后以圣贤的言行举止来规范自己。或者说,按照传统社会对圣人君子的期待来要求自己,对照自己,通过模仿圣贤,最终成为圣贤。这便是儒家观念中"成人"的基本过程。正如米德所认为的,角色扮演就是"自我个体像对其他人行事那样社会性地对他自己"①。慎独时,主体在自我的精神世界中以自己(主我)与圣贤(客我)进行交流,参照,自己以圣贤的形象(含思想、举止、言行)作为理想自己(类似于弗洛伊德的"超我")加以追求,于是借此圣贤形象为心灵媒介在内心深入开展精神革命(思想斗争),即进行宇宙观、世界观(天下观)、人生观、价值观的重塑。具体说来,宇宙观角度,深刻确立人是宇宙的精灵,人有践行天道使命的自觉与责任。世界观(天下观)是对社会治理、国家治理、世界治理的理想追求,比如大同世界、小康社会,圣贤士人为实现这样的理想目标而努力,有天下担当的情怀,进而才有舍生取义、杀身成仁的人生观与价值观。就人生观而言,就是对人及其价值的认定,对做怎样的人,怎样做人的自我认同与确证。对儒家人生观而言,就是要成为圣人,至少是君子。就价值观而言,就是思考自己对于他人、社会、世界的意义观念的自我确认。可见,儒家追求的当是社会本位。

儒家"慎独"观念具有很强的社会性指向,修身是为了天平下,因自我(主要是君王、士大夫)之慎独,而后能体现为万民之安居乐业。此间的因果联系,为儒家所重。基于这个信念,儒家将"慎独"当作为政者的德目,"儒家未发态度的慎独,事先就含有对他性"②。儒家因其对社会责任担当的强烈意识,使其个人的存在价值寓含于群体之中,群体利益的实现,便是自我价值的最大完成。于是,便有"杀身成仁"的悲壮。

可以说,儒家基于天人感应(天人合一)的信念,讲究推己及人,其间天充当着人际的媒介,要求人与人基于共同的天命,当以合乎天性的方式彼此相亲相爱。

---

① (美)罗杰斯:《传播学史》,殷晓蓉译,上海:上海译文出版社,2005年,第146页。
② (日)岛森哲男:《慎独思想》,梁涛、斯云龙编:《出土文献与君子慎独——慎独问题讨论集》,桂林:漓江出版社,2012年,第22页。

第二节　"慎独"：儒家内向传播的自省意识

内向传播有自言自语、梦境、内省等多种形式。"慎独"是长期的内省活动。丁颖、闫顺玲认为："长期的内省是一种日常的、经常性的自我反思活动，是以修身养性为主要目的的思考。比如思考自己是一个什么样的人（外貌、学识、修养、能力、性格）以及我应该成为一个什么样的人（理想自我）。在我国儒家传统思想中，这样的内省式思考是一个人完善自己的重要方式，也被看作有修养的表现。如曾子的'吾日三省吾身'、孔子的'内省不疚，夫何忧何惧'等言论，讲的都是这种长期的内省式思考。"①

因为"慎独"本质上是儒家以圣人的心性品格来要求个体自我效法，个体接受这种价值取向后，努力地在心灵中深入开展自我与理想圣人的内在对话，在物质自我、社会自我和精神自我三个层面加强对自己的改造。

一、詹姆斯物质自我、社会自我与精神自我下的"慎独"取向

号称"第一个明确提出自我概念的社会科学家"②的内省心理学家詹姆斯首先提出自我三类型：物质自我、社会自我、精神自我。此外，詹姆斯将自我分解为主我（I）与宾我（ME）二元结构，论证了人可以将自己当作关注的对象，因此对主我与宾我的关注就成为必然。因此之故，人的自我意识、自我评价相当程度上就是物质自我、社会自我、精神自我交流的结果。③ 以此观照儒家慎独观，为我们提供了有益的思考路径。

就物质自我而言，儒家就有孔颜乐处，甚至也有伯夷、叔齐之流的范例，此类圣贤们努力减少物质追求，注重内在精神的丰腴与坚守。其实，正因为物质自我的可视性，所以历来为讲究树立自我光辉形象的儒家所重视。"物质自我"指的是："从最广泛的可能性上看……个体的自我是他所能称为'他的'总和，不仅限于他的身体和心理力量，还包括他的衣服和住宅，他的妻小，他的祖

---

① 丁颖、闫顺玲：《也论人内传播》，《甘肃高师学报》，2013 年第 6 期。
② （美）乔纳森·特纳：《社会学理论的结构》，邱泽奇等译，北京：华夏出版社，2001 年，第 3 页。
③ 胡翼青：《再度发言——论社会学芝加哥学派传播思想》，北京：中国大百科全书出版社，2007 年，第 99 页。

先和朋友，他的名声和成果，他的土地、马匹、游艇和账户。"①显然，物质自我是包括与他物质肉体相伴随的一切物质存在。儒家强调当以合乎礼仪来规范和考察个体的日常生活，进而常常把过度的物质生活视为不道德的或道德的负累。从这个意义上讲，"慎独"，自然也包括主体对物质生活的谨慎约束。

詹姆斯认为："个体的社会自我是一种从同伴那里获得的认可。我们不仅仅是喜欢被别人看到的群居动物，我们生来就有一种被别人注意、被别人喜欢的倾向。"②他强调人的社会关系存在，社会关系中他人对自我的评价是自我意识的来源。对儒家而言，社会生活是试金石，因为"与他人发生的各种关系，是我存在的一个不可分割的组成部分"③。他人的评价是自我内省的重要信息来源，这是儒家倡导的"君子知不足而内求诸己"精神的表现。

"精神自我"指的是"个体内在的或主观的存在，它的心理能力或性格倾向"④。精神自我是个体的灵魂所在，指导着物质生活和社会生活，往往表现为个人的能力、态度、情绪、动机，乃至心愿、气质，是衡量一个人境界的主要指标。儒家的"慎独"显然强调的是"精神自我"，塑造的是文质彬彬的谦谦君子形象，要求其从气质到行为都反映出"随心所欲不逾矩"的超脱境界。张丰乾认为："君子之'独'不是指君子的处境，而指君子的个性：'无待'、'无对'和'不二'、'不改'，超越了自己的处境，即使是面对自己的影子也不觉得惭愧……'慎其独'不是要小心翼翼、增加负担，战战兢兢、瞻前顾后，而恰好是不讲条件、痛快淋漓，不假外求、轻装前进。"⑤儒家秉持"慎独"原则，将"精神自我"的高尚心灵作为人的安身立命之本，进而追求"社会自我"的他者高度认同；最后，落实在饮食起居中的"物质自我"鲜活实践。足见，"慎独"的自我观内含着丰富的结构或层次，激励着儒者成为儒者的自我认同与自我实现。

二、米德主我与客我视角下的"慎独"意涵

胡翼青教授指出，"米德可能是人类历史上第一个明确把思维的本质说成

---

① W. James. The Principles of Psychology (Vol I). New York. Holt. 1890, pp.291.

② W. James. The Principles of Psychology, New York. Holt. 1890，pp.293.

③ 尚新建：《美国世俗化宗教与威廉·詹姆斯的彻底经验主义》，上海：上海人民出版社，2002年，第163页。

④ W. James. The Principles of Psychology, New York. Holt. 1890, P.296.

⑤ 张丰乾：《"慎独"之说再考察——以训诂哲学的方法》，梁涛、斯云龙编：《出土文献与君子慎独——慎独问题讨论集》，桂林：漓江出版社，2012年，第151页。

是内向传播的学者"①。米德本人这样描述思维过程:"思维过程本身不外是一种进行中的内在会话,但它是一种姿态的会话,它的完成意味着某人表达了他想对听众讲的东西。"②他认为人类心智具有将自己当作对象的能力,"我们多少是无意中看着自己,像其他人对我们说话那样对自己说话……我们不断地在自身引起我们在他人身上引起的那些反应,尤其是通过有声的姿态,使我们在自己的行动中采取了他的态度"③。这是典型的社会行动主义论点。儒家的内向传播诚然同样具有"关系主义"倾向,但儒家所想像的对话的他者不是现实社会中的他者,而是历史建构中的圣贤——尧舜禹等圣贤被符号化,成为完美的"客我",这个客我对"主我"进行召唤,当然也是"主我"对"客我"的认同,渴望成为圣贤那样的人。正是这个心智上富有"成就感"的激励,推动着自我的内向传播进程,"'主我'既召唤'客我',又对'客我'作出响应。它们共同构成一个出现在社会经验中的人"④。在米德看来,正是"主我"与"客我"的互动构成鲜活的自我。当这种互动外化进入人际关系,便成为人际传播。儒家正是将内向传播的理想自我推己及人,在这个过程中,将"己欲立而立人,己欲达而达人"以及"己所不欲,勿施于人"的忠恕之道用来处理人际关系,这样的人际关系应当是和谐、互惠、共赢的。

"'主我'是有机体对他人态度的反应;'客我'是有机体自己采取的有组织的一组他人的态度。他人的态度构成有组织的'客我',然后有机体作为一个'主我'对之作出反应。"⑤主我与客我的互动,使自我内在结构具有张力,使自己处于心智不断成长的社会化过程中,这里既有对前人经验的吸纳、内化,又有主我对自己融入社会,处理关系,进行观念上的整合,进行行动前的准备,其实,也就是促进一次次"姿态"的形成,在互动中不断变换"姿态",以维持互动的进行。米德明确指出,"姿态是该动作中造成它对其他个体的影响的那个方面"⑥,"它(姿态)可以成为一种情绪的表达,以后还可以变成一种意义、一种

① 胡翼青:《再度发言——论社会学芝加哥学派传播思想》,北京:中国大百科全书出版社,2007年,第199页。
② (美)米德:《心灵、自我与社会》,赵月瑟译,上海:上海译文出版社,1992年,第126页。
③ (美)米德:《心灵、自我与社会》,赵月瑟译,上海:上海译文出版社,1992年,第158页。
④ (美)米德:《心灵、自我与社会》,赵月瑟译,上海:上海译文出版社,1992年,第159页。
⑤ (美)米德:《心灵、自我与社会》,赵月瑟译,上海:上海译文出版社,1992年,第155页。
⑥ (美)米德:《心灵、自我与社会》,赵月瑟译,上海:上海译文出版社,1992年,第191页。

思想的表达"①。

在"主我"与"客我"的关系上，显然，主我是施动的一方，居于主导地位。也正是如此，儒家才那么强调"慎独"。施动的主我如果不对自己加以约束，加以说服，加以升华，那么，客我是无法转化为主我自身的强大能力，更无法面对社会的种种诱惑。特纳深刻地指出："'主我'执行的功能至关重要，能够针对构成问题的情境或环境产生令人满意的新的调整适应。"②

米德所以重视自我，因为自我即社会，他认为："自我，作为可成为它自身的对象的自我，本质上是一种社会结构，并且产生于社会经验。它自身提供了它的社会经验，因而我们可以想像一个完全独立的自我。但是无法想像一个产生于社会经验之外的自我。"③儒家也这么看待自我，只不过，儒家更多着眼于社会责任，而不仅仅把自我看成社会的一分子。相反，其认为自我不仅在自己的位子上有责任，而对社会有无限的责任，因为受道德至上主义的召唤，个体往往是实现集体的手段，而士人较普通民众更当具有"铁肩担道义"的气魄，有"舍我其谁"的主体意识。儒家的情怀与米德的天使般的交流具有相似性，米德期望"具有伟大心灵和伟大品格的人们引人注目地改变了他们对之作出反应的共同体"④，儒家也坚信，社会的进步是圣贤的自我牺牲推动的。因为圣贤有"先天下之忧而忧，后天下之乐而乐"的伟大情怀。正因为渴望成为圣贤士人，使他们在圣贤的感召下去"慎独"修身，同时亦去感召他人"慎独"，从而共化于大同社会。"个体在其中不仅有权利而且有责任对他作为其中之一员的共同体发表讲话，并导致那些通过个体的相互作用而发生的变化。当然，通过这种方式，我们不断地在某些方面改变我们的社会制度。"⑤

儒家"慎独"的价值正在于自我对自己似乎苛刻的要求，被主我召唤成为自觉的意志，乃在于将他人视为自己，或者也想像或期待他人成为另一个自己。于是，"当个人被促使扮演他人角色，而他又承认自己此时是在扮演他人的角色，并因此获得了一种思维机制，可以内在交谈，沟通的发展过程就完成最后一步"⑥。"主我"认知的动力基础和终极依据便是良知，是智仁勇的统

① （美）米德：《心灵、自我与社会》，赵月瑟译，上海：上海译文出版社，1992年，第39页。
② （美）布赖恩·特纳编：《社会理论指南》，李康译，上海：上海人民出版社，2003年，第108页。
③ （美）米德：《心灵、自我与社会》，赵月瑟译，上海：上海译文出版社，1992年，第125页。
④ （美）米德：《心灵、自我与社会》，赵月瑟译，上海：上海译文出版社，1992年，第192页。
⑤ （美）米德：《心灵、自我与社会》，赵月瑟译，上海：上海译文出版社，1992年，第149页。
⑥ （美）米德：《现在的哲学》，李猛译，上海：上海人民出版社，2003年，第141页。

一。"主我"能够认知道德本体的价值与意义,能够体察践行"仁"即爱人,能够勇于批判我反省自我的不足,强行有志。"主我"具有现实性、能动性和创造性,能够对"客我"进行认知,选择,认同,改造,内化入自我,成为新的"主我"。

"客我"类似于社会自我,是历史与社会对自我认知所形成的应然的"自我",也包括前一秒钟之前的"主我",即由主我转化而来的客我。"一秒钟之前的你也就是现在的'客我'的'主我'"①,从这个意义上讲,"主我"既导致"客我"又对它做出反应。"客我"成为"主我"意识的内容与对象,"主我"又在不断地成为自我意识的内容与对象,即成为"客我"。这个过程主要整合原有信息和新认知的信息,不断丰富自我,增强自我加工"客我"信息的能力与效率,使自我在主我与客我的互动中不断升华(当然也可能堕落)。总之,客我具有理想性、自在性,反身性。慎独的开展,便是在心灵深处通过"主我"对"客我"的召唤与吸纳,不断地升华着"主我"进而也在不断拓宽着"客我"的层次与境界。犹如孔子从"仁者爱人"的一般诉求到"非礼勿视,非礼勿听,非礼勿言,非礼勿动"的高境界要求②,这也说明儒者的"慎独"有明确的进级阶梯。对此,美国的托玛斯博士的理解到位:"主体我所表现的逐渐自律,只有发生于它与客体我作特定的遭遇之时,而在它所经验的时间过程之间,作为已成历史的我消失于客体我之中。客体我的逐渐含摄,只有发生于它被主体我的特有行为唤起之时,后者才迫使它自行去作超级的表现。自我就在此种动力的交换当中出现。"③慎独正是在两者对话中不断促进主客双方视域的周而复始地扩展与融合。

三、"为一"彰显"慎独"贯通自我的指向

"慎独"是自我意识的凸显,没有自我,何来慎独?"慎独"显然是儒家加强自我意识,去私立公的过程和手段。"慎独"从直观看,是功夫;但从道理来讲,没有本体指导的功夫是危险的,没功夫落实的本体是虚妄的。因此,慎独的前提是对儒家道德本体的认知与记忆。慎独的功夫就体现为对本体的不断感悟,不断生萌催发理性自觉,形成道德感召力和执行力。从这个意义上讲,慎独是体用一体。

---

① 丁东红选编:《米德文选》,北京:社会科学文献出版社,2009 年,第 82 页。
② 杨伯峻译注:《论语译注》,香港:中华书店香港分局,1984 年,第 123 页。
③ (美)托玛斯:《东西之我观——论米德、格雍及大乘佛教的自我概念》,徐进夫译,台北:成文出版有限公司,1977 年,第 35 页。

竹帛《五行》有言："闻君子道，聪也。闻而知之，圣也；圣人知天道（也）。"①圣与天道相通，圣乃是德性之最高层次。"德之行五，和谓之德；四行和，谓之善。善，人道也；德，天道也。"②仁义礼智称为"四行"，而"四行"总称为"善"；而只有圣与四行相和，方可称得上"德"，这种"德"就具有本体意义，即天道。因此，天道是慎独的终极依据。在天道的感召下，生发出仁义礼智圣，所以继之，成之，开启自我成就的历程。

不过，值得强调的是，"慎独"的功夫，不是要求自我迷恋于仁义之中，以至于忽视意义的总源头——天，而要明白"慎独"追求的目标是"天人合一"，亦即儒家常常强调的"为一"的贯通功夫，即将天道内在化为人道的过程，也可以说究天人之际，通古今之变。

儒家何以如此重视"一"，当源于《尚书》的十六字心法"人心惟危，道心惟微，惟精惟一，允执厥中"，这是舜授禹的治世心法，核心在于"执中"，做到中正。何以如此？原因在于人有二心——人心与道心，说到底是公与私的矛盾。平衡这一关系，是执政之要。执政说到底是以道心管制人心，实现二心归一心——天心。治世，在儒家看来，当从修身始。这个修身当然要求君王率先垂范。修身，无论君王还是个人，要义在于道通为一，一以御多。《荀子·儒效》曰："曷谓一？曰执神而固……神固之谓圣人。"③"一"的功夫在于专注于神，于己。《荀子·性恶》："专心一志，思索熟察，加日悬久，积善而不息，则通于神明，参于天地矣。"④持久于一，则能通神明。其实，就是强调会有奇效。

程颐亦曾表达其对"一"的见解："或问敬。子曰：'主一之谓敬。'""何谓'一'？子曰："无适之谓一。""何以能见一而主之？"子曰："齐庄整敕，其心存焉。涵养纯熟，其理善矣。"⑤其实，慎有"敬"之意，常称"敬慎"。而且"慎"还有慎始慎终，表里如一之谓，这都表明，慎是要"为一"，要收敛自我身心，不敢放肆。

慎独论中"为一"指向的价值在于明确了自我意识在解析内在结构中凡我（主我）与圣我（客我）的差异，进而努力通过自我互动的内在传播过程，促使自

---

① 庞朴：《竹帛〈五行〉篇校注及研究》，台北：万卷楼图书有限公司，2000 年，第 63 页。
② 庞朴：《竹帛〈五行〉篇校注及研究》，台北：万卷楼图书有限公司，2000 年，第 29 页。
③ 安继民注译：《荀子》，郑州：中州古籍出版社，2008 年，第 109 页。
④ 安继民注译：《荀子》，郑州：中州古籍出版社，2008 年，第 388 页。
⑤ （宋）程颢，（宋）程颐：《二程集》第四册《河南程氏粹言》卷一，北京：中华书局，1981 年，第 1173 页。

我超凡入圣。亦即实现圣对俗的全面消解,使自己成为脱离低级趣味的,高尚的、纯粹的、道德与能力都超群的圣人。

第三节 心物相合:"慎独"的内向传播运作机制

臧克和认为儒释道的差别反映在心物关系上:"相形之下,儒家重内心,复又悲天悯人,即着眼于现实,无法彻底回归内心,存在内心与外物两边之关系,所谓积极入世者。释、道重心斋,忘怀现实,作出世之想。"①相对于道家的以心御物,役物而不役于物的虚静之境,释家乃是摄境归心,心外无物的超越之境。儒家"慎独"正是以天下为念又重内心之诚,体现心物相合的诉求。

"慎独"者,说到底是心物相合的自我调适过程,终极目的应当也是"和"。这一点,刘宗周说得明白:"慎独也者,人以为诚意之功,而不知即格致之功也。人以为格致之功,而不知即明明德于天下递先之功也。《大学》之道,一言以蔽之,曰慎独而已矣。"②在刘氏看来,慎独兼具诚意与格致之意。诚然如斯,偏于前者,则易沦为清谈;偏于后者,则易沦为智障。此二者唯有相合方能使人的自我身心,人与社会、人与宇宙相和。对此,刘氏有段精彩论述:"隐微之地,是名曰独。其为何物乎?本无一物之中而物物具焉。此至善之所统会也。致知在格物,格此而已。独者物之本,而慎独者,格之始事也。"独是至善之化身,而如何达到者,乃以"慎"来指导格物。何为慎呢?刘氏接着说:"君子之为学也,非能藏身而不动,杜口而不言,绝天下之耳目而不与交也。终日言,而其所以言者人不得而闻也,自闻而已矣;终日动,而其所以动者人不可得而见也,自见而已矣。自闻自见者,自知者也。吾求之自焉,使此心常知、常定、常静、常安、常虑而常得,慎之至也。慎则无所不慎矣。""慎"的本质是使自我内心在日常的言动之间做到常知、常定、常静、常安,面对种种事物均能"常虑而常得",即做到不为物牵,如如自然。如此之"慎"又是如何具体运作而实现的呢?刘氏认为:"始求之好恶之机,得吾诚焉,所以慎之于意也;因求之喜、怒、哀、乐之发,得吾正焉,所以慎之于心也;又求之亲爱、贱恶、畏敬、哀矜、敖惰之所之,得

---

① 臧克和:《简帛与学术》,郑州:大象出版社,2010年,引言第3页。

② (明)刘宗周:《大学古记约义·慎独》,戴琏璋、吴光主编:《刘宗周全集》第1册,杭州:浙江古籍出版社,2007年,第762页。

吾修矣，所以慎之于身也；又求之孝、弟、慈，得吾齐焉，所以慎之于家也；又求之事君、事长、使众，得吾治焉，所以慎之于国也；又求之民好、民恶，明明德于天下焉，所以慎之于天下也。而实天下而本于国，本于家，本于身，本于心，本于意，本于知，合于物，乃所以为慎独也。"①归结而言，慎独的要义在于以"合于物"为基，扩而言之，乃是含摄诚意、正心、修身、齐家、治国、平天下的全过程。如此说来，自然"慎独之外别无功夫"②。如此，慎独才是贯通《大学》《中庸》的关键。刘氏评价说："慎独是学问第一义。言慎独，而身、心、意、知、家、国、天下一齐俱到。故在《大学》为格物下手处；在《中庸》为上达天德统宗彻上彻下之道也。"③

一、以圣贤的榜样进行自我观照，彰显了"慎独"运作的内生力

儒家"慎独"教诲的内在传播意谓，除了在自身学理脉络上的呈现外，还努力将学理建筑在丰富的榜样基础上。除三代圣王之外，儒家把"孔颜乐处""周公吐哺，天下归心"作为楷模。这种学风、作风为孔门后学代代相传。

《韩非子·喻老》中记载了一件故事：

> 子夏见曾子。曾子曰："何肥也？"对曰："战胜，故肥也。"曾子曰："何谓也？"子夏曰："吾入见先王之义则荣之，出见富贵之乐又荣之，两者战于胸中，未知胜负，故癯。今先王之义胜，故肥。"④

这个故事清晰地阐发了"慎独"这一内向传播的奥妙所在。曾子问子夏为什么近来胖了，子夏很简练地回答，原因在于"战胜"。曾子问子夏指的是什么事，子夏一语道破天机，那就是在家显现先王的仁义道德，能够以履践它而感到光荣自豪；出门了看到富贵的好处，又觉得以身居富贵才会光荣自豪。这两个念头在心里斗争许久，以至心力憔悴，所以瘦了。而如今，先王的仁义道德

① （明）刘宗周：《大学古记约义·慎独》，戴琏璋、吴光主编：《刘宗周全集》第1册，杭州：浙江古籍出版社，2007年，第762页。
② （明）刘宗周：《中庸首争说》，戴琏璋、吴光主编：《刘宗周全集》第2册，杭州：浙江古籍出版社，2007年，第352页。
③ （明）刘宗周：《大学古记约义·慎独》，戴琏璋、吴光主编：《刘宗周全集》第2册，杭州：浙江古籍出版社，2007年，第466页。
④ （战国）韩非：《韩非子》，济南：山东画报出版社，2013年，第96页。

教诲胜了,所以胖了。这一点正印证了儒家"德润身""心广体胖"的道理。子夏的内心道义与人心交战的过程,其实正是"慎独"的过程,表明慎独之"慎"主要是呵护"为学"中获得的以天命、率性、修道、至善为核心内容的成人之道,此过程中,会遭遇名缰利锁、富贵荣辱、生死存亡等的诱惑,成圣成凡的分野于此见分晓。此正所谓"于无声处听惊雷"般的心灵革命。

孔门心法的高妙处能够于"独"处"慎",于此成就了孔门一批高义之士,美名远播。曾子自己亦如此。《孟子·公孙丑下》载曾子言论:"晋楚之富,不可及也;彼以其富,我以吾仁;彼以其爵,我以吾义;吾何慊乎哉!"[①]于此,我们可感受到他面对富贵比天下和丰富爵禄的炫耀,一点也不感到自卑,反而以心中充满道德仁义而自豪,而自足。《论语·里仁》:"士志于道而耻恶衣恶食者,未足与议也。"可见,称得上儒家的圣贤的都是道胜,而非俗胜者。其实,曾子不仅这么说了,更是这么做了。《庄子·让王》有载:

> 曾子居卫,缊袍无表,颜色肿哙,手足胼胝,三日不举火,十年不制衣。正冠而缨绝,捉襟而肘见,纳屦而踵决。曳纵而歌《商颂》,声满天地,若出金石。天子不得臣,诸侯不得友。故养志者忘形,养形者忘利,致道者忘心矣。[②]

面对恶衣恶食的窘境,曾子依然能够高歌《商颂》,还金声玉振,充满道德感召力,不以道谋食,而能忘形、忘利、忘心,此"慎独"之至高境界,即让高尚成为自然。《荀子·修身》称赞此种自然:"志意修则骄富贵矣,道义重则轻王公矣,内省则外物轻矣。"

《庄子·让王》还记载子思、颜回安贫乐道的故事。孔子闻听颜回以学夫子之道足以自乐而不愿出仕后,感叹道"知足者,不以私自累也;审自得者,失之而不惧;行修于内者,无位而不怍"。其师门保持如此道德自觉,着实令人敬佩而心生向往。

儒家慎独观的切近性在于明确圣凡的差异,这本身是见闻之知。只不过,此见闻之知中内含德性之知,即对"圣"进行话语建构。例如《孟子·尽心上》:"鸡鸣而起,孳孳为善者,舜之徒也;鸡鸣而起,孳孳为利者,跖之徒也。欲知舜与跖之分,无他,利与善之间也。"君子喻于义,小人喻于利,此为分别处。《唐

---

① (战国)孟轲:《孟子》,王常则译注,太原:山西古籍出版社,2003年,第54页。
② 方勇、陆永品撰:《庄子诠评》下册,成都:巴蜀书社,2007年,第940~941页。

虞之道》亦言："夫古者舜居于草茅之中而不忧，身为天下而不骄……方在下位，不以匹夫为轻；及其有天下也，不以天下为重。有天下弗能益，无天下弗能损。极仁之至，利天下而弗利也。"①该书称赞尧舜禅让之道，不过，要能行此圣道，关键是"必正其身，然后正世，圣道备矣"，"正身"说到底以"慎独"为要。圣贤既是儒家"慎独"观照时的象征符号，又是"慎独"运作的内生动力，感召自我去自省自讼。

二、语言视觉修辞下的"慎独"

"慎独"是春秋战国时期"人"的意识觉醒的一大思想成就。当时正值"绝地天通"之际，伴随着士人阶层的兴起，作为社会精英，他们自觉地将天的神圣性内化为人自身的理性自觉，在自我心灵中建构与天（命）及其抽象（一般化）的他者间的对话张力，推动着自我的成长。这一切运作依靠内心意象中的"看"来实现。

（一）以"看"的姿态建构起自我与他者的内在思想张力

"慎独"是儒家自省的修养功夫。从这个角度看，慎独的主体自觉地将自己与他人进行疏离，这种疏离不是情感上的，而是境界上的，不因为高人一等而选择疏离，而追求与众不同，进而将自己置于比众人自我要求更高的心理位置，这种追求并不是众人对"我"的要求，而是"我"基于"道德自觉"或者对"道德本性"的体认而自觉为之的。因此，这里有个天然假设，人不是孤立的存在，而是在关系中存在，在与他者的关系中确证自己的存在，确定自己的风格。无论有没有他者在，人都始终如一地做好自己。对此，《中庸》引《诗经》曰"潜虽伏矣，亦孔之昭"，要突出的是其后的观点："故君子内省不疚，无恶于志。君子之所不可及者，其唯人之所不见乎！"君子慎独意在内省无愧疚之感，没有令人厌恶的心志。说到底君子身上具有世人达不到的品格，因为他们始终在世人看不见的地方下功夫。如此，"夫察所夜行，周公不惭乎景，故君子慎其独也"②。周公夜行，与影独对，心无惭愧，这正是君子"慎独"的极致表现。《中庸》亦引《诗经》曰"相在尔室，尚不愧于屋漏"，表现出身处室内阴暗角落，也无所愧。这种"慎独"功夫有非同寻常的社会功能，"故君子不动而敬，不言而信"，君子没有作为却能赢得世人尊敬，没有言说却颇得世人信任，这也正是儒

---

① 李零：《郭店楚简校读记》（增订本），北京：中国人民大学出版社，2007年，第96页。

② 顾迁译注：《淮南子》，北京：中华书局，2009年，第169页。

家重视"慎独"的一大原因。

为何儒家这么强调他者不在场作为"慎独"的情境呢？这是因为人在他者不在场时易于表现出私、恶的一面，这是儒家对人性认识的重要方面。无论性本善本恶，人在生活中都有发展出"恶"的可能，这种"恶"不仅使自己陷于不利的境地，也会对他者产生威胁。因此，以关系主义为关注核心的儒家建构了"君子慎独"观念来处置。为了劝服世人履践"慎独"，一方面强调，"人之视己，如见其肺肝然"，小人人前人后表现不一，对此，其实，自己看自己如同看见自己的肺肝一样清楚，因此掩饰没有什么益处，自欺而已①。又引曾子所言"十目所视，十手所指，其严乎"，其实，也不是真有很多人在看，很多手在指着，俨然让自己成为橱窗里的模特，处于众目睽睽之下；而是自己主动地将自己想象时刻处于众人的观看之下，如同自己成为透明人一般，一动念，一投足，他人都清清楚楚，其实正是要让自己对自己"看"得清楚清楚，此意通于道家的"内观"之术，而儒家谓为"诚意"。

"慎独"被视为君子所以成为君子的核心标识，君子的思想言行都顺天心，体民意。君子将天命自觉地内化为道德责任，同时就将原来来自天（鬼神）的视线（俗语有言：人在做，天在看）转变成自我的视线，即自己看自己，亦称为内观。值得注意的是，通过青铜器上饕餮纹中的大眼睛，或金文"省""德"中被大大书画出的眼睛形状，我们不难想象古人对视线的敬畏之情。②

慎独意识在春秋战国时期的崛起，与当时士人将关注的视角由天转向人的时代背景相关。《左传·僖公十六年》载周内史叔兴之言"吉凶由人"③，明确将吉凶看作人行为的结果，而不由占卜左右。子产曰"天道远，人道迩"④，从人的行为去找失火的原因，而不简单归结于天象。在此背景下，将约束的力量由外在的天内化为自我监督。于是，当我们在自我反省内心时，会感觉还有一个"我"在注视着"我"。另一个我，就像有全能的神一样，像导师一样，洞察着内心活动，将其导向真善美。这是一种"自我凝视"，将自己当作放大镜下的物体，让自己的一切私见无所遁形。儒家"慎独"，除要求独处时谨慎自我言行，还转向"自己一直谨慎地反顾自身全体，也就是说心整体的谨慎之深层意

---

① 此句通常理解为：别人看自己，就如同看透自己的肺肝那样清楚。

② （日）岛森哲男：《慎独思想》，梁涛、斯云龙编：《出土文献与君子慎独——慎独问题讨论集》，桂林：漓江出版社，2012年，第15页。

③ 刘勋：《十三经注疏集·〈春秋左传〉精读》第1册，北京：新世界出版社，2014年，第395页。

④ 刘勋：《十三经注疏集·〈春秋左传〉精读》第3册，北京：新世界出版社，2014年，第1505页。

义,也就是自我凝视"①。

(二)以视觉修辞为媒介,将他者内在化为自我的镜子

陈汝东认为:"语言视觉修辞指以语言文字符号为传播媒介,以取得最佳视觉效果为目的的修辞行为。"②修辞者基于人们在日常生活中逐渐将感官经验凝聚为语言,即将视觉形象内化于语言之中,然后通过运用修辞方法,突破文字符号的抽象性,从而在心理上再现出视觉形象。视觉修辞是具有明显目的指向的符号传播活动。儒家对"慎独"的诠释话语建构明显运用了视觉修辞艺术。上文言"潜虽伏矣,亦孔之昭""不惭乎景""如见其肺肝""十目所视,十手所指",无一不是如此。陈汝东指出,视觉修辞过程,"一定程度上可以看作语言文字符号与视觉等形象之间的相互转换。话语的建构过程一定程度上可以说是视觉形象向语言文字符号的转化过程;话语的理解过程,则是由语言文字向画面形象转换的过程"③。例如《孟子·公孙丑上》有言:"仁者如射,射者正己而后发,发而不中,不怨胜己者,反求诸己而已矣。"仁者作为慎独完美主体的代表,他(她)如射不中靶心,是以"反求诸己"作为内省的指向。"射"成为仁者与靶子的媒介,形象地将仁者"慎独"当具有射之效的外倾性展示出来。同样地,《孟子·离娄上》有言:"爱人不亲反其仁,治人不治反其智,礼人不答反其敬,行有不得者,皆反求诸己。"外在一切行为的不当,都力求从内心根源找原因。"仁者"与人的关系应当妥当,如有不妥,则依然从"己"着手,这突显了"慎独"的重要意义。《易经·系辞》早已有言:"黄帝、尧、舜垂衣裳而天下治。"④王赠怡认为,"垂衣裳而天下治"是无为而治的隐喻,此句后文为"盖取诸乾坤",亦即圣人法天象地之意。⑤天地不言,故有圣人治世垂衣裳有"顺自然""守静"之意。可见,古人以衣裳之垂、天地之象的视觉形象,隐喻着治国的根本原则。这一点,我们还可以从《论语·卫灵公》所言"无为而治者,其舜也与?夫何为哉?恭己正南面而已矣"得到印证。这里的"恭己"意同于"慎独","正南面"以与"垂衣裳"类似的方式,以形象建构,起到宣示、引导、示范的效果。因为"词语所蕴涵的视觉功能,是话语视觉效果塑造的基础。所谓词语的

---

① (日)斯波六郎:《中国文学における孤独感》,东京:岩波书店,1958年,第7~8页。

② 陈汝东:《论视觉修辞研究》,《湖北师范学院学报》(哲学社会科学版),2005年第1期。

③ 陈汝东:《论修辞的视觉效果》,《福建师范大学学报》(哲学社会科学版),2005年第3期。

④ (唐)李鼎祚著,陈德述整理:《周易集解》,成都:巴蜀书社,1991年,第298页。

⑤ 王赠怡:《"无为而治"思想的一种隐喻性言说——再释〈易经〉"黄帝尧舜垂衣裳而天下治"》,《重庆邮电大学学报》(社会科学版),2014年第6期。

形象性,实际上大多是指词语可引发视觉效果的功能"①。君王好比航船上的舵手,只要把握住方向,则群臣各安其职,百姓各乐其业,天下治。对此,荀子有言"臣下百吏至于庶人,莫不修己而后敢安止,诚能而后敢受职……故天子不视而见,不听而聪,不虑而知,不动而功,块然独坐而天下从之如一体,如四肢之从心"。天子虽不视、不听、不虑、不动,但有天下都能跟随他的效果。其关键正是臣下都"修己"以尽职。秦简《为吏之道》明确规定官吏守正是"必精洁正直,谨慎坚固,审悉毋私……"②

总之,自我,一定是在与他者的对照中确立,他者是自我的镜子。儒家的自我观援引他者的观念为参照来加强内在自我,构建了永不停息的自我修养形象。"慎独"之独,其实此"独"本义似乎是独自、自己之意,但"慎"字则使"独"被放置在十指、十目之境地,内心的这种"夕惕",使我成为大写的"我"。叶秀山认为:"一个大于'我'、强于'我'、多于'我'的'他''在'。'他'使'我'成为'自己'。"③诚然如斯!

三、慎独:以自我说服的不懈努力发挥着和谐社会的功能

慎独是儒者内心的对话,这一过程强化着自我的意志力,以内省来唤醒心中的巨人,锻造自我的社会担当力,以蓄势待发的韧劲,感召世人,共同汇入集改造社会与改造自我于一体的鲜活的社会生活中去。可见,具有内化倾向的"慎独"从一开始便具有明显的公共性。王中江指出:"'慎独'是通过每一个有着'特殊性的'个人去实现人类共同的道德本性,或者说人类共同的道德本性要在互有'差异的'各个个体中得以完成。从这种意义上说,'慎独'又是非常'个人化'或者非常'独自性'的事态。"④慎独从起点上看是自觉以不同于普通饮食男女的要求来要求自己,强调学以"为己",力求在自己身上先实现儒家的仁义道德,如此,便能产生"其身正,不令而行"的效果。从这个意义上讲,越是内化,便越是外化。这一点,《系辞传上》借孔子之口说:"君子居其室,出其言,善则千里之外应之,况其迩者乎……言出乎身,加乎民;行发乎迩,见乎远。言

---

① 陈汝东:《论视觉修辞研究》,《湖北师范学院学报》(哲学社会科学版),2005 年第 1 期。

② 睡虎地秦墓竹简整理小组:《睡虎地秦墓竹简》,北京:文物出版社,1978 年,第 281 页。

③ 叶秀山:《康德至列维纳斯——兼论列维纳斯在欧洲哲学史上的意义》,《中国社会科学院研究生院学报》,2002 年第 4 期。

④ 王中江:《早期儒家的"慎独"新论》,梁涛、斯云龙编:《出土文献与君子慎独——慎独问题讨论集》,桂林:漓江出版社,2012 年,第 192 页。

行,君子之枢机。枢机之发,荣辱之主也。言行,君子之所以动天地,可不慎乎?"①

杜维明深明儒学的当代价值,他认为:"在儒家的思想中,自我始终被理解为各种关系的中心。这种开放的同心圆指向一个无限伸展的界域。一个人的成长和发展绝不应当被看作一种单枪匹马的奋斗,因为这种奋斗涉及在一个巨大人际关联脉络中的参与行为。"②儒家的核心教义在于将修身与"平天下"统一起来,"平天下"的能力与效能印证了修身的真实性与目的性;而修身的力行性与自觉性体现"平天下"的落脚点与着手处,杜维明说得妙:"在儒家的视界中,学习成人使得一种深广的过程成为必要,该过程承认限定人类境况的所有存在方式的相互关联性。通过一种包括家庭、社群、国家、世界和超界的层层扩展的关系网络,儒家寻求在其无所不包的整全中实现人性。"③儒家的"慎独"很好地处理了成人与成己的矛盾,既内化为先成己后成人,又外化为因成人终成己。因此,我们认为,"慎独"论称得上是儒家式的内向传播理论。

---

① (唐)李鼎祚著;陈德述整理:《周易集解》,成都:巴蜀书社,1991年,第270页。
② 杜维明:《东亚价值与多元现代性》,北京:中国社会科学出版社,2001年,第195页。
③ 杜维明:《东亚价值与多元现代性》,北京:中国社会科学出版社,2001年,第120页。

第九章

道心与人心的博弈：儒家内向传播的理论表征

　　道心人心说是儒家思想的核心命题，从内向传播理论视角加以剖析，不难发现，此学说正是儒家内向传播观念的精炼表述。儒家的心性之学大体上可以浓缩表达为《尚书·大禹谟》的"人心惟危，道心惟微，惟精惟一，允执厥中"，这"十六字心传"是儒家自我传播思想的关键。道心是应然的自我，即"客我"，人心则是当下充斥欲望的自我，即"主我"。孔门心法追求历经两者的对话，实现微妙的道心对危险的人心的主宰，实现的路径是"惟精惟一"，即明辨是非，始终如一。这样的坚持，终将产生良好的社会效果，即"允执厥中"，社会治理可达到中和之境，实现无过无不及的"执中"之化境。因此，儒家的道心人心之辨从本质上讲是探讨自我传播的智慧，这一自我传播过程，臻至理身理国的妙境，既成就自我，也治理社会，可谓是达到自我传播的社会效果。

　　"自我观"是古今中外都十分关注的重要理论问题。为此，本章选择儒家极具代表的道心人心说为个案，借助传播学领域的内向传播理论来分析。自我在每一种文化中都是核心概念和关键问题，人只有在不断确证自我的前提下才能开展交流，发展各方面关系。因为自我总是与他者联系在一起。中西自我观念差异明显，在研究取向层面，西方重纯知识追问，如"我思故我在"，中国重"实践智慧"，如"克己复礼"。在研究层面，西方往往将自我视为外显变量，中国则将之视为内隐变量。在社会生活层面，个体自我是核心，由此组成社会集体，但互不隶属。在中国情境中，个体自我往往依赖于其所属于的组织，依附于组织。个人的角色扮演依靠组织身份与性质来展开，离开组织，就失去重要的交往资源。① 只有理解"你是谁""你要去哪里"这些基本方面，你

---

① 赵雅丽：《发现"自我"：华人传播研究另一个可能的起点》，冯应谦、黄懿慧主编：《华人传播想像》，香港：香港中文大学香港亚太研究所，2012 年，第 293～316 页。

才能够与他人更好地交流，因为任何增进交流的努力都是从增进自我传播开始；自我是所有交流的中心。

第一节　十六字心传：儒家内向传播的要旨

自我传播的核心思想是经自我省思，自我对话，以达成成就自己、影响他人的目标。中华文化，尤其是儒家文化，将治身（心）与治国同等齐观，是谓身国共治。治身的核心在于治心，治心的本质就是内向传播。从这个意义上讲，传统儒家的心性论明显具有内向传播意蕴。

朱熹的《中庸章句序》中明确"道统"说："盖自上古圣神继天立极，而道统之传有自来矣。其见于经，则'允执厥中'者，尧之所授舜也；'人心惟危，道心惟微，惟精惟一，允执厥中'者，舜之授禹也。"可见，"十六字心传"是朱熹对儒家传统的确认，认为其是儒家心性论与政治哲学的核心。从十六字心传的由来看，其基本情境是治世法则，统而言之，可以归纳为"内圣外王"。"十六字心传"的原初形态是《论语·尧曰》："咨！尔舜！天之历数在尔躬，允执其中。四海困穷，天禄永终。"这里将"允执其中"作为执政要领，由尧传给舜。荀子则从人心的危与微的角度深刻阐述舜治天下突出"允执"的操作者——心。《荀子·解蔽》篇云："壹于道则正，以赞稽物则察；以正志行察论，则万物官矣。昔者舜之治天下也，不以事诏而万物成。处一危之，其荣满侧；养一之微，荣矣而未知。故道经曰：'人心之危，道心之微。'危微之几，惟明君子而后能知之。故人心譬如盘水，正错而勿动，则湛浊在下，而清明在上，则足以见鬓眉而察理矣。微风过之，湛浊动乎下，清明乱于上，则不可以得大形之正也。心亦如是矣。故导之以理，养之以清，物莫之倾，则足以定是非决嫌疑矣。"此处虽然没有完整的十六字心传表述，然其字里行间已有此意涵。除"人心之危，道心之微"八字外，还有"处一""养一"观念，流露出"惟精惟一"的内涵，即"壹于道则正"，此外，"正错而勿动""定是非决嫌疑"中，含有"允执其中"之"中正"意涵。

《尚书·大禹谟》首创十六字心传，其虽为伪书，但其思想不假，且由来有自。因此朱熹将此十六字心传定为"道统"，实乃独具慧眼。《尚书·大禹谟》原文：

> 帝曰："来，禹！降水儆予，成允成功，惟汝贤。克勤于邦，克俭于家，不自

满假,惟汝贤。汝惟不矜,天下莫与汝争能。汝惟不伐,天下莫与汝争功。予懋乃德,嘉乃丕绩,天之历数在汝躬,汝终陟元后。人心惟危,道心惟微,惟精惟一,允执厥中。无稽之言勿听,弗询之谋勿庸。可爱非君?可畏非民?众非元后,何戴?后非众,罔与守邦?钦哉!慎乃有位,敬修其可愿,四海困穷,天禄永终。惟口出好兴戎,朕言不再。

唐代孔颖达注解《尚书正义·大禹谟》篇时说:

汝惟不矜,天下莫与汝争能。汝惟不伐,天下莫与汝争功。自贤曰矜,自功曰伐。言禹推善让人而不失其能,不有其劳而不失其功,所以能绝众人……人心惟危,道心惟微,惟精惟一,允执厥中。危则难安,微则难明,故戒以精一,信执其中。无稽之言勿听,弗询之谋勿庸。无考无信验,不询专独,终必无成,故戒勿听用……君失道,民叛之,故可畏。言众戴君以自存,君恃众以守国,相须而立。钦哉!慎乃有位,敬修其可愿,四海困穷,天禄永终。有位,天子位。可原谓道德之美。困穷谓天民之无告者。言为天子勤此三者,则天之禄籍长终汝身。

其疏曰:

因戒以为君之法:"民心惟甚危险,道心惟甚幽微。危则难安,微则难明,汝当精心,惟当一意,信执其中正之道,乃得人安而道明耳。又为人君,不当妄受用人语。无可考验之言,勿听受之。不是询众之谋,勿信用之。"

人心与道心在孔氏眼中是君王治世之心法,君当精心为一而保有道心,尤其用于防止自己被"无稽之言""弗询之谋"所迷惑。孔氏在论述中不自觉地将人心与民众挂钩,而将道心与君王相连。

其后正义曰:

居位则治民,治民必须明道,故戒之以"人心惟危,道心惟微"。道者经也,物所从之路也。因言"人心",遂云"道心"。人心惟万虑之主,道心为众道之本。立君所以安人,人心危则难安。安民必须明道,道心微则难明。将欲明道,必须精心。将欲安民,必须一意。故以戒精心一意。又当信执其中,然后可得明道以安民耳。

　　孔颖达从安民的角度,将道心视为君王当执有的,以此匡正人心(即民心)之危。此种理解本是"十六字心传"的应有之义。既然君王富有治理天下的使命与责任,天下之安定又系于民心,用什么来安民心——"道心"是也,这个"道心"可以持中以安民心。从实践上讲,君王之心本来也是人心,同于民心,只是处于君王的位置,本应当具有道心,亦即天心。从理论上讲,君王是天命所归,上天通过其来治理百姓,君王身上应当体贴出天心、道心。或者说,通过"圣",即耳聪目明而心亮的圣人,亦即帝王,来领导人民。潘祥辉已考证圣人其实是传播之王。[①] 因此,道心与人心说具有明显的社会治理取向,这一点,朱熹亦很清楚:"人心如船,道心如柁。任船之所在,无所向,若执定柁,则去住在我。"朱子用船与舵的关系来比喻道心与人心关系,既然人心如船,就如同发轫于《荀子·王制》中所引述的"君者,舟也;庶人者,水也。水则载舟,水则覆舟","水舟论"直接明确地阐述明君与民如同水舟的关系。君如能朝着正确的方向行舟,水舟相济,反之,则水舟相害。朱熹的船舵说强化升华了水舟论,将水上升到船,将船定位于舵这个关系因素,君民共处于一船。如此看来,船舵说表明,道心代表方向,代表理念,代表价值,代表信念,也代表公平正义,这一切都必须建立在社会这条船上,船的前进动力源于百姓,说到底是源于民心之心力,从这个意义上讲,道心与人心共处于一心,即一船之上,不能相离。而另一方面,如原子一样分散般的民心或人心,没有道心的指引与凝聚,无法正常前进,因此,从这个意义上讲,人心需要去蔽以显现出道心,让道心来主宰人心,否则危矣,总之,道心应统率人心,这本身关系于心的承载者——人自我的利益,一切的哲理从根本上讲都是经世致用的。此外,朱熹还有个有特色的比方:"人心如卒徒,道心如将"。将帅统领三军,正在于其所指导士兵朝胜利的方向拼杀,将与兵不可离。就一心而言,既是将军也是士兵。在明大体、识大道的情况下,便是道心,便是将军,故能自觉地惩忿制欲。一旦迷失自己,沦于物欲的奴隶,就成为士兵,虽终日役役而不得解脱,没有幸福与安定感。朱熹又用日常生活来作比,直言道心人心只是一心。只是境界与状态不同而已。他说:"饥欲食,渴欲饮者,人心也;得饮食之正者,道心也……人心与道心为一,恰似无了那人心相似。只是要得道心纯一,道心都发见在那人心上。"

———————————

①　潘祥辉:《传播之王:中国圣人的一项传播考古学研究》,《国际新闻界》,2016 年第 9 期。

宋代以降,儒家学者大多就"十六字心传"表达过看法,因为此心传关系儒家的理气论、心性论、已发未发论、性情论等儒学的核心命题。但十六字终究过于简略,文义模糊,有多种诠释理路。作为心学集大成者的王阳明也给出自己的解释:"道心者,率性之谓,而未杂于人。无声无臭,至微而显,诚之源也。人心,则杂于人而危矣,伪之端矣。见孺子之入井而恻隐,率性之道也;从而内交于其父母焉,要誉于乡党焉,则人心矣。饥而食,渴而饮,率性之道也;从而极滋味之美焉,患口腹之警焉,则人心矣。惟一者,一于道心也。惟精者,虑道心之不一,而或二之以人心也。道无不中,一于道心而不息,是谓允执厥中矣。一于道心,则存之无不中,而发之无不和。"①在王氏看来,道心是率性的表现,没有后天人欲杂于心中的纯粹状态,即诚明之境。人心则夹杂有后天人们有为的因子在,有荣辱得失之念。从修心角度而言,就是不与道心分离,且无二心,不做自我之虑,恒常如此,即是精一,即是执中,最终结果就是"无不和",内外通和。

传播学者公认乔治·H.米德是内向传播(自我传播)理论的真正创立者,他继承了库利"镜中自我"以及詹姆斯"社会自我"等思想,第一次将自我区别为"主我"与"客我"(或称宾我),认为两者的互动形成现实的自我,这个自我离不开社会互动,因为"客我"正是"一般化的他者",或者说是社会的规范与秩序对"主我"的言行形成的制约与调控。自我正是在"主我"的自由意愿与"客我"的秩序规约的博弈中实现社会化,实现自我的升华或沉沦,当然通常是维持社会正常生活,包括日常交往与工作关系。理想的情况正是主我与客我的融合。米德认为,在宗教态度、爱国态度等被激发的情境下,两者是融合,"其人在他人身上唤起的反应亦是某人在自身唤起的反应"②,这种态度在中国传统文化中的表述就是知行合一。此时"'客我'不是为了控制'主我'而存在,但已经形成这样的情境,在他人身上唤起的态度刺激某人去做同样的事"③。这种情境,在儒家情境中表述为,圣人言出必行,身先士卒,表里如一,具有极强的感召力。他对众人的引导或吸引,导致大家自愿自觉地与其在一起,同呼吸共命运,而不计个人得失。在这种情景下,自我"是与扮演'客我'中他人的角色相一致的'主我'的动作。自我既是'主我'又是'客我';'客我'规定'主我'对之

① (明)王守仁撰:《王阳明全集》(上),吴光、钱明、董平、姚延福编校,上海:上海古籍出版社,2012年,第216页。
② (美)米德:《心灵、自我与社会》,赵月瑟译,上海:上海译文出版社,1992年,第241页。
③ (美)米德:《心灵、自我与社会》,赵月瑟译,上海:上海译文出版社,1992年,第242页。

作反应的情境。'主我'和'客我'都包括在自我中,且在此互相支持"①。常人心中也有至上的道德律令,自我却又常常不能达到,而是回避,或部分回避,这就导致心中不安和焦虑,甚至自责。其实,在社会情境中,"客我"给予"主我"以应然的要求,"主我"却无法积极全面回应,导致"主我"与"客我"冲突,"主我"追求现实原则甚至快乐原则,"客我"则追求延迟满足原则或者道德原则,以使自我将来能够体会到心灵境界上的高峰体验的最高满足。"十六字心传"本质上就是为了给君王作为君王获得万众拥戴的至上体验而给予的行动建议。其实,也是君王不得不然的行动指南,否则,便是无道之君,众叛亲离,乃至天下可共击之。当我们把君王放置在组织管理者的角度来看,"十六字心传"也可以说是组织自我传播的心法。

第二节　人心惟危,道心惟微:儒家内向传播的问题意识

人心之危在于人的自我意识具有引导向上成圣,也有导致向下沦为小人两种可能。不过,这个"危"彰显了人的高贵,人始终作为未定型的存在,处于危险之中,因此,人最重要的是有自知之明。要知晓的正是人心之危,明白这点,方才可以明于趋避,这意味着危机可能是转机。道心之"微"表明抑或强调了,人心要转化为道心,升华为道心的进程是微妙难知的,其间需要强劲的修持功夫作基础,努力去体会领悟而把握其中的奥妙,以求豁然开朗。

已有学者朱建亮在论述《尚书》是否为伪书时无意间提到:"'人心惟危,道心惟微。惟精惟一,允执厥中。'……多么像弗洛伊德的"本我、自我、超我"的精神分析:本我,自我,超我构成人的完整的人格。人的一切心理活动都可以从他们之间的联系中得到合理的解释,自我是永远存在的,而超我和本我又几乎是永远对立的,为了协调本我和超我之间的矛盾运动,需要自我进行调节。"②作者认为儒家偏重人心的治理,有过抑人心之嫌;道家偏重道心的发扬,有放纵人心的过。不过整个虞廷十六字诚然是治国安邦的金玉良言,是贯彻尧舜至周孔的治理理念,因此,《尚书》不伪。"十六字心传"可以视为包括儒

---

① (美)米德:《心灵、自我与社会》,赵月瑟译,上海:上海译文出版社,1992年,第244页。
② 朱建亮:《从虞廷十六字诀及其研传看〈伪古文尚书〉并非伪书》,《公共图书馆》,2015年第4期。

家在内的整个中国治道文化的核心,凸显了中国文化的内向品格。

一、道心与人心的分野：儒家内向传播的自我认知

道心与人心的区别,从字面上看,是心的定语的差异,即道与人的差异,不过,两者又因为心而联系在一起,这种联系是自然而然的。因为,人能弘道,非道弘人,道是自在的,自为的,人才是有自觉的,能动的。道因人显,人因道立。人不可须臾离道,无论善人,还是不善人,都离不开道,如老子所言"善人之宝,不善人之所保",道与人相依而存。没有人的存在,道就没有价值。道的价值因人而彰显,只有人才有价值观念与关系意识。孔颖达《尚书正义》解释说："道者,径也,物所从之路也。因言人心,遂云道心。"孔颖达明确指出,因言人心而说道心。既然道本是万有之路,自然也是心之路,即为本心,即为道心。人心可以与道心相通相依,但人心并不能与道心自然一致,这种不一致正是儒家修身养性的入手处。孔颖达接着分析说"人心为万虑之主,道心为众道之本",人心主宰思虑,千般计较,万般留恋,"道心"则为思维、意识、情感等一切背后的本体。似乎人心是心之动,而道心乃心之静,动静一体。孔氏此说开后世道心与人心阐发议论的先河,奠定了基本思路。

借助米德的主我客我理论,人心类似于主我,因为主我是当下有现实利益欲望的"我",饥则食,渴则饮,趋利避害。道心则类似于客我,因为客我是对一般化的他者的态度与反应,可以理解为社会规范下期待的我。主我与客我的对话过程,体现个体的社会化过程,也是自我适应社会,成就自我的过程。米德的主客我理论是其社会心理学的组成部分,正如柯泽分析的那样："主我与宾我之间的对话是一种设身处地式的对话,即代表自身真实利益的主我与代表他人利益的宾我在想象中进行无休止的对话,就好像自我大脑中还潜伏着另外一个人。"[①]道心与人心命题的提出,相当程度上可以视为中国式或儒家式的内向传播理论。道心是体现天理并落实在人身上的应然规则,道心是自我本然之心,也是最合乎自我利益的本质自我,他体现中华民族顺天应人的价值追求与理论前设。人心则是表现作为个体的自我,因分有于整体性的道而具有了性。这个性固然能够折射出道(仁心),但不能直接等于道,因而呈现为当心明时,则道心现而安,而心昧时则道心隐而危。这样一思考的意义在于：

---

① 柯泽:《传播学研究的社会心理学传统:兼论中国本土传播心理学理论建设》,北京:学习出版社,2016年,第259页。

"我们所谓的'沟通'的重要性通过下列事实表现出来，即它提供了一种行为形式——有机体或者说个体利用这种形式就可以变成他自己的对象。我们所一直讨论的正是这种沟通……而是有意义的符号意义上的沟通；这种沟通不仅针对其他人，而且也针对这种个体本人。"①这种"沟通"指自我心灵的对话，虽然没有人听见，但这一过程既是诸多社会过程的内在源动力，又是个体创造力与社会创新力所依赖的知识积淀、价值追问与目标锚定的心理基础。社会如果能够积极有效地促进公民的高尚的心灵对话，将为社会和谐找到源泉。从这个意义上讲，道心与人心的"对话"具有成物成己的重大意义。

二、在危与微中的自我拷问：儒家内向传播的可能性与必要性

道心与人心的关系，是希望道心能够主宰人心，还是实际上道心实质地主宰人心。显然后者是有问题的。如果道心天然能够主宰人心，就不需要理学家号召"存天理，遏人欲"。遏或灭的是人欲不是人心，人欲是人心滑入私利而恶的一面。人心是天然自在的有喜怒哀乐，渴饮饥食而已。道心与人心的差别本只是价值判断。然而，理学家们则建构出与理气的关系，使价值判断转向学理勾连。朱熹认为："人之有生，性与气合而已。然则其已合而析言之，则性主于理而无形，气主于形而有质，以其主理而无形，故公而无不善；以其主形而有质，故私而或不善。以其公而善也，故发皆天理之所行；以其私而或不善也，故其发皆人欲所作。此舜之与禹所以有人心道心之别。"②性乃本于天，是本质的规定性，有其内在的理则，即不得不然的要求，是谓理，是看不见，是共通的。气则是有形的物质存在，是理或性的承载者，气本身又有清气浊气之别，故人有愚钝与灵明之别。气是私有的，每个个体的气有差别，正是这个差别之中，有沦为不善的可能，即人心沦为人欲。人欲是不当的人心，超过人生存的基本欲望而沦为私心妄为，而为恶。朱熹坚持心是一的，道心人心共处于一心，"心自有人心道心，一个生于血气，一个生于义理"。③ 血气之心即是人之心，具有在血气运行时自然生发的感觉即带有生理性的现象和知觉即心理性现象，道心是性命之正，是自在的，自足的，自适的，即义，宜也，是精神性或思想性现象。人的修为在于发掘出道心来作为主宰。

① （美）米德：《心灵、自我与社会》，霍桂恒译，北京：华夏出版社，1999 年，第 150 页。
② （宋）朱熹：《朱子文集》，北京：中华书局，1985 年，第 51 页。
③ （宋）黎靖德编：《朱子语类》，北京：中华书局，1986 年，第 1487 页。

道心可以主宰人心,但又需要人心召唤,但人心如何有机制或动力去召唤道心呢?"形气非皆不善,只是靠不得。形气亦皆有善,不知形气之善自道心出,由道心则形气善,不由道心一付于形气则为恶"①,李退溪引用程复心之言:"心理虽多端,总要而言之,不过遏人欲,存天理而事而已。凡遏人欲事,当属人心也;存天理事,当属道心一边可也。"②相对于程颐将人心解读为人欲,将道心与人心对立起来,朱熹后来进行了修正。二程说:"心,道之所在;微,道之体也,心与道,浑然一也,对放其良心者言之,则谓之道心,放其良心则危矣。"③"人心,私欲也;道心,正心也。危言不安。微言精微。惟其如此,所以要精一。'惟精惟一'者专要精一之也。精之一之,始能'允执厥中'。中是极至处。"④完全是道德意识和道德观念。"道心"可解释为道之心,就是自我体验的道德之心,一种内在的理性原则。

道心主于理,人心主于气。主于理的道心至善、纯善。主于气的人心,则既有所有人都有的感觉和知觉,又有道德意识,这样道心人心的关系就转变为理气关系。理外无气,气外无理,理在气中,气自有理。然气之理何以能知,何以能行——即可信可爱可行?

朱熹的《中庸章句序》历来被学界视为成熟的思想体系表征。道心与人心的分野与统合,朱子是这样分析的:"心之虚灵知觉,一而已矣,而以为有人心、道心之异者,则以其或生于形气之私,或原于性命之正,而所以为知觉者不同,是以或危殆而不安,或微妙而难见耳。然人莫不有是形,故虽上智不能无人心,亦莫不有是性,故虽下愚不能无道心。"⑤其一,人心道心都是一心,都具有"虚灵知觉"的功能,只是其所以作为知觉的依据不同,即人心生于形气之私,道心生于性命之正。不过,这里的"私"并不是自私自利之意,而是"自己"这一中性意义而言。每个个体从天道分得的形气的数量与质量有差异,这种差异形成个体的独特性,此为"理一分殊"。道心根源于性命纯正,即人禀于理而形成的性。人的形体源于气,推动气运行当是理,是性,是命。这或许是亚里士

---

① (明)胡广、杨荣、金幼孜纂修,周群、王玉琴校注:《四书大全校注》上,武汉:武汉大学出版社,2015 年,第 132 页。
② (朝鲜)李滉:《答李平叔》,《陶山全书》(三),首尔:社团法人退溪学研究院,1988 年,第140 页。
③ (宋)程颢,程颐:《二程集》,北京:中华书局,1981 年,第 276 页。
④ (宋)程颢,程颐:《二程集》,北京:中华书局,1981 年,第 256 页。
⑤ (宋)朱熹,陈戌国校点:《四书集注》,长沙:岳麓书社,2004 年,第 19 页。

多德所说物质与质料的关系。凡物质是运动,运动必有规律。其二,道心人心作为知觉有所不同,道心是微妙难见,人心是危殆不安。道心不可见,因为道心是形而上的,是无形的,如道体一般。道在心中,心则未必在道中。心要知觉到道,自觉自然地遵循道,才是道心。人心则会有喜怒哀乐惧等七情,变化无常,易于混俗,见利忘义。其三,即便道心人心有别,但是无论是上智之人还是下愚之人,都具有道心与人心。区别应当在于前者道心为主宰,后者人心为主宰而已。

朱子接着说:"二者杂于方寸之间,而不知所以治之,则危者愈危,微者愈微,而天理之公卒无以胜夫人欲之私矣。精则察夫二者之间而不杂也,一则守其本心之正而不离也。从事于斯,无少间断,必使道心常为一身之主,而人心每听命焉,则危者安、微者著,而动静云为自无过不及之差矣。"可见,其一,朱子明显强调道心与人心交织于一心之中,如果主体不能自明,则不知如何分别之,培育之,凡会危者更危,越发沦落,人欲泛滥;微者愈微,就是天理难明。其二,治心的目标在于天理胜人欲。而要实现这个目标,就需要精与一的功夫。精,就是区别两者,一,就是守其本心之正。坚持下来后,道心就会主宰人心。如此转危为安,转微为著。

朱熹在《克斋记》中说:"盖仁也者,天地所以生物之心。而人物之所得以为心者也。"人本来应该是可以体天地之心为己心,亦即仁。但因人有身,有耳目鼻口四肢之欲,存在害仁的可能性。而这种可能性则正是君子不懈求仁的必要性。通过不断地克己复礼,能以"四非"为训,克之又克,久而久之,则"欲尽而理纯",此时心中所存者正是天地生物之心。有了此心,则"默而成之,固无一理之不具,无一物之不该。感而通焉,则无事之不得于理,而无物之不被其爱矣"。正是得天地之心,而人获得最大的自由与解脱,显现出最大的善性,展现出最大的能力,获得最大的圆满。朱熹期盼其弟子石子重能够"必将因夫所知之要而尽其力,至于造次颠沛之顷而无或怠焉"[1]。朱熹在《仁说》首句便明言:"天地以生万物为心者也,而人物之生,又得夫天地之心以为心者也。故语心之德,虽其总摄贯通无所不备,然一言以蔽之,则曰仁而已矣。"对此,要"体而存之,则众善之源、百行之本,莫不在是。"朱熹设问:"此心何心?"答曰:

---

① (宋)朱熹:《克斋记》,《朱子全书》第 24 册,合肥:安徽教育出版社,上海:上海古籍出版社,2010 年,第 3709~3711 页。

"在天地则块然生物之心,在人则温然爱人利物之心,包四德而贯四端者也。"①

仁心与道心两者应当一致。朱熹说:"'仁者,人也。合而言之,道也。'此是说此仁是人底道理,就人身上体认出来。又就人身上说,合而言之便是道也。"②在朱子看来,仁是人的本质规定,无仁之人不过是一块血肉。他说:"人之所以得名,以其仁也。言仁而不言人,则不见理之所寓;言人而不言仁,则人不过是一块血肉耳。必合而言之,方见得道理出来。"③这一论断的价值在于肯定孟子强调的仁义是人与禽兽区别的根本依据。因此,儒家全部的价值追求便是求仁得仁,此一过程是(修)道,亦即确立与呵护自己的道德本性。明代儒学更是强调仁是促进个体自身与天地相贯通的本质规定,有仁,人就找到归宿。《明儒学案》有言:"仁,生机也,己者形骸,即耳目口鼻四肢也,礼则物之则也……而生我者,即是生天、生地、生人、生物者也,何以不相流通,必待于克己复礼也……苟能非礼勿视,目得其则矣;非礼勿听,耳得其则矣;非礼勿言,口得其则矣;非礼勿动,四肢得其则矣。耳目口鼻四肢各得其则,则昔一身无往非生机之所贯彻,其有不与天地万物相流通者乎?生机与天地万物相流通,则天地万物皆昔之所生生者矣,故曰'天下归仁'。"④儒家意识到人的可贵之处在于身体与精神能够相贯通,要做到相贯通,即人与仁合一,人与仁合一即是道,必须得克己复礼,这就突出行仁的内在理论依据。从此可以明白,道心其实便是仁心。只不过,道心强调的是形与神的统一的状态,仁心强调的是心的本质性规定在于仁。《礼记正义》:"'道者义也',义,宜也。凡可履蹈而行者,必断割得宜,然后可履蹈,故云'道者义也'。"⑤道要求仁一定安放在人身上,如此才是适宜的。如此人才是人,才会行人道,"道是统言,仁是一事"⑥。

相比于米德社会心理学意义上的"主我""客我"的自我观,儒家的自我观,很令人吊诡,儒家往往不满足于当下的自我,要求对人欲保持警觉,同时又相信人能弘道,因此,对主我的认知上既警惕又依赖。警惕的是主我毕竟不是客我,不是道我,是存在不足,有七情六欲,还行进在通往圣人的路上的自我。重

---

① (宋)朱熹:《朱子全书》第 23 册,合肥:安徽教育出版社,上海:上海古籍出版社,2010 年,第 3280 页。

②③ (宋)朱熹:《朱子语类》,黎靖德编,王星贤点校,北京:中华书局,1986 年,第 1459 页。

④ (清)黄宗羲:《明儒学案》,北京:中华书局,2008 年,第 608～609 页。

⑤ (唐)孔颖达等:《礼记正义》,吕友仁整理,上海:上海古籍出版社,2008 年,第 2058～2060 页。

⑥ (宋)朱熹:《朱子语类》卷六,北京:中华书局,1986 年,第 101 页。

要的是自我要依赖主我，毕竟主我能够主动以客我为参照来规范自我，修证自我。离开主我，客我就没有意义。任何人走向客我的道路都是独特的，虽然方向一致，因为主我注定是独特的，具体的，有情境的。因此，米德更青睐"主我"，认为"主我"富有主动性、创造性、独立性。

米德认为"客我"是建构性的，是"主我"不断建构出来的。儒家认为"客我"（道心，与道合一的自我）更具理想性和神圣性，有无穷的能力，等待主我召唤，一旦召唤成功，"主我"就完成超越，个体得以成就。相比而言，米德是社会学家，关注的是自我的社会性，他提出的"主我""客我"的自我结构观，着眼于自我如何在社会中自处，人是如何与社会互动，进而自我内在进行互动，这两个互动本身也是互动的，周而复始地进行。儒家的自我观结构关心的是自我的精神超越，追求的是自我对社会的超然与超脱。因此，并不侧重追求社会价值的实现，而着意个人性灵的安顿。因此，这也正是源于其自我内在结构的设定的殊异性，儒家认为人与天道同构，人具有天的本性，能够通达天，成为天的自我。只有成为合天的自我——"道心"，人才是完美的人，才是超人。这一点在《中庸》书中对圣人功业的自我实现中可见一斑。因此，儒家自我的修养讲究的是对社会价值的肯定与超越，只有尽到圣人功业，才能在内心深处实现真正的完全的纯粹的自由，否则，就会成为成圣的障碍。

第三节　惟精惟一：儒家内向传播的价值导向

道心主宰人心，是儒家自我传播的思路。道心凭何主宰人心，因为道心承载天理，无论这"理"是体贴出来的，还是履践出来的，总之，只有自我召唤天理，居于自我心中，为其主宰，则我是真我。谢良佐说："学者且须是穷理。物物皆有理。穷理则能知天理之所为。知天之所为，则与天为一，与天为一，则无往而非理也。穷理则是寻个是处，有我则不能穷理，人谁识真我？穷理之至，自然不勉而中、不思而得，从容中道。"①此中，"有我"与"真我"其是"主我"与"客我"之别，"主我"是人心，"客我"即真我，是道心，是天理的明白者，也是圆融实践者，能自觉地行天理，体现在"心"，便是以"中庸"为自我规范与准则

---

① （清）黄宗羲：《宋元学案》第 2 册，《上蔡学案》卷 24，（清）全祖望补修；陈金生，梁运华点校，北京：中华书局，1986 年，第 922 页。

的"道心"。"真我"正是"穷理"之后的"我"的妥帖安置处,即"是处"。"有我"则阻碍"穷理",不能体现"真我"。

一、精辨不杂成真我

明了道心与人心之关系,就能处理好两者的关系,使道心与人心二而一,防止一而二。"十六字心传"进而用"惟精惟一"来精炼概括。"精"与"一"何以能有以道心御人心的功能呢?笔者以为"精"在于认知上的择善与善择,"惟精,是精察分明","精"强调对纯粹的追求,也传达出对精致精妙之境的追求。人之心作为人的感知之心,同其他事物一样,"凡事有一半是,一半不是,须要精辨其是非","一"在于行动上的守一,即始终力求道心与人心贯通为一心。始终求得道心,坚守道心,一心一意。总之,"一"体现出自我主体的坚守,即纯一不杂。朱子曰:"惟一,是行处不杂。"张新国认为此为:"无适无莫,虚一持敬"。[1]

刘腾飞说得好:"精"在于辨之明,是"识别得人心道心",亦即能体察心之发动的精微之处,体察心的状态是否循理。"一"则是能固守本心中的"性理""常守得定"[2]。"精"是动察的工夫[3],一方面能够了解道心人心之别,另一方面能够在心已发之际,懂得取舍趋避,将人心引向道心,使人心充溢道心,不给人欲以机会。"一"则,一方面是对人心与道心本是一心的明白,也洞知养心的方向是以道心以溢人心;另一方面则是在人心萌动之时,涵养道心,保持人心即是道心的一体性,不使人心溢出私欲,沾染人心,导致人心的迷失,道心的遮蔽。所以说,"精""一"的关系正如人心与道心的关系,虽然表述上有差异,但实际上只是从不同角度阐发而所导致的字面差异。精以一为目标,一以精为功夫,功夫即本体。

二、精诚唯一得其正

"精"与"一"都描述自我身心的和谐状态,"精"侧重质的规定性,具有定性意义,"一"则侧重在纯而不杂的唯一的"量"的规定性,具有定量意义,"一"似

---

① 张新国:《自由主义视域中朱熹十六字心传论研究》,硕士学位论文,厦门大学,2012 年,第 15 页。
② 黎靖德:《朱子语类》(五),北京:中华书局,1994 年,第 2014 页。
③ 刘腾飞:《朱熹"十六字心传法"之发微》,《太原师范学院学报》(社会科学版),2016 年第 6 期。

乎是小的数字，但"一"可以是一切，一切即"一"。从这个意义上看，一就是整全、纯粹，全面、一体等无所不包的存在，是量的最大表征。赫拉克利特说："结合物既是和谐的，又不是和谐的；从一切产生一，从一产生一切。"①康德也说，在理性中，存在两种倾向：一是趋向于热闹而繁多；一种趋向收敛而单一。从这个意义上讲，道心之一，与人心之多共处于一身，表现着人类思想的张力。当思想趋向多之时，则易于纷争，因为谁都想成为唯一，而相反，当思想趋向于一时，则谁又都是一的化身而归于沉寂。"'一'既代表了整体，同时作为对整体的否定，它又代表了部分。这是对世界万物深刻的表述，也是对世界万物的超越。"②从这个意义上，道家追求"得一"，老子云："昔得一者，天得一以清……侯王得一以为天下正。"儒家追求"执一"，《荀子·尧问》："尧问于舜曰：我欲致天下，为之奈何？对曰：执一无失，行微无怠，忠信无倦，而天下自来。执一如天地，行微如日月，忠诚盛于内，贲于外，形于四海，天下其在一隅邪。夫有何足致也。"③正是因为"一"本身既具有本体的意义，即一分为多；又具有方法论意义，即多归于一。徐志钧因此认为："'一'就是自然最合理的状态，而人的社会的平稳也必须符合自然的这种模式。"④上古时代的"一"是混沌不分的，是感知的，而不是抽象而来的。到了春秋战国这个哲学突破的时代，"一"升华为哲学范畴，用于表征道的状态，即"道生一"。王弼注曰："一，数之始而物之极也。"⑤一作为数的开始，是万物的终极依据。《庄子·天地》曰："泰初有无，无有无名，一之所起，有一而未形。"⑥"一"可以用于形容道生万物之前的状态。以后"一"慢慢被演变为对修养的要求，实质是回归于"一"，求得稳定，主宰自我的能力。《淮南子·诠言训》："夫无为，则得于一也。"⑦《文子·道德》："一也者，无适之道也，万物之本也。"⑧

当然，"精"在先秦已有"精气"之意，可泛指生命力。《管子》一书中强调体验"精气"往来心舍的观念，突出精气与精神的内在关联。《正字通》："精，精

---

① 北京大学哲学系、外国哲学史教研室：《古希腊罗马哲学》，上海：三联书店，1957年，第19页。

②④ 徐志钧：《老子帛书校注》，南京：凤凰出版社，2013年，第25页。

③ 冯国超主编：《荀子》，长春：吉林出版社，2005年，第246页。

⑤ （魏）王弼注，楼宇烈校释：《老子道德经校释》，北京：中华书局，2018年，第106页。

⑥ 方勇评注：《庄子》，北京：商务印书馆，2018年，第205页。

⑦ （汉）刘安：《淮南子》，郑州：中州古籍出版社，2010年，第226页。

⑧ 彭裕商：《文子校注》，成都：巴蜀书社，2006年，第101页。

气。"《灵枢》曰："生之来谓之精,此先天元生之精也。"所以,通过身心的操持,保养精气,养足精神,让精神纯粹精一,离不开形气炼养。

总而言之,惟精惟一侧重于与天道相合的修行之功夫,是对自己内心的追问,是道心与人心的对话,以实现道心对人心的呼唤。儒家朱子总结了持"道心"的方法,于已发则精察天理、人欲之别,以求归心;于未发则操存涵养本心,不使私欲有可乘之机。在他看来,"夫谓人心之危者,人欲之萌也;道心之微者,天理之奥也。心则一也,以正不正而异其名耳。'惟精惟一',则居其正而审其差者也,绌其异而反其同者也能如是,则信执其中,而无过不及之偏矣"。① 对此,伊川概括为"涵养须用敬,进学则在致知"。② 早期,孔子"克己复礼"只是强调后天的下学而上达。到了宋明理学家那里,提倡的"居敬穷理"的功夫则愈见倡导,追求以居敬功夫以通贯天理,使性情得以安顿。

第四节　允执厥中：儒家内向传播构筑的社会良治范式

道心人心的内向传播运作同样可以产生深远的社会效果。朱子《答陈同甫》第八书表述了这一理想:"至若论其本然之妙,则惟有天理,而无人欲,是以圣人之教必欲其尽去人欲而复全天理也……所谓'人心惟危,道心惟微,惟精惟一,允执厥中'者,尧、舜、禹相传之密旨也。夫人自有生而梏于形体之私,则固不能无人心矣。然而必有得于天地之正,则又不能无道心矣。日用之间,二者并行,迭为胜负,而一身之是非得失、天下之治乱安危,莫不系焉。是以欲其择之精而不使人心得以杂乎道心,欲其守之一而不使天理得以流于人欲,则凡其所行,无一事之不得其中,而于天下国家无所处而不当。"③

"允执厥中"的核心在于"中","中"的核心要义是保持平衡以达到目的。"允执厥中"当有以下三方面的含义:其一,君王处于中,以制四方,亦喻,四方拱卫中央;其二,君王是许多方面利益的平衡点的调节者,这居中的调节者当保持中正,不得有私心之偏向;其三,君王自身修身处事当"时中",当行"中道",将自己的情感、理性与价值标准都调整到合适的位置,从而保身全生。概

---

① （宋）朱熹:《观心说》,张文治编,陈恕重校:《国学治要》(四),海口:南海出版公司,2015 年,第 35 页。
② （宋）程颢、程颐:《二程集》,北京:中华书局,1981 年,第 188 页。
③ （宋）朱熹:《朱熹集》(三),郭齐、尹波点校,成都:四川教育出版社,1996 年,第 1598 页。

括而言，"允执厥中"表达的是"心物相合"的意蕴，即人的能动性（心力）与自我妥当安置以及社会治理都能够达到匹配，既能够达到个体的自由与快乐，又同时也促进国家社会整体的和谐与发展。

一、圣人作为"一般的他者"（客我）具有理想品格

米德的自我传播理论并不是一般的社会心理学理论，它是借以管窥社会运作的入手处，也是探讨社会本质、处理社会问题的着眼点。可贵的是，米德不是就自我谈自我，他把自我看作社会交往的产物。法里斯认为米德的"自我"通过与他人的互动的社会过程而发展。作为"客我"的"一般的他者"是"个体与之发生互动、又成为个体行为的一般指南的那些人的期望。逐渐地，一个个体不仅在与一些特殊的人的期望的关联中学会行事，而且按照其他一般个体如何期望他怎样行事的想法来学会行事。自我的本质是反省，是将自我看作一个人自己思考对象的能力"①。圣人区别一般人在于：常人把"一般的他者"当成"客我"，以人同此心同此理地彼此对待或彼此相爱，共臻和谐社会，大同世界。按现在的话说，我为人人，人人为我。圣人不仅如此，他还把先圣对天道的理解，把想像的或感悟到的天道的形象、法则直接内化为自己的要求，如天是大公无私，所以圣人舍己为人；因为天大正无妄，因此，圣人要清正廉明；因为天无私覆，所以圣人无私心。圣人"尊为天子，富有四海之内。宗庙飨之，子孙保之"，这种社会地位与荣誉的实现是圣人内心强大而足以承载的回报。当然，这种回报是一种期许，是一种假定，或者是自我认定，是一种自我认知。只是这种认知被社会共同认为是至善的，所以被社会所鼓励和认同，因而成为共识，成为"一般的他者"。只是这个一般的他者，在儒家看来，也有层次之分，比较基本层面的是君子，注重礼尚往来，讲究对等、平等和自主。还有贤人，承担高于君子的责任，拥有帮助他人的能力，且往往具有一定的社会地位或权势，如乡绅或权贵，是中间层面的。圣人则是最高层面的，圣人大体上分为两种，一种是精神或道德上的至善，堪称精神领袖，如孔子，亦称素王，没有实际的权位，但有相当于王应有的威望；另一种是明君圣主，如传说的尧舜，或者后世中的唐太宗之流。他们不仅严于律己，宽以待人，而且能够正当地运用自己至高无上的权力，尽可能为民谋福。

---

① （美）罗杰斯：《传播学史——一种传记式的方法》，殷晓蓉译，上海：上海译文出版社，2012年，第 146 页。

二、"主我"在现实情境中召唤"客我"(圣人)

相比较而言,米德的主我客我的社会情境是公民社会,儒家的社会情境是臣民社会。米德探讨的是社会良好运作的个体基础,他说:"'主我'是当共同体的态度出现在个体自己的经验之中时个体对这种态度所作的反应。他对那一有组织的态度作出反应并改变了它。如我们指出过的,这个变化直到发生之后才出现在他的经验之中。'主我'以记忆的形式出现在我们的经验里……出现在我们自己本性中的对有组织的世界的顺应代表着'客我',它是始终存在的。"①其实,儒家的"客我"也是长期积淀的对圣人的形象与功能的认同和记忆,从而成为"信仰真实",而非一定是历史真实或现实真实,但这不妨碍儒家将传说的尧舜或者孔门师徒当作圣贤的代言人或化身。如《庄子·让王》对曾子的回忆与评价:

曾子居卫,缊袍无表,颜色肿哙,手足胼胝,三日不举火,十年不制衣。正冠而缨绝,捉襟而肘见,纳屦而踵决。曳纵而歌《商颂》,声满天地,若出金石。天子不得臣,诸侯不得友。故养志者忘形,养形者忘利,致道者忘心矣。

记忆其实正是主我与客我联系的重要机制,没有记忆,客我就很难进入主我的意识场域中,主我也很难对"客我"进行反应。当然,主我如何反应,还有许多道德感知和当时的社会情境感知等因素制约,影响主我是正视或回避"客我"的期待。诚如米德所言,主我对客我的召唤和客我对主我的制约,人才成为社会的人,人才成为他自己:"我们要求在自己的经验中承认他人,并在他人的经验中承认我们自己。如果我们不能在他人与我们的关系中承认他人,我们便不能实现我们自己。当个体采取他人的态度时,他才能够使他成为自己的一个自我。"②这里包括社会文化对自我的形塑。中国人以大我(完善的我,即圣人)作为小我(个体自我)的榜样,其实也是维护关系的方式,要求大家都应当彼此这样相待,这样相待的目的是个体利益的最大化、集体利益的最大化。这至少是我们的信念,也正在这个意义上中国人才成为中国人的文化标识。正因如此,我们才有"四海之内皆兄弟"的提倡,把非血缘进行拟血缘关

---

① (美)米德:《心灵、自我与社会》,霍桂恒译,北京:华夏出版社,1999年,第175页。
② (美)米德:《心灵、自我与社会》,霍桂恒译,北京:华夏出版社,1999年,第173页。

系,体现"推己及人"的处事方式。将狭隘的私人家庭关系改良为社会关系而依然保持家的温暖。一切的社会制度化设计基于这一理念,法治只是维护了这一理念——中国一家亲。以孝治天下,历来是传统社会的主流价值观。从这个意义上,自我是社会的自我。因为"社会过程在时间上和逻辑上都先于从它之中产生的有自我意识的个体"①。

三、执中:"十六字心传"内向传播导出的社会治理目标

道心人心区别微妙,影响深远,处理两者的方向和原则是精与一,而"允执厥中"则继续强调处置道心人心进程中的心态。"精"与"一"是质的规定性,"允"与"执"则强调量的规定性。两者合一的状态是中,中是和的状态,即合适的状态,自然是量的规定和质的规定的统一。

1. 允,即信也

这个"信"如同开关,如同试金石,是判断是否具有儒家气质的关键。信则真知真行,是谓"洗心",不信则野,是谓"放心"。如朱熹言:"允,信也,是真个执得。"在答"允执厥中"句时,朱熹也说:"允执,只是个真知。"

2. 执,即守也

信是入门功夫,执是坚持功夫。信而不执则其行不远。信而执之,则方是教,以达化境。朱熹学生熊梦兆问:"'执'字似亦大段吃力,如何?"意即"执"字给人吃力把捉、勉为其难之感,与周敦颐光风霁月之飘逸和乐有违也远。朱熹自己回答说:"圣人固不思不勉。然使圣人自有不思不勉之意,则罔念而作狂矣!经言此类非一,更细思之。"②意谓圣人固然没有吃力把捉,行住坐卧无不自然,合乎天理本心,是无执之执,即随心所欲不逾矩;常人 开始则必须时时如悬梁刺股一般自我警醒,是有执之执。其实,圣人也不是不执,只是执成为一种习惯,无意识地将守住仁义礼智信。

3. 中,即和也

中,从性质而言,是准正,即标准。中,则必行,可用。"中"从境界而言是和,和谐,泰和;从方法而言,是通,两边都能走得通,处于最佳位置。孔子曰:"不得中行而与之,必也狂狷乎!狂者进取,狷者有所不为也。"中行与狂狷是相反的两极,这就意味着:"狂"虽积极进取,勇气可嘉,但缺乏敬畏,往往走过

---

① (美)米德:《心灵、自我与社会》,霍桂恒译,北京:华夏出版社,1999年,第166页。
② (宋)朱熹:《朱熹集》(五),成都:四川教育出版社,1996年,第2799页。

头,无法明哲保身,是为"过";"狷"虽知虑而懂取舍,有所为有所不为,但是容易陷于畏头畏尾,贻误时机,就为"不及",于此,孔子希望待人处事当"中行",即在狂与狷之间保持必要的张力。《中庸》引孔子之言:"君子中庸,小人反中庸。君子之中庸也,君子而时中;小人之(反)中庸也,小人而无忌惮也。"中庸,其实是"用中"之意,同于"中行"或"行中"即"时中"。郑玄《目录》云:"名曰中庸者,以其记中和之为用也。庸,用也。"因为中不是恒定的,中是变动不居的,在时间中流转着,是与时俱行的。小人不懂,没悟透这个道理,易于将"中庸"庸俗化理解与运用,以此时此地之中代替自彼时彼地,以为一劳永逸地守中,其实这样是反中,就外放了自己的心志了,便"无忌惮"。《礼记》郑玄《注》释"君子中庸"云:"庸常也,用中为常道也。"用中,是万有的常道。"中庸者,不偏不倚,无过无不及,而平常之理,乃天命所当然、精微之极致也。"[1]中,是常,是理,具有不以人的意志为转移,却可以为人的意志所把握与实践的。"中国哲人称正确地反映物的规律,自觉地按'中'的法则行事为'道心',亦曰'义理之心';反之,则为原初的'人心',亦曰'知觉之心'。人心是道心的前提,道心是人心的升华。"[2]"中"是精一之后的中庸效验并加以葆守。如朱熹言:"执中,是执守不失。""中者,无过不及之名。"[3]其实,"中"具有明显的反身性,具有向内求索的意向。与马克思主义哲学中强调的事物的发展变化是内因为主,外因为辅,外因通过内因起作用的理论有着共通性。

虽然杜威主要在社会交往的层面来谈交流,希望通过交流实现民主,其实,杜威强调的经验,可以看成"客我"。因为"他认为,交流在公共的经验世界里进行,而这个经验世界是由各种共享的符号和习俗编织而成的,因此不能将交流/传播简单化约为人对外部客体的指称,或对其内部心理状态的指称"。"内心独白是社会交流的产物和反射,但社会交流却并非内心独白的结果"[4]。杜威希望人们共同参与建构一个集体世界,每个人于其中,不断调整自我。杜威并未明确自我的结构,但他对人与他者的关系,如果置于内心的语境下,其实就与米德贯通起来。或许他们本来很熟悉,思想的共通也是可以理解的。

---

① (宋)朱熹:《四书章句集注》,北京:中华书局,2011年,第21页。

② 朱宝信:《"中"与儒家"十六字"秘诀》,《江淮论坛》,1992年第5期。

③ (宋)朱熹:《朱子全书》(第6册),合肥:安徽教育出版社,上海:上海古籍出版社,2010年,第239页。

④ (美)约翰·杜翰姆·彼得斯:《对空言说:传播的观念史》,邓建国译,上海:上海译文出版社,2017年,第29~30页。

因此,内心独白何尝不是一种交流,即内向传播。从一定程度上讲,这样的自我传播虽然不会外化成为社会交流的全部,但却会在社会交流中打上个体的深刻烙印,而显得异彩纷呈,不可思议。或许,我们可以说,内向传播,使社会交流变得更复杂而多样。

以此观道心与人心,道心与人心本身也在变化中,也因参与的个体不同而有千差万别,就如同千百年来追问道心与人心的那些学者们,他们各自对道心与人心理解的差别,推动着独特内向传播观念及其社会沟通观念不断涌现,乃至于影响社会的进展。比如宋代官方对道心人心的曲解而直接导致社会出现"存天理,灭人欲"的禁锢风气。

第十章

为仁由己:儒家"仁"观念的内向传播功能阐释

"仁"具有为己之学的意涵,展现出内向传播的特性。以先秦儒家为例,在内向传播理论的观照下,"修己安仁"是儒家对自我本质的追问与修为的集中体现,具体说来,是"主我"以"仁"为指向,以成就"仁人"(圣贤)这一"客我"为目标,在这一过程中,充溢着自我内心对"仁"的领悟、参照、调整与升华,亦即主我不断召唤客我,而客我又不断地改造主我,如此反复,达致通达圆融的自我,具有"仁"性的自我正是构建和谐通泰的现实社会的基石。

内向传播是传播形态谱系中的关键环节,是在人自身内部进行的传播,其过程包括思考、感悟、内省等,其实质上是个人的意识与思维活动。[①] 这是思想发生、行为改变的重要动力。人能够适应社会和参与改变社会的基础是内向传播。在中国先秦儒家文化中,"仁"占据着重要的地位,甚至其能够从一个侧面反映出华夏文明"心传天下"的特质,这也反映了"仁"的生成与拓展根源在于人的内心。从这个意义上讲,先秦儒家关于"仁"的观念是一种内向传播过程。可以说,二者具有相互印证和表征的勾连关系。

第一节 "为己之学":儒家内向传播思想的学派表征

孔子说:"古之学者为己,今之学者为人。"[②]"为己之学"是儒家追求和倡导的理念,强调的是个体自身的学习和修养,强调提高内在素养水平和德性,人人参与学习和修养,最终实现社会的有序运转。《孔子集语・劝学》中提到,

---

① 董天策:《传播学导论》,成都:四川大学出版社,1995年,第101页。
② 杨伯峻译注:《论语译注》,北京:中华书局,1980年,第192页。

"君子不可以不学,见人不可以不饰"①,要求君子学习,成为圣人才能规避危害。《阳货篇》中提到:"好仁不好学,其蔽也愚;好知不好学,其蔽也荡;好信不好学,其蔽也贼;好直不好学,其蔽也绞;好勇不好学,其蔽也乱;好刚不好学,其蔽也狂。"②不学习总是会遇到陷阱、轻浮弄巧、蛮横、恣意妄为等不利因素的危害③。孔子主张要不断学习,修己修德。应该看到,这种内省和修养是在个体自身内在意识传导和处理信息的过程,是通过不断进行自我创造而实现的,为此孔子才坚决主张,真正的学应当被界定为"为己之学"。"为己之学"引导人治心修身,不断完善自我,自觉向善。因此,我们说儒家具有强烈的内向传播意识。

一、"仁"之"为己之学"意蕴

"仁"是孔子倡导的核心观念,在其思想体系中占有核心地位,也是孔子留给后人的重要思想。孔子在《论语》一书中多次谈"仁",《论语·颜渊》中说"克己复礼为仁"④,冯友兰认为这就是"仁"的定义。⑤ 克己就是克制自己,约束自己,学习、践行礼仪(周礼),朱熹在《四书章句集注》中解释说:"仁者,本心之全德。克,胜也。己,谓身之私欲也。复,反也。礼者,天理之节文也。"⑥复归天理,进而达到"仁"的境界。《孟子·告子上》中也提到:"仁,内也,非外也。"⑦概略地说,仁指人的内心状态,与礼指外部规范形成对照。这种内心状态一方面指主观愿望,也就是我愿意或者说我立志成为有德的人,这种内心状态便是"仁"者心态。⑧ 在先秦儒家的特殊环境和历史背景下,仁的习得是要求,也是成为圣贤的途径,正如《大学》里说:"诗云:穆穆文王,于缉熙敬止! 为人君,止于仁。"⑨做国君的要做到仁义,当然,仁的境界是很不容易达到的,它是不断学习、反省和提升的动态过程。"仁"是个体修养水平的反映,也是社会对个体

---

① (宋)薛据纂辑:《孔子集语》,济南:山东友谊出版社,1989 年,第 153 页。

② 杨伯峻译注:《论语译注》,北京:中华书局,1980 年,第 184 页。

③ 崔炼农:《孔子思想的传播学诠释》,长沙:湖南大学出版社,2007 年,第 65 页。

④ 杨伯峻译注:《论语译注》,北京:中华书局,1980 年,第 123 页。

⑤ 冯友兰:《论孔子关于"仁"的思想》,《哲学研究》,1961 年第 5 期。

⑥ (宋)朱熹撰:《四书章句集注》,北京:中华书局,1983 年,第 131 页。

⑦ 杨伯峻、杨逢彬注释:《孟子》,长沙:岳麓书社,2000 年,第 190 页。

⑧ 颜世安:《外部规范与内心自觉之间——析〈论语〉中礼与仁的关系》,《哲学研究》,2007 年第 1 期。

⑨ 王国轩译注:《大学·中庸》,北京:中华书局,2016 年,第 15 页。

的评判和接纳的内容和标准。"仁"的实现和推广需要个体作为载体,也即"为仁"需要以"为己"为基础和依据,个体的最终目标是"仁"。换句话说,"为己"以"为仁"为目标①。"仁"是"为己之学"的内容,而"为己之学"则是学习"仁"的形式的总结和概括。

二、"为己之学"的内向传播表征

米德将自我分成"主我"和"客我",他人的态度构成了有组织的"客我",然后一个人作为"主我"对其作出反应。② "主我"是内在的意识和处理信息的机制,"客我"则是作为来自于外界的信息传入人体内,"主我"对此进行调整、排除、吸纳,最终形成能够指导自我的思想和行为,两者相互作用以成就不断变化和提升的"自我"。这都是在个体内部进行的信息传播活动,是人以自身为对象进行传播的活动。可以说,"自我"是个反身词,表征着自我的独特品性。自我的独特性在于,具有心灵的有机体首先能够成为其自身的对象。③

先秦儒家的"为己之学"思想是修养德性,修成"仁人"。其出发点在于从人的内在修养,在经过对生命、自然和社会的思考之后,最后回归到对自我的提高和改造上来,且这一过程是持续不断的,是过程化的提高。这种修养的过程和基本方式则是内省、观照,以浸染、消融的方式进行自我教化、发现"良心"的过程,侧重内向化④,可见,"为己之学"是内向传播在儒家语境中的独特表征。

第二节　儒家"主我"的修行:为仁由己,而由人乎哉

《论语·颜渊》中说:"为仁由己,而由人乎哉?"朱熹注释说:"为仁由己而非他人所能预,又见其机之在我而无难也。"⑤《孟子·公孙丑上》中也提到:

---

① 黄文彩:《先秦儒家作为过程的"自我"蕴涵评析》,《鸡西大学学报》,2010 年第 2 期。
② (美)米德:《心灵、自我与社会》,胡荣、王小章译,台北:桂冠图书股份有限公司,1995 年,第 175 页。
③ 王振林、王松岩:《米德的"符号互动论"解义》,《吉林大学社会科学学报》,2014 年第 5 期。
④ 谢清果:《内向传播视域下的先秦儒家"慎独"观》,《杭州师范大学学报》(社会科学版),2017 年第 5 期。
⑤ (宋)朱熹撰:《四书章句集注》,北京:中华书局,1983 年,第 132 页。

"仁者如射，射者正己而后发。发而不中，不怨胜己者，反求诸己而已。"这说明，在先秦儒家的观念中，"仁"的修行或成就在于自身而非他人，只要能够遵照礼和相应的规范去做，求"仁"得"仁"就不难。这强调了"仁"的修行的"主我"角色的基础性作用，成"仁"的成功与否都在于"仁"的观念和感悟是否能够在自身实现转化，而不抱怨外界。每个人都具有自我转化的内在动力和资源，这一动力和资源是由天赋予的，但是，这种动力和资源毕竟只是潜能，需要个人努力才能得到完全的实现[1]，由此也彰显"主我"修行的主体性和主动性。

一、修"仁"的心境与觉悟

《孟子·告子上》说："仁，人心也。""仁"是藏于内心的，或者说，修"仁"的过程是从内心开始，修"仁"要有心境。在这一过程中，个体要以具有"仁德"的君子或圣贤为追求目标，一方面，自身的行为能排除外界的诱惑和干扰，选择"仁"的观念和行为等信息进入个体思想中，从而保持清净内心，坚持"仁"的修养；另一方面，在保持修养"仁"的心境中不断进行反省，及时调整处境和心态。曾子说"吾日三省吾身"，强调每天都要对自己的言行进行反省检查，促使道德不断进步。《论语·颜渊》也提到："内省不疚，夫何忧何惧？"不断地进行自我反省，就会心安理得，不会有忧愁和畏惧。这也从反面说明，修"仁"需要良好的心境，不能有忧愁等情绪。

《孟子·告子上》说："恻隐之心，仁也。"恻隐之心，是人所独有的，是人区别于禽兽，人之所以为人之所在，所以说是"人心也"；没有它，就不足以为人，所以又说是"人也"。在修"仁"的过程中，对个体的要求还需要有觉悟，要有对仁的觉察和感悟能力，能批评和抵制不仁的事件，个体要有仁慈、爱人之心，正所谓"仁者爱人"，对身边所有事物都有仁爱之心。这是修"仁"的觉悟和感知能力，在此基础上不断提高对"仁"的认识和实践能力，实现"里仁为美"，实际上这也体现出"仁"是一种态度和涵化。

修"仁"的心境和觉悟体现了"主我"内心的修行意识和对来自外在事物的态度。当然这种心境和觉悟是在我们自身内部完成的，实际上是随着对"仁"的认同和理解，以及对"仁"的具体实践的感知而生成，是心灵世界的一次信息传导，是个体每时每刻都在进行的，能够实际提升感知和觉悟的过程。这个过

---

[1] 姚新中、何丽艳译：《自我与超越：论儒家的精神体验和宗教性》，《江海学刊》，2008年第4期。

程是"主我"对"仁"在自身内部深化的核心环节,最能体现价值。所以说,"主我"的可能性只能属于那正在实际地进行、实际地发生和展开的现实的可能性,在某种意义上它是我们经验中最迷人的部分,正是在这里产生了新奇的事物,正是在这里根植着我们最重大的价值。在某种意义上,我们所寻求不懈的正是这样一个自我的实现①。

二、修"仁"的主体性和主动性

"主我"的修行则能充分体现现实个体的主体性和主动性。在主体性方面,修仁的发起者和受益者都是一个个鲜活的个体,正如《中庸》第十九章中也提到:"仁者人也,亲亲为大,义者宜也,尊贤为大。"朱熹注释说:"人,指人身而言。具此生理,自然便有恻怛慈爱之意,深体味之可见。"②在这里,同时应该看到先秦儒家古典人文主义的一面——讲求人的价值。因此,在先秦儒家那里,人处在社会的中心地位,是社会、天下和谐太平的主要推动者和实践者,具体来说,在孔孟看来,因为人具有与动物区别的道德理性和情感,这些共同的特征和本质将人聚集在一起,形成社会。正如《论语》中所说:"鸟兽不可与同群,吾非斯人之徒而谁欤?"此外,从"敬鬼神而远之""未知生,焉知死"等言论对鬼神的怀疑和回避也体现出孔孟等先秦儒家先哲对人事的肯定。不难看出,先秦儒家是肯定人的力量在人类社会的形成以及社会的发展变化过程中的作用和价值的,正如《礼记·礼运》:"人者,天地之德,阴阳之交,鬼神之会,五行之秀气也。"③由此体现人的主导地位。修"仁"更是体现了人的主体性。《孟子·尽心下》:"仁也者,人也。"只有人能够承受和践行"仁"的观念。王阳明认为,仁是天人合一的范畴,来源于天道、天德,表现于人及人心。人人都有仁心,"是乃根于天命之性而自然灵昭不昧者也"④。他的这种思想揭示了人的主体意识,以此实现人和社会、自然的和谐一致,带有独立性的个体特征。在自然万物中,也只有人能够独立于天地和万物之间而承受、领会、传达天道和天德,这也从侧面说明先秦儒家思想中预设的天与人相互分离,而逐渐重视

---

① (美)米德:《心灵、自我与社会》,胡荣、王小章译,台北:桂冠图书股份有限公司,1995年,第204～205页。

② (宋)朱熹:《四书章句集注》,北京:中华书局,1983年,第28页。

③ 陈澔注:《礼记》,上海:上海古籍出版社,1987年,第126页。

④ (明)王守仁撰:《王阳明全集·二十六卷·大学问》,吴光、钱明、董平、姚延福编校,上海:上海古籍出版社,2012年,第799页。

人的作用的理论思路，也即体现人的主体性。另外，修"仁"的主体性还体现在"仁"的实现还应该"推己及人"，最终实现万物一体的境界，仁者之心就成为绝对本体，由一个个体的内心推向万物，万物皆为己有，也就是"万物皆备于我"之意，人的主体性也就得到充分的展现。

米德说，"主我"对透过接受他人态度而产生的自我作出反应[①]，其也曾阐述"主我"和"客我"的关系，认为，没有以"主我"的形式作出的反应，将没有"客我"[②]。由此看来，"主我"主动性的反应在内向传播中具有重要的先导作用。在修"仁"的主动性方面，需要依靠个体主动学习，而非被动接受"仁"的观念，进而实现心灵的感悟和思想上的认识；也只有主动去学习——而不是社会强加给个体——才能真切提升修身水平，推动"仁"的社会实现和普及。《论语·述而》中谈道："仁远乎哉！我欲仁，斯仁至矣。"其意思是，"仁"离我们并不遥远，只要想要得到"仁"，"仁"就会得到。含义中有些主观唯心色彩，但却要求个体要主动去"修仁"。在孔子看来，"仁"是个人修为的最高境界，并不容易达到和实现，正如，《孔子家语·儒行解》中提到：夫温良者，仁之本也；慎敬者，仁之地也；宽裕者，仁之作也；逊接者，仁之能也；礼节者，仁之貌也；言谈者，仁之文也；歌乐者，仁之和也；分散者，仁之施也；儒皆兼此而有之，犹且不敢言仁也。"[③]可见，实现"仁"并非轻而易举，需要全面系统且多维度的积极作为。[④]所以，对"仁"的追求应该发挥更大主动性，逐步靠近"仁"。

第三节 儒家"客我"的调整和完善

米德认为，他人的态度构成有组织的"客我"[⑤]，这是他人的社会评价和社

---

① （美）米德：《心灵、自我与社会》，胡荣、王小章译，台北：桂冠图书股份有限公司，1995年，第175页。
② （美）米德：《心灵、自我与社会》，胡荣、王小章译，台北：桂冠图书股份有限公司，1995年，第182页。
③ （魏）王肃注，（明）吴嘉谟集校，（清）黎庶昌辑，张立华点校：《孔子家语》上，合肥：安徽人民出版社，2013年，第170页。
④ 崔炜农：《孔子思想的传播学诠释》，长沙：湖南大学出版社，2008年，第45页。
⑤ （美）米德：《心灵、自我与社会》，胡荣、王小章译，台北：桂冠图书股份有限公司，1995年，第175页。

会期待①。这部分的"客我"是来自于外界的参考信息。在中国先秦儒家文化中,"客我"代表理想中的圣贤。圣贤是社会上有贤德的人,具有仁、智、勇特性,即《论语·子罕》中所说的达到"知者不惑,仁者不忧,勇者不惧"②的仁人。当然也有外界环境的评价或者圣贤他者对个体的态度和期待。所以,主体面对这些"客我"的时候,"见贤思齐",向圣贤学习、看齐,或者"见不贤而内自省也",见到不贤德的人要反思自身有无同样的缺点,有则改之,无则加勉。正确对待"客我",及时调整和在"推己及人"中不断完善自身,成就"仁德"的境界。

一、修"仁"的调整:以他者为镜鉴

美国社会学家和心理学家库利曾提出"镜中我"的概念,认为,人的行为很大程度上取决于对自我的认识,这种认识主要是通过与他人的社会互动形成的,他人对自己的评价、态度等,是反映自我的一面"镜子",个人透过这面"镜子"认识和把握自己。③ 他者的评价、态度或者是他者的形象就是一面"镜子"。在中国先秦儒家文化中,圣贤就是他者,他们的评价或形象就是一面"镜子"。《论语·雍也》中孔子说道:"回也,其心三月不违仁,其余则日月至焉而已矣。"这一方面说明,要达到"仁"不容易,同时也表明,孔子的教育中对个人修身养性水平进行评价,也就是对"仁"的践行的期待。所以从孔子弟子颜回等的角度来看,他们"修"仁是以圣贤形象或者圣贤评价和期待为"镜子",不断调整和监察自身。这也从一个侧面论证了,自我不是独立的传播状态,而处于社会关系网络中,时刻与他者保持着联系,在时间推进过程中与定向的他者联系中获得界定和理解。通过交流,人们之间相互影响,从无序中找到规则。他者在先秦儒家的文化中具有重要的参照价值,他者可以提供符号资源,让"主我"得以丰富"客我"的内涵,他者的镜鉴作用,能够不断推进内心对"仁"的感悟和促进,保证"内向传播"的持续进行。正如黑格尔所说:没有他者就没有自我。

二、修"仁"的完善:推己及人

内向传播中"客我"对自我的意义在于不仅能为"主我"提供参照,甚至镜

---

① 郭庆光:《传播学教程》,北京:中国人民大学出版社,2011年,第65页。
② 杨伯峻译注:《论语译注》,北京:中华书局,1980年,第95页。
③ 郭庆光:《传播学教程》,北京:中国人民大学出版社,2011年,第72页。

鉴,还在于经过"主我"反应作用之后的"客我"能够对其他他者产生影响。也就是说,将较完善的"客我"与其他他者再次产生互动,对这个"客我"再次提升完善。许慎的《说文解字》中对仁的解释是:"仁,亲也,从人从二。"①关于"二"有学者对此进行过注释,郑玄注云:"人也,读如'相人偶'之人,以人意相存问之言。"②所谓"相人偶"即互相以人意尊偶之,所有人都以富于良知的情意相互尊重、相互对待,可以简单地理解为"相亲相爱"的意思,即"谐和耦俱、彼此亲密之辞也"。清代学者阮元则认为,"相人偶者,谓人之偶之也。凡仁必于身之所行者验之而始见,亦必有二人而仁乃见,若一人闭户斋居,瞑目静坐,虽有德理在心,终不得指为圣门所谓之仁矣……必人与人相偶而仁乃见也。"③这说明"仁"的修养意味着有两个人或者多个人在一起相互学习、相互参照的人际互动,才能不断提高,因此最终形成对待别人跟对待自己一样的境界。《论语·雍也》中提到,"夫仁者己欲立而立人,己欲达而达人,能近取譬,可为仁之方也矣"。这是修"仁"的方法,其中的要点是"能近取譬",也即以自己作为一个比喻和对象,由此推想到别人。从忠的方面来说,就是"己欲立而立人,己欲达而达人";从"恕"的方面说就是《论语·卫灵公》中所说的,"己所不欲,勿施于人",合起来,叫作"忠恕之道",也就是"为仁之方"。④ 也即,个人自身要时刻考虑他者,与他者形成参照和对比,之间没有强迫的力量干预,完全靠自身的自律。反过来说,他者也应该以此作为为"仁"的方法,二者在互动中不断提升。

　　概而言之,"客我"成为"主我"意识的内容与对象,"主我"又在不断地成为自我意识的内容与对象,即成为"客我"。"客我"的完善,或者是为"仁"的方法在于能够以他者为"镜子"和榜样进行学习,更在于能够在个体与他者之间的持续互动,个体不断从他者身上习得更完善的"客我",逐渐提高"仁"的要求和境界。正如南怀瑾所说的"仁"的体是内心修养,如何做到仁、爱人;"仁"的用就是有推己及人的精神,心胸宽大,包容万象,能够感化他人,体用一体,相互融合。⑤

① （汉）许慎撰:《说文解字》,北京:中华书局,1963 年,第 161 页。
② （汉）郑玄注:《礼记·中庸》卷十六,北京:中华书局,1963 年珍仿宋版印,第 58 页。
③ 阮元:《揅经室集（一）卷八·论语论仁论》,北京:商务印书馆,1937 年,第 157 页。
④ 冯友兰:《论孔子关于"仁"的思想》,《哲学研究》,1961 年第 5 期。
⑤ 南怀瑾:《论语别裁》,上海:复旦大学出版社,1990 年,第 177 页。

第四节　儒家"自我"的超越：思想和行动合于仁

自我是"主我"和"客我"的统一,个体的思想意识以及对外界信息在人体内部不断整合的鲜活行动揭示"自我"的独特存在。这个"自我"具有较高的社会性,能够指导个体适应社会的行为,自我概念如同太极图中的边界,它将主我与客我锚定在自身行动的理性意识中,因为它是判断其他物体的最常见的参考框架,所有后来的行动计划主要源于自我概念。先秦儒家对于"仁"的要求是在思想和行动上统一于"仁",体现"仁"的"克己复礼"内涵,自我修身成"仁",推动"礼"的践行,最终实现人与社会和谐秩序的建构。

一、以圣贤为目标,实现万物一体的圆融与和合

在"主我"和"客我"的统一下,自我的最圆满的状态就是以圣贤为目标的成"仁",实现万物一体的圆融和和合。"圆融"是佛家用语,出自《大乘止观》,意为圆满通融。"和合"一词见于《国语·郑语》。① "和"指异质因素的共处,"合"指异质因素的融汇贯通。② 也就是说,在修"仁"的过程中实现思想上达到纯朴、通透的境界,具有容纳万物的胸怀和心境,甚至达到可以联通天地的超越自我的水平。也正如牟宗三所说:仁以感通为性,以润物为用。感通是生命(精神方面)的层层扩大,而且扩大的过程没有止境,所以感通必以与宇宙万物为一体为终极,也就是说,以"与天地合德、与日月合明、与四时合序、与鬼神合吉凶"为极点。润物是在感通的过程中予人以温暖,并且甚至能够引发他人的生命。这样的润泽作用,正好比甘霖对于草木的润泽。③ 在这个意义上说,自我实现了从思想认识到与外界经验整合的超越,是思想和心灵的一次升华,并外化于外在的行动,沟通人与天道,践仁体道的道德实践,成为一圆形态。④

以圣贤为目标的成"仁"和实现万物一体的圆融与和合是理想化的自我状态,只有天地万物为一体才是"至仁"的境界。⑤ 这种自我不是抽象的自我,而

---

① (战国)左丘明撰:《国语》,鲍思陶点校,济南:齐鲁书社,2005年,第251页。
② 屠忠俊:《自我传播与大众传播》,《华中理工大学学报》(社会科学版),1998年第3期。
③ 牟宗三:《中国哲学的特质》,上海:上海古籍出版社,2007年,第30页。
④ 牟宗三:《中国哲学的特质》,上海:上海古籍出版社,2007年,第9页。
⑤ 陈来:《仁学本体论》,北京:三联书店,2014年,第32页。

是在日常生活行动中追求思想和行为统一于"仁"的自我,这也是儒家思想中积极入世的一面,而不是悬挂于超自然的虚无存在,因此具有更大的现实意义。

二、"仁"的修为与社会互动统一

米德曾说"自我源于交流",自我的交流不仅在于人体内部信息的传导和流通,更在于与社会环境、社会其他他者和关系进行交流,因为个体处于社会中,个体的内向传播在特定的社会中进行,没有一个个体能够拥有可以脱离社会生活过程而自我运作的心灵,正是在社会生活过程中萌生这种心灵,也正是在社会生活过程中,有组织的社会行为模式给这种心灵打上自己的烙印。在米德看来,自我本存在于社会之中,借助"主我"和"客我"的张力,形成着自我。米德指出,"主我"和"客我"共同构成社会个体的整体自我。因此,它们作为这个整体自我的不同侧面,在参与社会互动过程的个体那里是相互转化、相辅相成的。"主我"使社会个体在互动过程中打破各种习惯模式和常规惯例,发挥个体的独创性,进而推动社会的不断进化和变迁。"客我"则使社会个体在互动过程中相互协调与合作,使社会在个体多样化的基础上保持稳定。主我和客我在特定的社会环境中互动统一,作用于社会。实际上,通过对米德"主我""客我"和自我的描述和界定看,他的自我理论具有明显的特点,始终把社会和社会性放在至关重要的地位上,呈现个体进化生成社会性个体,社会把个体塑造成为社会性个体的双向动态过程。[①] 米德的这种突破主我和客我的二元结构而与社会相融合的观念和内涵正好与先秦儒家修仁、成仁的最终目的是切合的。

应该看到,先秦儒家主张对仁的修养,对礼的尊崇,着眼于现实社会环境,可以用具体行动践行,照孔子所说的,仁是可以在我们眼前真实的生命里头具体呈现的。[②] 这也可以说明其理念来源具有社会性,只有通过社会中"主我"和"客我"的统一,思想和行动合于仁,实现完全的理想的自我,自我与社会形成互动统一,规范和稳定社会秩序,推动内向传播的生发及其社会功效的外溢,作为社会的自我也才有生存的意义。

---

① 李美辉:《米德的自我理论述评》,《兰州学刊》,2005 年第 3 期。

② 牟宗三:《中国哲学十九讲》,长春:吉林出版集团有限责任公司,2010 年,第 31 页。

第五节 儒家"仁"的内向传播实践具有形塑
中华民族的时代价值

先秦儒家"仁"的"为己之学"意义上的内向传播,不仅对社会中其他传播形态具有重要的奠基作用,而且其立足于对"人"的思考,对大同世界的关怀,其最终的归宿和追求的目标也在于实现人类生存和发展的价值,因此,具有较强的社会现实意义。对个体而言,能够提高内在的修为水平,不断向圣贤的修为境界靠近;对社会而言,则能形成中华民族特有的社会文化理念,构建中华民族共同体,甚至人类命运共同体,实现完美的人与社会和谐统一,世界大同。

一、仁的修为:形塑个体的道德与世界观

"仁"是先秦儒家观念中四德之一,是个体所具有道德涵养,认为人应该进行"仁"的修养,提出具体的标准。《阳货》中子张问仁于孔子,孔子曰:"能行五者于天下,为仁矣。"请问之。曰:"恭、宽、信、敏、惠。恭则不侮,宽则得众,信则人任焉,敏则有功,惠则足以使人。"如果能够做到这五个方面,就能够实现仁了,这是人的美好品德的标准。儒家以传者为本位,重视传者的道德要求与规范,要求个人要以爱人之心、恻隐之心对待周围的人和物,要依靠内在的道德修为行事。当下社会各类矛盾复杂、层出不穷,根本原因在于社会个体面对利益争夺而内心道德失范,如果能够做到恭敬、宽容、信任、敏锐、智慧、恩惠等则能够有效化解社会矛盾,达到和谐。

先秦儒家的"仁"具有世界观意义。孔子说"观过,斯知仁矣",从一个人的错误去看他的世界观。孔子认为,"仁"是人在世界观方面所可能达到的最高的成就[1]。"仁"的这种修为要求个体具有胸怀世界,放眼全球,对世界的和谐发展保持有关怀的态度和情怀,能够遵从儒家天下大同的思想,实现人与社会互动,乃至国家与国家之间的和谐有效的互动。在当下中国社会转型及世界形势之变的大背景下,社会呼唤个体和自我的道德责任和世界胸怀,先秦儒家的"仁"的修为在一定意义上提出解决世界冲突不和谐的有效方案和策略,体现出内向传播的重要基础意义和社会功效以及修"仁"的社会现实意义。

---

[1] 冯友兰:《论孔子关于"仁"的思想》,《哲学研究》,1961 年第 5 期。

二、构建和谐的中华民族共同体

滕尼斯的《共同体与社会》一书提到，人与人之间表现为意志和力量的积极互动关系形成的族群，可以对内或对外发挥作用的人或物的结合，也即共同体。[①] 一般来讲，共同体有两种类型，一是地域性类型（如村庄、邻里、城市、社区等地域性社会组织），二是关系性类型（如种族、宗教团体、社团等社会关系与共同情感）；其中，共同体的关系性类型显得愈来愈突出。[②] 这说明，共同体是以一定的关系维系而存在，成员之间在行为上应该具有一致性。这种关系产生于对本民族和文化内涵的情感和认同，有着共同的道德价值追求。

中华民族共同体是各个民族单位以中华传统文化为媒介，以习得和认同中华传统文化精神内涵为纽带而形成的结合体。如费孝通所言，中华民族是由许许多多分散孤立存在的民族单位经过接触混杂联结和融合（同时也有分裂和消亡），形成一个你来我去我来你去、我中有你你中有我而又各具个性的多元统一体。[③] 这里的中华传统文化是由先秦儒家思想部分构成，其为中华民族的人生观、价值观和世界观形成的源泉，也给予中华民族自强不息屹立于世界民族之林的强劲动力。各族人民是同呼吸共命运心连心的共同体，有着共同的历史渊源，共同的民族文化和共同的国家——中国。[④] 在具体的思想观念中，先秦儒家尤其强调对"仁"的修养，个体通过修"仁"的内向传播实现理想的社会化的自我。按照米德的观点，这个自我是社会化的和主动的自我，拥有影响共同体和改变社会环境的能力，每个个体都这样做，就能推动社会群体的发展，促进社会变迁。[⑤] 通过"仁"的修养，中华民族共同成为一个具有高度凝聚力和认同感的命运共同体，正如习近平总书记指出，我国五十六个民族都是中华民族大家庭的平等一员，共同构成了你中有我，我中有你，谁也离不开谁的中华民族命运共同体。[⑥]

① （德）斐迪南·滕尼斯：《共同体与社会——纯粹社会学的基本概念》，林荣远译，北京：商务印书馆，1999年，第52页。
② 李慧凤、蔡旭昶：《"共同体"概念的演变、应用与公民社会》，《学术月刊》，2010年第6期。
③ 费孝通：《中华民族的多元一体格局》，《北京大学学报》（哲学社会科学版），1989年第4期。
④ 邓新星：《论中华民族共同体认同感的构建》，《西北民族大学学报》（哲学社会科学版），2016年第5期。
⑤ 乐国林：《米德自我概念述评》，《宁波大学学报》（教育科学版），2003年第3期。
⑥ 习近平：《中华民族一家亲 同心共筑中国梦》[EB/OL]，http://news.xinhuanet.com/politics/2015-09/30/c_1116727894.htm，2015年9月30日，引用日期：2019年10月15日。

　　中华民族命运共同体的出现,强化了民族意识,使中华五十六个民族聚合在一起,这对于中国的转型,提高在国际上的地位和话语权具有重要的意义。从更广泛意义上说,中华民族共同体也是世界共同体中的一员,先秦儒家思想也可为这一共同体的发展提供智慧思路,在这个世界共同体中,每个个体共同接受"仁"观念和"礼"的规范和约束,世界就会在统一的秩序中运转,避免冲突,构建和谐的共同体,成为"天下大同"的理想社会。

　　从内向传播的角度看,先秦儒家"仁"的内涵和践行具有内向性,其产生和践行过程是内向传播的过程。内向传播中包含"主我"和"客我"的互动,最后展现自觉践行"克己复礼"的有社会担当自觉的自我。这一过程不是纯粹的生理内部的反应,而具有很强的心理特点和社会性。通过内向传播,人能够在与社会他人的联系中认识自己,改造自己,使自我不断发展和完善,使自己更好地适应社会的需要[①]。同样地,先秦儒家的"仁"也不单是内在的"主我"的德性修为,也同样需要与外在评价和期待的"客我"反应和互动,形成适应和改变社会的自我,通过自我的社会关系网络的构织,使"仁"融入社会网络中,建构和维持社会秩序,使社会的运行状态趋于通泰和谐,最终实现和合圆融的完美整合[②]。

　　以内向传播视角看待先秦儒家的"仁",是为了更好地诠释其内涵。"仁"首要的是内向传播,即自我之间的交流,更内含对社会现实的仁爱关怀,因为人类交流的一个重要因素,就是与现实的接触。挖掘先秦儒家"仁"的社会现实的意义,促进交流、传播、感化,才能准确把握儒家的思想文化内涵,更好地引导自我个体融入社会,建立"大同世界"的规范和秩序。

---

① 陈力丹、陈俊妮:《论人内传播》,《新闻与传播研究》,2010 年第 1 期。

② 屠忠俊:《自我传播与大众传播》,《华中理工大学学报》(社会科学版),1998 年第 3 期。

第十一章

"内圣外王":儒家内向传播理论的核心范式

　　"内圣外王"是中国传统的理想人格,是儒家核心思想和价值观。儒家通过"内圣外王"实现道德的完满。内向传播视野下,儒家以"他者"为镜,映照"俗我",在"圣我"的感召下,通过"反省""克己"等手段反思自我,提高自我,改善人格,开启"内圣",付诸道德实践(即"外王"),完成"内圣外王",超越生命的有限性,与天地同德共存。人类命运共体下,挖掘"内圣外王"精神内涵,具有积极的时代意义和价值。

　　党的十九大呼吁:各国人民同心协力,构建人类命运共同体,建设持久和平、普遍安全、共同繁荣、开放包容、清洁美丽的世界。十九大呼吁,为人类全球性问题的解决贡献中国智慧。《东西方哲学》主编安乐哲曾经高度评价儒学"是解决全球困境的重要资源"①,杜维明认为"儒家的人文思想应该从四个不可分割的侧面来考虑:自我、社会、自然和天道"②,这四个方面,正是全球所面临的人的自我认知与道德问题,人与人的关系问题,人与生态环境和自然规律的问题的集中体现。"内圣外王"是儒家人文思想的灵魂与核心,挖掘其内在的精神内涵,有利于为人类共同问题的解决贡献中国智慧。

第一节　"内圣外王":中国传统的内外兼修的理想人格

　　"内圣外王"是中国人生哲学的核心,是个体试图超越时空和生命有限性,

---

① 安乐哲:《儒学是解决全球困境的重要资源》,http://www.rujiazg.com/article/id/8160/,2016 年 5 月 18 日,引用日期:2017 年 4 月 27 日。
② 杜维明:《二十一世纪的儒学》,北京:中华书局,2014 年,第 105 页。

寻找个体心理时间的无限性及生命意义世界永恒的终极归宿。冯友兰在《新原道》中指出:"圣人的人格,是内圣外王的人格。一个人的最高成就是成为圣人,得到我们所谓的天地境界。"[①]

"内圣外王"语出《庄子·天下》:"是故内圣外王之道,暗而不明,郁而不发,天下之人各为其所欲焉以自为方。悲夫,百家往而不反,必不合矣! 后世之学者,不幸不见天地之纯,古人之大体。道术将为天下裂。"这一用语却并非道家独有。在中国哲学里,各家各派都讲"内圣外王",虽然路径不同,含义不尽相同,但终极指向相同:超越生命的有限,追求无限的意义世界,实现生命意义的最大价值,达到天人合一的境界。

儒家、墨家、法家的"内圣外王"旨在追求道德人格,包含人们对真善美的追求。"内圣",主要指从事道德修养,成就圣贤人格;"外王",主要指从事政治实践(道德实践),建功立业,完成圣贤使命。道家和佛家追求逍遥人格和灵魂的升华和解脱,反映人们对自由的向往和追求。"内圣"主要指从事精神修养,达到超越而自由的境界。"外王"指从事俗务,以"出世"精神干"入世"的事情,即达到"无为而无不为"的境界。

纵观以上各家理论,无论是成就"圣贤",还是成就"神仙"或者"佛",各家都强调主体的道德修养。内在修养是基础,内在修炼功夫是成就"内圣外王"理想人格的关键要素,内向传播贯穿在"内圣外王"理想人格的实现始终,起到统摄作用。

鉴于"内圣外王"在中国哲学中的核心地位,其研究成果十分丰厚,国内外学者从不同的学科及角度著书立说,加以阐释。著作方面已有梁漱溟的《内圣外王之境》、崔永东的《内圣与外王:中国人的人格观》、李翔海的《内圣外王:儒家的境界》等多部著作,它们大多畅谈儒家内圣外王的内涵与价值。现就学术论文领域成果归纳如下。一,对道家"内圣外王"观念的阐释。梁涛《〈庄子·天下〉篇"内圣外王"本意发微》一文从学界对"内圣外王"的三种不同理解,阐释道家内圣外王的意义。白延辉的《内圣外王:黄老道家生命价值论》,从黄老道家以"道"与"气"为核心,逐步展开对生命的本原、构成、修养和价值问题的探讨,阐述黄老道家"内圣外王"的价值论。二,对儒家"内圣外王"的不同角度的阐释。顾士敏的《何为"内圣外王"》一文认为"内圣外王"在中国的"文化追求""文化理想"中,成为"人"对"此在"的"终极关怀",是中国哲学史上的一个

---

① 冯友兰:《新原道》,上海:上海书店出版社,1945 年,第 1 页。

"圆圈"。现代新儒学正是在这个基础上建立起来的。石勇之的《内圣外王新诠》指出，新时代儒家内圣外王的新连接应该回到儒家的源头活水处，合孟荀，折衷于孔子，其思想结构就是"仁爱、平等、自由"。三，"内圣外王"的时代价值和未来走向。张怀承、姚站军的《"内圣外王"思想及其时代价值新探》指出，"内圣"可比拟一个民族之精神、灵魂气质或整个国民之思想道德修养境界、文化精神素质；"外王"可谓表现于外之社会风气、社会国民士气及其开拓之国富民强、综合国力之景象。对现代组织意义重大。李超然的《孟子"内圣外王"教化思想及对思想政治教育的启示》一文指出，孟子"内圣外王"教化思想更加强调"内圣"的重要性，对思想政治教育具有启示意义。林家虎的《熊十力的"内圣外王"思想述论——兼论现代新儒学"开出说"的理论困境与未来走向》指出，儒家的"内圣"心性之学才能真正地开显出民主与科学的"新外王"。这一生活实践的维度，应是现代新儒学未来发展的关键方向。以上分析可看出三点：其一，"内圣外王"并非儒家所独有，各家都有其"内圣外王"之道。其二，儒家"内圣外王"研究是学界研究的重点。其三，"内圣外王"研究主要从内涵、形成过程、对当代价值及其未来趋向等角度来研究。从传播学角度分析儒家思想，都集中在人际传播和组织传播范畴。学界鲜有从内向传播的角度来研究"内圣外王"，"内圣外王"本身就是修身养德的过程，是个体内心经过反思，逐步提高道德和践行道德的过程，内向传播机制贯穿始终。因此，从内向传播视角分析"内圣外王"非常必要。本章选取先秦儒家为代表来深入分析先秦儒家的"内向传播"智慧。儒家内向传播，"一般意义上讲，是士人自我心灵世界中的自我对话，即实然的我（主我）与应然的我（客我）在修身成圣的精神感召下，不断地反省，推动自我朝适应社会、完善自我的理想境界，即'内圣外王'前进的一种思维升华过程与方法的统称"，本章循此思路新探儒家的"内圣外王"思想。

第二节 "内圣外王"：儒家内向传播中树立起的道德标杆

"内圣外王"并非儒家首倡，却精辟地概括出儒家的学术精神。近代学者梁启超认为，儒家学问的最高目的，可以用"内圣外王"来概括。修己的功夫做到极致，就是内圣；安人的功夫做到极致，就是外王。现代新儒学更是把儒家学说归结为"内圣外王"。熊十力赞扬孔子"承乎泰古以来圣明之绪，而集大成,开内圣外王一贯之鸿宗"①,从"学统""外王""内圣"三个方面揭露原儒精神。"内圣外王"是儒家的理想人格,包含儒家对道德的推崇,反映儒家的政治抱负和诉求。孔子曰"为政以德,譬如北辰,居其所而众星共之",孔子把以道德治理国家的为政者比喻为北斗星,可见其对道德的重视。因此,儒家无不讲道德,也无不谈政治。儒家对道德的重视,体现儒家的修养功夫与心性学的统一,反映出儒家注重道德情感、本体召唤的自觉,注重道德楷模人际传播的垂范作用。

一、先秦儒家内向传播中实现超越自我的独特范式

内向传播,是传播活动的基本类型,人接受外部信息,再根据自己的生活经验在内部对信息进行处理。内向传播过程中,"内圣外王"的"圣"即"圣人、圣贤、圣王"的总称,是智慧、道德、真理的综合体。溯源中国文化,"圣"字有不同的解释,"圣人"也有不同含义。"圣"繁体字写为"聖"。许慎《说文》:"圣,通也,从耳,呈声。"②甲骨文里的"圣"字是由"人""耳""口"三部分组成的会意字。该字形中的"人"后讹变为"壬",遂写作"聖"。根据对甲骨文的解读,"圣"最初是指听觉敏锐,其本义是听闻,"圣"(聖)与"声"(聲)、"听"(聽)三字同源,后来才分化而别有所指。郭沫若认为:"古听、声、圣乃一字,其字即作耳口,从口、耳会意。言口有所言,耳得之而为声,其得声之动作则为听。圣、声、听均后起之字也。圣从壬声,仅以耳口之初文附以声符而已。《左传》'圣姜',《公》《谷》作'声姜',知声、圣为古今字。后乃引申为贤圣字,三字遂分化矣。"③通过对"圣"字语源及其初始涵义的考察,可知"圣"最初并不像今人所理解得那么高深莫测,"圣"原指善于从所到的言语中分辨真假是非的智慧、能力,善于聆听是"圣"最本真的语义特征。"圣人"的原型其实就是"聪明人",即善于通过对言语的分析来认识真相,把握真理的人。然而,"圣"字发展到后来,被用来代表对世间一切真相、真理无所不知的终极智慧,即古人所谓的"无所不通"。"圣人"也从善于发现真相、真理的人摇身一变成为真理的占有者、独断者,最

---

① 熊十力:《原儒》上卷,上海:上海书店出版社,2009年,第1页。
② (汉)许慎撰,(清)段玉裁注《说文解字注》,许惟贤整理,南京:凤凰出版社,2015年,第1028页。
③ 郭沫若:《卜辞通纂》,台北:大通书局,1976年,第489页。

终被当作真理的化身。[1]

在上古宗教中，"圣"指沟通神灵的能力，具体来说，就是听闻神灵声音或命令的能力。这时候的"圣人"，就其原初身份而言，是通神之人，即巫觋。其主要职能是人和神沟通的灵媒，起"上传下达"和"下传上达"的作用，向人传达神灵的旨意，将人的心意传达给上天神灵。最初的"圣"是"巫圣"，随着王权对神权的垄断，出现新的宗教现象，有组织性、规则性、持续性的祭司阶层（祝、宗、卜、史）随之取代传统的个体化、随机化的巫觋，随后王者成为宗教的最高祭司。作为垄断通神权力、具有通神能力的神圣存在，王者本身就成为"圣王"。"圣王"之"圣"，一如其本义，为通神之"圣"。

学者潘祥辉从传播学的角度解释对"圣"字从"耳"从"口"的理解。他认为："圣字从耳：凸显巫圣时代'耳闻'的重要性；圣字从口：上传下达中'告'的重要性。"他认为圣巫同源，是沟通天地人神的"灵媒"，是上古"传播之王"。[2]春秋以来，儒家以"通""睿""德"对"圣"加以重新规定，将传统"巫圣"转变成儒家的"儒圣"及"王圣"。儒家在认可"巫圣"沟通天地神灵的基础上，强调"儒圣"（圣人）"德"的一面。圣人作为巫的色彩被淡化，而"德性伦理""教化人伦"功能被强化，圣人被注入新的时代内涵。圣人由以前单独沟通天地人神的信息沟通角色变成文化传播与教化者的角色。在先秦儒家眼里，"圣人"被描述为具有"人伦之至""知通乎大道"的理想人格。孔子把人分为庸人、士人、君子、贤人、圣人五等。在他眼里，圣是最高等级。孔子说："圣人，吾不得而见之矣；得见君子者，斯可矣。"在孔子眼里，圣人是理想人格的化身，其修为要超过君子。

孟子眼里，圣人是"人伦之极"。孟子说："规矩，方圆之至也。圣人，人伦之至也。欲为君，尽君道；欲为臣，尽臣道：二者皆法尧舜而已矣。不以舜之所以事尧事君，不敬其君者也。不以尧之所以治民治民，贼其民者也。"尧舜之所以为圣人，是因其身上体现了"人伦之至"而足以为后世效法。正因为如此，孟子认为："伯夷，圣之清者也；伊尹，圣之任者也；柳下惠，圣之和者也；孔子，圣之时者也。孔子之谓集大成。集大成也者，金声而玉振之也。金声也者，始条理也。玉振之也者，终条理也。始条理者，智之事也。终条理者，圣之事也。"

---

① 宋金兰：《"圣"之语源及其初始涵义》，《青海师范大学学报》（哲学社会科学版），2008 年第 3 期。

② 潘祥辉：《传播之王：中国圣人的一项传播考古学研究》，《国际新闻界》，2016 年第 9 期。

在孟子看来,伯夷、伊尹、柳下惠这些人,身上具备圣人的德性,孔子之所以是圣人,是因为将圣人的德性集大成于一身。所谓大圣者,知通乎大道,应变而不穷,辨乎万物之情性者也。这便是以"知通乎大道"来定义圣人。

荀子曰:"圣人也者,本仁义,当是非,齐言行,不失毫厘,无它道焉,已行之矣。""凡禹之所以为禹者,以其为仁义法正也。然则仁义法正有可知可能之理,然而涂之人也,皆有可以知仁义法正之质,皆有可以能仁义法正之具;然则其可以为禹明矣……故圣人者,人之所积而致也。"

荀子说:"圣也者,尽伦者也;王也者,尽制者也;两尽者,足以为天下极矣。"

在荀子看来,圣人坚守"仁义"为本,而践行之,言行一致,知行合一,为世人效法而为圣。禹之所以圣明,是因为他能实行仁义法正,可以被世人效法。荀子认为圣人能尽人伦之至,王者的功能是创制立法,两者结合起来才能为天下立极,才能到达通达天德、教化人伦的"圣人"的至高境界。荀子强调了圣人注重道德修养和道德实践的统一性。

以上是儒家对"圣"的看法,可以看出,在先秦儒家眼中,圣与天道相通,乃德性之最高层,圣就是天道的化身。"圣人"被描述成具有"人伦之至""知通乎大道"的理想人格。圣人修德的目的是教化众人,实行王道,"圣王"被视为最高级别的"圣人"。因此,追求"内圣外王"的理想人格便具有至高的意义。在儒家眼里,天地是具有伦理道德意味的实体,人追究道德的终极意义是取得与天地同等的地位。具备儒家所要求的道德规范的"圣人",可以与天地同德,其个人生命已经进入天地的无限之境,超越生命的有限意义。因此,在天道的感召下,人们向圣人看齐,追求"人伦之极",生发出仁义礼智圣,继之,成之,开启超越自我,成就自我的历程。

纵观"圣"的本源及流变,"德"是"圣"的核心要素,"不论儒圣还是王圣都非常强调'德',这种德实际上是由上古巫圣转化而来的。上古巫圣与神灵沟通时,需要'正心诚意'。祭祀要求灵媒呈现畏、敬、忠、诚等主观情感状态,这对于灵验至关重要。发展到后世,这些品质就成为圣人必备的道德品质"[①]。由此可以看出,巫圣除了具备常人不具备的"通"能力之外,其与天地沟通的传播渠道是"内心",靠诚意和敬畏去传递双方信息,这种"诚意"和"敬畏"就是后来儒圣提倡的"德性",即道德。只有德才兼备的人,才能充当人神沟通的媒

---

① 潘祥辉:《传播之王:中国圣人的一项传播考古学研究》,《国际新闻界》,2016 年第 9 期。

介,传达天地的旨意。只有具备道德才能成为"圣人"。道德的生成,离不开人的"内心"修炼,因此内向传播至关重要。儒家在承认圣人才能的基础上,更注重道德修养,认为通过修德,人人皆可以为"尧舜",即可成为"圣人""圣王"。然无论是智慧的运用还是道德的提升都离不开内心修炼功夫和外在道德实践,内心修为是基础,实践是检验修为的标准。而这一历程是在内向传播的过程中开启、回落。

二、"内圣"——主体"修德"的内向传播诉求

"内圣",即主体加强自身的道德修养,向圣人、圣王看齐,有其智慧和道德,下可教化人伦,上可通天地,沟通人神,与天地同德共生,超越生命极限,让生命永恒,是人生追求的最高境界。如上文所述,圣人是沟通天地人神的灵媒,具有超凡的沟通传播能力,圣人具有高尚的道德品质,是人伦之极,万人敬仰,具有强大的文化传播和教化功能。况且,在先秦儒家眼里,通过修德,人人皆可以为尧舜,都可以成圣人。因此圣人在俗人眼中并非可望而不可即,并非遥不可攀的目标,修德即可成圣。在圣人光辉形象的感召下,主体对圣贤心向往之,强烈渴望成圣。美国著名的心理学家、人格学家亚伯拉罕·马斯洛认为人类价值体系存在两类不同的需要,一类是沿生物谱系上升方向逐渐变弱的本能或冲动,称为低级需要和生理需要。一类是随生物进化而逐渐显现的潜能或需要,称为高级需要。人都潜藏着五个不同层次的需要,从低到高分别为:生理需要、安全需要、社会需要、尊重需要和自我实现需要。高层次的需要比低层次的需要具有更大的价值。热情由高层次的需要激发,人的最高需要(即自我实现)就是以最有效和最完整的方式展现潜力,惟此才能使人得到高峰体验。马斯洛还认为:在人自我实现的创造性过程中,会得到所谓"高峰体验",这个时候,人处于最激荡人心的时刻,是人的存在的最高、最完美、最和谐的状态,这时的人会有欣喜若狂、如醉如痴、销魂的感觉。按照马斯洛需要层次理论,主体对"圣人"的向往、学习及靠拢,是主体高层次的需要,是主体为了满足尊重的需要和自我价值实现需要的必然追求。"圣人"乃"人伦之极""知通乎大道",与天地同德,是尧、舜、汤、武的化身 ,受到世人的尊崇,因此"内圣"是满足尊重需要的表现。"内圣"的最高境界是取得与天地同德,天人合一的地位,超越生命和时空的有限性,达到生命的无限与永恒的境界。对于主体来说,这无疑是最大限度地实现了自我价值。主体最激荡人心时刻的"高峰体验"无疑是"成圣",这时候主体才会体验到所谓的"欣喜若狂、如痴如醉、销魂

的感觉"。因此,"圣人"无时无刻不在主体内心深处召唤着主体,主体为了实现"尊重的需要"和"自我价值实现的需要",感受自我价值实现的"高峰体验"而对"内圣"充满强烈的向往。这一认知和过程正是内向传播过程。

三、"外王"——目标彰显内向传播的社会性指向及终极归宿

内向传播是人与自己的信息交流活动,个体通过与自己进行信息交流,形成认识,赋予社会感知和行为的连贯性。这种信息交流活虽然发生在人体内,却与社会和他人具有密不可分的联系,具有很强的社会性。陈力丹认为:"当个体把自己当作对象、客体或他者,产生'自我',自我传播也就随之发生,这种自我传播一定是在一定的社会过程中,在与他人活动中产生。"[①]人对自我的思想、行为、兴趣、爱好的理解,都建立在与外界相联系的基础上,都以社会的主流价值观和他人的评价为参照系。因此主体"内圣"修德同样离不开社会性评判标准。检验"内圣"最好的场所便是社会大舞台,即践行道德实践——"外王"。在社会性的实践中确定自己与圣人的差距,调整下一步的修德行为。先秦儒家"内圣外王"中的"慎独",是以尧舜等先贤为榜样,以他们的建功立业来论证道德践行的社会功用与个人成就,这是最理想的内向传播与社会传播相结合的表征。道德实践(外王)是内向传播向社会传播的连接和过渡,彰显了"内圣外王"的社会意义和社会价值取向。

"外王",即践行道德实践,对外实行王道,发挥内圣的社会功能。按照先秦儒家的观点,"圣人"是人伦之极,主体成圣的目的,不仅仅是个人与天地同德,更为了"教化人伦",实现天地人的和谐归一。尧舜之所以为"圣人"是因为他们是"人伦之至",可以为世人效法,垂范天下。因此,主体"内圣"的最终目的是"外王",为社会和他人做出表率,使个人与社会和谐共存,即践行道德实践。在实践的过程中才能检验主体完成"内圣",真正起教化人伦,为人典范的社会功能与作用。"圣人"只有教化人伦,为世人效法,才能真正实现人人皆为"尧舜"这一目标,整个社会才能真正达到和谐统一,主体尊重的需要和自我价值实现的需要才能满足。因此"外王"是主体"内圣"情之所归,是"内圣"的最终的社会指向,体现中国哲学"道与术""为学与为用"的统一。

---

① 陈力丹:《自我传播与自我传播的前提》,《东南传播》,2015 年第 8 期。

四、"内圣"、"外王"——主体理想道德人格成就之路

"内圣外王"是先秦儒家追求的理想道德人格。主体理想人格的实现要靠"内圣""外王"两者相互结合。"内圣"是起点，是基础，"外王"是归宿，是功能，是检验"内圣"的标准。"内圣"是"外王"的前提，"外王"是"内圣"必然结果和终极目标。随着实践的变化，"内圣"的标准也不是一成不变的，两者在良性互动中最终使主体到达"内圣外王"的理想人格，实现主体心有所属，情有所归，超越自我，实现生命意义无限价值的目的。

第三节 "修己安人"："内圣外王"的内向传播机制

"内圣外王"的内向传播机制是怎样的？又是怎样作用于道德主体的内心的呢？

"修己安人"，是孔子对理想人格的基本规定，也是先秦儒家对"内圣外王"道德楷模塑造的核心思想，进而上启"修己以敬"，后达"修己以安百姓""修己以安天下"，体现了先秦儒家处理"心物"关系、"自我"与"他人"的关系、"一和多的关系"的原则和立场。陈力丹指出："通过人内传播，人能够在与社会他人的联系上认识自己，改造自己，不断实现自我的发展与完善，从而使自己能够更好地适应社会的需要，处理好各方面的关系。"[1]儒家"内圣外王"人格修养的过程也要经历三个阶段，在内向传播中，完成主体对自己的认知，对自己的改造，对自己的改善和完善发展，达到主体自身身心的和谐，协调个体与他人和社会的和谐关系。

一、视觉修辞下，以"他者"为镜，照射"自我"，认知自我，开启"内圣"

修炼"内圣外王"道德人格，来源于道德主体对于自我的认知。这种认知并不是凭空想象的，而是在"他者"的镜子中，映照"自我"完成自我认知。

米德认为，"主我"是有机体对他人态度的反映，"客我"是有机体自己采取的一组有组织的他人态度。他人的态度构成有组织的"客我"，有机体作为主

---

[1] 陈力丹：《自我传播与自我传播的前提》，《东南传播》，2015 年第 8 期。

我做出反应。"主我"以个体经验为基础做出反应,是个体对他人态度的回应。其本身是一种社会结构,产生于社会经验之中,不同的社会经验对应不同的社会自我,自我产生过程是社会化的过程,在群体的社会互动中产生。[①] 可以看出,道德主体对自己的认识不能独立存在,离不开社会经验中他者对自己的认知评价,是以他者态度"为镜"照射主我,形成主我认知,促使主我调整自己言行,从而完善"自我"。同理,先秦儒家的"自我认知"过程也是一样。"主我"即现实中修德的我,也叫作"俗我"。"客我"是社会结构中凭借社会经验,他人评价之中的我,也叫作"圣我",亦指"圣人"。以"圣我""为镜",映照"俗我",在"镜子"中看到"俗我"与"圣我"的差距,"俗我"与"圣我"之间产生张力,也就是道德主体与"圣人"之间的差距,"俗我"向"圣我"转化的"势"。这一过程是"俗我"对"圣我"的召唤与回应。先秦儒家眼里的"圣人",是"人伦之极""知通乎大道",是智慧、道德、仁政的高度统一,是尧、舜、汤、武、伯夷、伊尹、柳下惠之人。米德认为自我认知本质上是认知现象,而非情感现象。本章并不认同,相反更赞同库利和詹姆斯的自我认知理论,他们试图在内省的情感经验即涉及"自我感觉"的经验中寻找自我的基础。现以库利理论为例分析"内圣"的内省过程,库利的"我"是"经验的自我",是感觉状态,并非一成不变的"能够在意识中产生某种特别兴奋的东西,是自我的感觉和表现"。库利认为,自我感觉中,他人的影响十分显著和特别。人们彼此之间是一面镜子,映照对方。"镜中我"有三个层次,即认知、态度和情感的过程。我们对自己的认识,始于别人眼中我们形象的想像(认知),形成别人对我们这一形象判断的想像(态度),这种判断会让人产生自我感觉,如骄傲或耻辱(情感)。[②] "圣我"心物相合,言行一致,教化人伦,仁爱百姓,与天地同德,"俗我"在"圣我"镜子的映射下,产生的不仅仅是对圣人的仰慕之情和对自己的羞耻感,更多的是向圣人学习,实现生命价值的强烈愿望和行动。在"人人皆可以为尧舜"的强大感召力下,"俗我"会积极修德,践行道德实践,在"镜中我"的强大映射下,不断改变着"自我感觉",逐渐向"圣人"看齐,最终实现道德人格,完成"内圣外王"。

二、情感支配下,以"超凡入圣"为目标,改造自我,实现"内圣"

主体"以圣人为镜"映照自我,形成自我认识以后,产生的不仅仅是对圣人

---

① (美)米德:《心灵、自我与社会》,上海:上海世纪集团出版社,2005年,第112～143页。

② (美)查尔斯·霍顿·库利:《人类本性与社会秩序》,包凡一译,北京:华夏出版社,2015年,第111～147页。

的仰慕之情和对自己的羞耻之情,更多的是向圣人学习的动力和激情。主体会进入以"超凡入圣"为目标,进行自我改造的过程。这便进入真正的"内圣"进程。先秦儒家内圣的主要途径有"内省""慎独""内讼"等内向传播方式,几种方式的共同之处是以自己心中向往的"圣人"为镜来审视自我,映照自己,其过程首先是假想自己的行为给圣人造成的印象知觉,找到自己的差距,接着假设圣人就在身边,他对自己现有表现的印象的评价,醒悟自己,接着想像社会人,现实生活中的人会对自己言行会有什么样的评价,这种评价最终激发自己的羞耻感、荣耀感和价值实现感,最终激发从事道德修养和道德实践,遵循"慎独、养气、守中、至诚"的原则,最终成就圣贤人格。

三、行动指导下,以"外王"为标准,检验"内圣"反观"自我"

"内圣"后是否具有圣人的人格,最终要靠实践来检验。道德实践过程中,社会现实的他者最终成为检验道德主体修德的"镜子",但"圣人"并不退幕,仍然充当现实他者衡量道德的标杆和准绳,隐形操纵着"主我"对"客我"审视和召唤,"客我"对"主我"的映照。这镜子映照"主我"是否具备人伦道德,能否做到"成己成物""积善成德""教化人伦"垂范天下,道德实践中,能否坚持"守中""贵诚",是否坚守"己所不欲勿施于人"的原则,从而反观自我,重新认识自我,开启新的"内圣"的自我传播历程。因此"外王"是"内圣"实现的目标和途径,"内圣"是"外王"的起点和落幕。在"内圣""外王"的良性互动中,内向传播周而复始,永远指向"内圣外王"的理想人格和终极目标。先秦儒家创造性地提出"慎独"观念作为修身的内涵,其中最关键的是构建"主我"与"客我"的张力,使自己永远处于以修身为起点,又以修身为终点的循环之中。道德主体在"安人""安百姓""安天下"中实现人生价值,成就圣贤人格,得以天地同德、万物和谐,完成"内圣外王"。在这一反复循环的过程中,主体实现自我的完善与发展,协调个人与他人和社会的和谐关系。

从"内圣外王"的内向传播机制可以看出,"内圣""外王"必须相互结合,才能到达"人极",才能与天地同德,教化人伦。"内圣"是起点,"外王"是功能。"内圣"是"外王"的基础和前提,"外王"是"内圣"必然结果和终极目标。"内圣外王"是儒家"修己"的目标和至高追求,是内向传播中"主我"对"客我"的召唤,是"客我"对"主我"的吸引,也是"主我"不断认识自我,完善和发展自我,超越自我的过程。

对比中西内向传播机制可以看出,在自我认知的过程中,虽然都强调自我认知和完善的社会性和他者影响性,但西方的自我完善以个性适应社会为目的,是个人社会化的过程,他者具有一般化的特点。先秦儒家的自我完善以主体服务社会和天下为目的,个人价值的实现以集体利益实现和天下和谐为前提,他者具有理想化的特点。这也正是几千年来中国永恒追求"内圣外王",生生不息的内在动因。

第四节　儒家"内圣外王"内向传播观的时代意义

先秦儒家"内圣外王"的理想人格虽然过于理想化,很难实现,甚至有的学者认为在 21 世纪的今天它已经过时,但笔者认为它具有重要的时代价值,对当代中国和世界都会产生深远的影响。儒家"内圣外王"的理想人格,充满人文主义精神,体现对自我、社会、国家乃至天下的人文关怀。杜维明认为:"儒家的理想人格,可以为当今的公共知识分子提供丰富的精神资源。儒家的士、君子和丈夫,都是关切政治、参与社会、重视文化的。儒家所体现的入世的人文精神,比希腊的哲学家、希伯来的先知、基督教的神职人员和佛教的僧侣阶层代表的价值取向,更符合今天在政府、学术、媒体、企业、职业团体、非政府组织及社会运动中的公共知识分子所扮演的角色和发挥的作用。"[1]由此可见,研究"内圣外王"的人文精神,在 21 世纪人类命运共同的构建中具有重要的意义。

一、反思自我,认识自我,提升修养,塑造人格

先秦儒家"内圣外王"的过程,实质是反思自我,认识自我,完善自我,塑造人格的过程。道德主体以圣人"为镜"照射自我,以"修己安人""己欲立而立人,己欲达而达人"为检验标准,以"仁"为终极目标,不断反思自己,提高自己的道德修养。将自我放在开放的充满公共精神的"大我"系统之中,在以"大我"为核心,以家国天下为同心圆结构的系统中,提高修养,塑造良好的人格,对个人具有积极的意义。

二、提升社会道德,增强社会责任感

先秦儒家"内圣外王"以修德为核心,无论是孔子的"仁"、孟子的"四德",

---

① 杜维明:《二十一世纪的儒学》,北京:中华书局,2014 年,第 102 页。

荀子的"礼"以及《中庸》的"智、仁、勇"，都体现对道德的推崇。儒家强调道德的垂范和人伦的教化作用，个人道德的提升有利于社会道德整体提高和社会风尚的改善，有利于人类命运共同体美丽清洁世界的建立。面对21世纪人类对自由、民主、人权意识的强化和社会责任感的减弱，杜维明提出："现在所有人，特别是在推动人权价值的时候，应该注意到责任的重要性。当然要有人权，但只是讲人权，不讲责任，责任不作为我们关注的课题，这是不可行的。"[1]儒家注重个体对他人和社会的责任，呼吁"在其位谋其政"，积极建功立业，认为具有最高的道德修养的人应做天下之王，"大德必在其位，必得其禄，必受其命"。先秦儒家强烈的社会使命应被当代社会借鉴。

三、关注人类命运，促进和谐共荣

面对今天日益严峻的人类生存环境，儒家传统文化的人文特色和忧患意识很重要。"内圣外王"以内省的方式提高道德修养，以"良知理性"和"仁"作为行动指南，维护身、心、灵、神的整合，保持个人与社会的健康互动，人类和自然的持久和谐，人心和天道的相辅相成。它超越个人主义、家族主义、狭隘的民族主义，甚至是人类中心主义，与天地万物同生共存。"内圣外王"的核心价值，有利于人们保持身心和谐、人际和谐、人与自然的和谐，让世界和平共处。"中华民族和中华文明具有悠久而又丰富的兼容并蓄多元一体传统，这一传统在现代和当代正在以中国道路、中国模式和中国方案的形式得到创造性的继承和发展，对中华文明的复兴和推动新型全球化及完善全球治理将发挥不可估量的作用"[2]，儒家文明是中华文明核心所在，先秦儒家"内圣外王"的核心价值不仅仅是中国的，也是世界的、全人类的，必将对人类生存发展贡献出中国智慧。

仅仅从内向传播的角度探讨先秦儒家"内圣外王"的价值远远不够，其核心价值体现于人际传播、组织传播等广泛的领域，有待结合时代特色与人类命运共同体的构建潜心挖掘，在世界范围内发扬光大。

---

① 杜维明：《以良知理性重建价值》，《道德与文明》，2016年第2期。
② 贾文山、江灏锋、赵立敏：《跨文明交流、对话式文明与人类命运共同体的构建》，《中国人民大学学报》，2017年第5期。

第十二章

明心见性:内向传播视域中的佛教心性论

　　佛教倡导众生自我彻悟解脱,作为佛门理论核心组成部分的心性论充溢内向传播智慧,禅宗的身、心、禅观念便是此智慧的表征。以弗洛伊德的人格结构理论为切入点考察,佛教的心性论本质上正是通过人格结构中本我、自我、超我三者相互之间不断沟通与协调来呈现其独特的内向传播智慧的。

　　纵观中国佛教心性思想的发展,佛教心性论实质上是人在主客观世界互动中追求自觉和自由的学说,集中反映出人在宇宙中的自觉作用,人的主观能动性,人对主观世界的开拓与完善,对主客观世界的认知和觉悟等方面的思维成果,这与内向传播的诸多思想方法与基本原则不谋而合,蕴含着颇多独特的内向传播智慧,值得我们深入探讨。

　　目前关于佛教心性思想的研究多涉及哲学、宗教学、历史学,比如方立天的《中国佛教哲学要义》,按照历史发展进程详细论述心性论哲学思想,但至今未见有研究者从内向传播的角度探讨佛教心性思想的特征与智慧。

　　弗洛伊德的人格结构理论创新性地将人格看作动态系统,是探讨人格心理学视域下的内向传播最重要的理论。这一理论与佛教心性思想有诸多不谋而合之处,本章尝试从弗洛伊德的人格结构理论角度出发,浅析佛教心性论中的本我、自我及超我三种人格构成及其之间关系。需要指出的是,佛教从古至今门派众多,典籍浩瀚,本章主要以禅宗、天台宗等少数宗派为代表借以管窥佛教心性论中蕴藏着其独特的内向传播智慧,丰富学界对华夏传播理论的思考。

第一节　直指人心：佛教内向传播的基本观念与特点

佛教的内向传播，指修行者在充分认识自我的基础上，消除外在环境带来的烦恼、痛苦，开发内心的智慧、觉知，实现自我超越，达到成就佛果目的的一系列心理过程。作为讲求修持的宗教，佛教教理教义自然富含内向传播意向，这有助于我们探求佛教内向传播的基本思想与观念，了解佛教内向传播智慧的萌发和操作过程，理解佛教为何重视内向传播，讲究心性与悟性的奥秘所在。明确这一观点后，我们便可以人体本身为研究对象探索人体内向传播系统，即以佛教的理念来阐释信息在人体内的传播，探讨佛教内向传播对于个体本身的效用以及对于整个社会的意义，揭示佛教内向传播的重要性与创造性。本章主要从佛教思想中体现其内向传播取向、生理机制和效用这三个方面来论述。

一、佛教内向传播智慧在于以禅悟求般若

佛教有"拈花一笑"的故事：大梵天王在灵鹫山上请佛祖释迦牟尼说法，大梵天王率众人把一朵金婆罗花献给佛祖，隆重行礼之后大家退坐一旁，佛祖拈起一朵金婆罗花，意态安详，却一句话也不说。大家面面相觑，都不明白佛祖的意思，唯有摩诃迦叶似有所悟地破颜轻轻一笑。于是佛祖当即宣布："吾有正法眼藏，涅槃妙心，实相无相，微妙法门，不立文字，教外别传，咐嘱摩诃迦叶，试当善护持之。"于是，摩诃迦叶便成为"西天第一代祖师"。虽然此故事后经考证为杜撰，但是它能表明佛法的精妙难以言说，当直接以心传心，重内证自悟的意蕴，明确地揭示作为中国化佛教典型派别——禅宗思想的要旨——"不立文字"与"教外别传"，得以一窥佛教内向传播智慧的发端。

佛教宗派之一的禅宗思想通常被概括为"教外别传、不立文字、直指人心、见性成佛"，这十六字可以理解为：在传授上不依靠文字、言教，而是探求、彻见心性本源，以达成佛之境界。在禅宗看来，机械的语言文字无法准确地传达充满智慧性、灵验性的禅意，主体的内在心性、主观的心理体验更是难以通过语言文字传播，因此禅宗讲求的是内向传播，即心灵内在的宗教体验，即个体主观对真理的体悟，通过内向传播，个体结合自身的经验、知识、逻辑来发现自我本性（或者称为佛性）。慧能说："若大乘者，闻说《金刚经》，心开悟解，故知本

性自有般若之智,自用智惠观照,不假文字。[①]"慧能认为,人本来就具有般若智慧,禅悟通过内向传播而获得的自我的般若智慧观照。在慧能看来,佛法真理是个人的、内在的、主观的,"心开悟解"是个体内在的智慧活动,即内向传播的结果,与文字无关。佛教的禅宗要义恰恰体现出在佛学真理的传播中不重视传授这种人际传播形式,而偏重自悟、内心修行的内向传播形式。

二、佛教内向传播的生理机制

注重彻悟的禅宗,其内向传播的进行理解起来并不复杂。从生理机制上说,人体本身就是一个传播系统:人体既有信息接收装置(感官系统),又有信息传输装置(中枢神经系统);既有记忆和处理装置(大脑),又有输出装置(表达器官及控制这些器官的肌肉神经)。[②] 佛教认为,人体的传播系统可以用五蕴来说明,色、受、想、行、识。色蕴是构成人体的物质要素,色蕴包括内色与外色,内色是眼、耳、鼻、舌、身"五根",外色是色、声、香、味、触"五境",相当于内向传播系统中的信息接收装置;受蕴是领纳之意,指对于外界环境的感受,分为身受与心受,身受有苦、乐、舍(不苦不乐)三种感受,心受有喜、忧两种感受,由感官系统引起。想蕴是"心于所知境执取形象",即看、听、触时脑海里所生成的形象,是内向传播过程中记忆和处理装置产生认知的过程。行蕴是"驱使心造作诸业",即内向传播的表达,所造作的行为有善、恶与无记(非善非恶)三种。识蕴指总的意识活动,即把想、行、受三蕴合为一体,对事物的区别与认识,所谓"识外境所以能识心",强调内向传播并非人体内部封闭的系统,它与外界环境有密不可分的关系。因为内向传播过程中运作的信息符号都离不开周遭世界,且对意义的理解、解释与摄取的过程离不开个体和社会前期认识在心灵深处的意识观念积淀。

佛教五蕴论中阐释的内向传播发生机制首先就是识和色的接触产生感觉、感受,由此从受到想,从想到行依次展开,受客观世界的作用,将客观所生的印象结合主观需要而衍生出各类心理,对以后思想和行为的走向起决定作用。在这个过程中,人体内原有的主观认识与新接受的信息持续互动,内向传播就此发生。

---

① (唐)慧能:《六祖大师法宝坛经》第 2 卷第 4 册,北京:中华书局,1983 年,第 28 页。
② 佘绍敏:《传播学概论》,厦门:厦门大学出版社,2003 年,第 9 页。

三、佛教内向传播的效用

禅宗心性论的内向传播要旨是，心是人性的主体承担者，侧重从人的心性方面探求实现生命自觉、理想人格和精神自由的问题，强调自识本心，自见本性，实现自我超越，解脱烦恼、痛苦和生死，获得智慧、觉知，从而成佛。体现佛教内向传播的自我效用，寻求解脱与获取智慧，它们分别体现在心性思想的两方面：其一是性寂说，其二是性觉说。

性寂说在于解脱。佛教教义最关切的问题是寻找人类受苦的根源以及解脱痛苦的方法和途径。何为解脱？广义言之，摆脱世俗任何束缚，于宗教精神上感到自由，均可以称为解脱。由此可见，解脱问题始终是与主体的精神世界相关联的，这就不可避免地涉及内向传播。佛教认为人生痛苦的原因无非是个体内心中有贪欲与无知，慧远曾说："夫因缘之所感，变化之所生，岂不由其道哉？无明为惑网之渊，贪爱为众累之府，二理俱游，冥为神用，吉凶悔吝，唯此之动。无明掩其照，故情想凝滞于外物；贪爱流其性，故四大结而成形。"[1]无明即无知，贪爱即贪欲。无明与贪爱就是人生烦恼、迷惑、痛苦的根源。性寂说认为众生存在清静本性，正所谓"心性本净，客尘随烦恼之所染，说为不净"[2]，通过克服个体内心中的贪欲与无知来消除外在环境带来的烦恼、痛苦，获得解脱。这反映出，佛教的内向传播认知主体以自我为对象，以固有信息（清静本性）和外来新信息（烦恼、痛苦）为操作内容，以应对环境、寻求解脱为目标的信息互动过程，以清静本性作为内心操作的动力与指向，内心坚信清静是本性，是本来的面目，也是当下养性所要达到的应然状态，烦恼、痛苦等的根源在于因无明贪欲而遮蔽自我本性。如此，只有坚信佛门祖师们有关性本清静的观念，在内心深处生发保持清静的愿力，在认清贪、嗔、痴三毒为干扰清静根源的基础上，方可挥慧剑，斩群魔（指各种错误邪恶信息），从根本上消除一切可能染污本性的因缘，最终的效果便是超越自我，获得幸福与解脱。

性觉说在于智慧，相较于性寂说侧重于消除烦恼、痛苦，性觉说则重视智慧的开发。《大乘起信论》所讲："所言觉义者，谓心体离念。离念相者，等虚空界，无所不遍，法界一相，即是如来平等法身；依此法身，说名本觉。[3]"这里的

---

[1]　(东晋)慧远：《明报应论》，石峻：《中国佛教思想资料选编》第1卷，北京：中华书局，1981年，第90页。

[2]　《大藏经》第49卷，台北：新文丰出版社，1983年，第15页。

[3]　《大藏经》第32卷，台北：新文丰出版社，1983年，第576页。

"本觉"便是众生离念的、觉悟的本性、功能,是成就佛果的智慧、心境。性觉说认为众生本原所具有的无穷智慧在为成佛时为妄念烦恼所遮蔽,通过内向传播消除妄念烦恼便可恢复心性本原,进入成佛境界。美国社会学家库利在1909 年出版的《社会组织》一书中提出"镜中我"这一概念,认为我们形成其他人在我们身上所看到的形象,就像我们在镜子看自己一样。此概念后成为内向传播经典理论之一。其实早在南朝时《大乘起信论》流行于中国,其便以镜喻觉,借用四面镜子来彰显自我:一是如实空镜,谓如空净的镜面,不映现任何外物,自我的心体远离任何心念,绝对清净无垢。二是因熏习镜,犹如镜面不空,如实映现境界的外相,指经验、势力熏附残留在人的心上。三是法出离镜,谓如拂拭尘垢,而令镜面明净,指自我克服了妄念、烦恼的障碍从而清纯净明。四是缘熏习镜,是说如镜面已经拂拭干净,便可映照万象而为人所用,自我已不再受烦恼等障碍的覆蔽,可以照遍众生的心而随时显现。[①]佛教的镜像观点虽与库利有所不同,但同样介绍了认识自我的方法与途径,在这个自我传播的过程中,人们可以远离烦恼垢染,开发内心智慧,成就崇高人格。佛本是觉者,一觉破万迷。"觉"如同阳光,能够破除种种思想的迷雾。觉者秉持"缘起性空"之念,不执着于一切幻境,名利地位、爱恨情仇都会使心灵蒙尘,只有意识到一切万有都是空无的,都是暂时的,只有佛性才是永存的,因此,只有因觉成佛,才能得大自由,大解脱。所以说"心体离念",即觉者,内心远离一切颠倒妄想,不为外相所执所迷。

　　内向传播的效用除了具有自我价值之外,还应具有社会价值。正如传播学者陈力丹所言:"通过人内传播,人能够在与社会他人的联系上认识自己,改造自己,不断实现自我的发展和完善,从而使得自己可以更好地适应社会的需要,处理好各方面的关系。"[②]佛教内向传播的社会效用与价值主要体现在:首先是平衡心理。众生普遍存在烦恼、无知与贪欲,通过佛教心性感悟式的内向传播操作可以安慰众生心灵,也使得佛教信仰成为许多人的心理需要、生活方式与最终归宿。其次是道德导向。佛教的内向传播运作讲求自律与为善,寻求解脱与智慧,推动了个人道德修养的提升。最后是稳定社会。佛教内向传播过程要求众生修持佛教道德规范、去恶行善,慈悲平等,自觉觉他,从而客观上达到稳定现实社会秩序的效用。正所谓:"若使天下之人,事无大小,以有因

---

① 方立天:《中国佛教哲学要义》上卷,北京:中国人民大学出版社,2002 年,第 300～301 页
② 陈力丹、陈俊妮:《论人内传播》,《当代传播》,2010 年第 1 期。

果之故,皆不敢自欺其心,善护众生之念,若无侵凌争夺之风,则岂不刑措而为极治之世乎!"①

第二节　一悟破万迷：佛教内向传播的基本维度

佛教修行讲究"身为道场",讲究"明心见性""悟道成佛"。佛教倡导信众努力通过加强主体意识来消解自我意识的妄见,明了"缘起性空"之法旨,在涵摄悟性中通达佛之究竟。

一、身——确立主体意识

主体意识是人对于自身的主体地位、主体能力和主体价值的自觉意识,是人之所以具有主观能动性的重要根据。内向传播既是自我内部信息的互动传播,主体意识的确立便是内向传播的前提,确定了主体,才有自我观念与自我传播。在佛教心性思想中,宝志的"身是道场"观点恰恰体现主体意识的确立。据史籍记载,"身是道场"是宝志在与梁武帝等人的对话中提出来的。"师问一梵僧:'承闻尊者唤我作屠儿,曾见我杀生么?'曰:'见。'师曰:'有见见,无见见,不有不无见。若有见见是凡夫见,无见见是声闻见,不有不无见是外道见。未审尊者如何见?'梵僧曰:'你有此等见邪?'师垂语曰:'终日拈香择火,不知身是道场。'"②宝志认为既然身是道场,那么众生就无须向外寻求佛心佛性,自身便是内向传播的场域,在这个场域中,自身既是意识的发动者,又是意识的自我审视者,在意识世界中以自问自答的方式,去妄想,立正念,实现人性升华。

与此观点具有异曲同工之妙的还有马祖道一的观点。马祖大弟子大珠慧海向马祖请教禅法,马祖给以当头一棒,说:"我这里一物也无,求什么佛法?自家宝藏不顾,抛家散走作么?"慧海又问:"阿那个是慧海宝藏?"马祖答道:"即今问我者,是汝宝藏。一切具足,更无欠少,使用自在,何假外求?"③后来,黄檗希运在此基础上发挥说:"达摩从西天来,唯传一心法,直指一切众生本来

---

① 张商英:《护法论》,石峻编:《中国佛教思想资料选编·第3卷第3册》,北京:中华书局,1983年,第137页。

② 南怀瑾:《禅话》,北京:中国世界语出版社,1994年,第37页。

③ (宋)普济辑:《五灯会元》卷3,北京:中华书局,1984年,第154页。

是佛,不假修行。但如今识取自心,见自本性,更莫别求。云何识自心?即如今言语者,正是汝心。"①以上引用同样表明:执着于"拈香择火"的外在形式是不可能悟得大道,超凡入圣,只有通过内向传播,观自我自在心性,才可解脱成佛。在佛教看来,圣凡本在一念间,这一念正是自身心灵长期内向传播的瞬间遂通的结晶,日常坚持以身为道场,将外在的风花雪月和内在的心潮涌动俱作为意识审视的对象,努力做自己的主人,不为外境所牵,不为内境所困,圆融通达。

二、心——内向传播媒介

根据米德的"主我""客我"理论,内向传播是信息在主我与客我之间的互动,这一互动过程需要身体内部有一媒介起信息的接收、分析、反馈作用,从佛教心性思想看,这一介于主、客我之间起中枢作用的承载媒介便是心。佛家认为心不仅仅有认识和区别事物的功能,更是人性,尤其是佛性的承担者,人们应该在心灵世界中求得自我觉悟,实现内在超越,成就理想人格。佛语曰,所谓众生自心,即是一切智,如实了知,名为一切智者。是故此教诸菩萨,真语为门,自心发菩提,即心具万行,见心正等觉,证心大涅槃,发起心方便,严净心佛国,从因至果,皆以无所住而住其心。心的重要性可见一斑。

作为佛教内向传播最为重要的媒介,心在佛教中有着双重的含义:

其一是"肉团心",即心脏,位于身体的中央位置,是人体最重要的器官,佛家认为心主宰着人的眼、耳、口、鼻等感知觉器官的活动,因此心是佛教内向传播的中枢处理器。

其二是"缘虑心",即具有思考作用的心,佛家认为心不但掌控人体的物质器官,更掌管人的思维活动与精神意识,因此佛教的内向传播是发生在心内并调控全身的信息交流活动。

由是看来,佛教通常视心为心理和生理的复合体,相当于心脑合一,不仅控制着自身意识,还联系着外界万物,使得其成为接受新信息和保存原有信息的主体,各类信息于其中进行交流、碰撞、融合、消解等一系列过程,亦即内向传播的过程,在此过程中,心灵自觉以佛的形象为观想对象,以佛的境界"裁判",引导自我化俗入圣,从本质上讲,这就是明心见性的基本要义所在。

---

① (唐)黄檗:《黄檗断际禅师宛陵录》,《大藏经》第 48 卷,台北:新文丰出版社,1983 年,第 386 页。

三、禅——内向传播形式

内省式思考是信息内向传播的最经常状态，内省是人对自己的反思活动，也是重要的信息内向传播形式。① 佛教的内省式思考被称为"禅"或"悟"。从词义看，禅的本义是静虑、冥想，通过修禅，个体首先"发心"，即产生强烈的成佛愿望；其次"悟解"，即开启智慧，觉悟佛教真理；再次是"行解相应"，即修行与理解相结合，开悟后要进一步悟入，使自身真正有所体证，这表明，禅并不是孤立、封闭和绝对的主观精神活动，而是与人的社会实践相联系的活动；最后是"保任"，也就是对觉悟成果加以保持与维护，修禅是个人的精神意识运动过程，也是个人知识结构不断优化、重新构筑自我的过程。②

关于佛教的内省式思考，禅之下通常还可划分为四个方面——观、照、证、悟。所谓观，是众生主体以佛教智慧观察世界，观照真理，主体心灵直接契入所观对象，与之冥合为一，也就是主体观照、反省、体认本心，这是自我意识的起动阶段；与观紧密相连的是照，即以智慧照见自身的灵知心性，洞见清净本性，这是自我意识将前一阶段的意识作为观照对象，以佛教教理教义为参照进行自我反思批判，追求超越当下；证为修持主体直接觉知与体悟真理，这一过程表明内省过程不是一蹴而就，因为妄见常常也具有极大迷惑性，要不断地抽丝去茧，这一过程便是不断求证佛法高深玄妙的过程；悟是从迷惑、迷妄、迷失、迷误的状态中解脱出来，觉悟到人生和宇宙的真理，这一阶段是前一阶段的结果，不断求证终能获无上正等正觉。③ 观与照偏于直觉的主观性，证与悟偏于直觉的客观性，但四者相辅相通，都展示佛教内向传播的思维方式，都属于内省式思考。

当代禅宗泰斗虚云和尚说："丁动散之时，则持名念佛。静坐之际，则一心参究'念佛是谁'。如斯二者，岂不两全其美。"④这体现了一代禅门大师对于禅的高度肯定与认同。事实也表明，通过修禅，个体可以集中注意力，调节心理平衡，带来宁静、适意的感受，还可以化解烦恼，舍弃恶念，产生灵感，提高自己的精神境界，由此可见佛教内向传播极具积极性的功能与作用。

---

① 张四新：《论信息内向传播的生态特质》，《情报科学》，2005 年第 6 期。
② 方立天：《中国佛教哲学要义》下卷，北京：中国人民大学出版社，2003 年，第 901 页。
③ 方立天：《中国佛教哲学要义》下卷，北京：中国人民大学出版社，2003 年，第 1035 页。
④ 净慧编：《虚云和尚开示录》，北京：书目文献出版社，1999 年，第 24 页。

第三节　弗洛伊德人格结构理论下的佛教心性论

佛教注重去"我执""我相",力求通过心性修持,不断超越自我,对众生本相有着深刻认知。我们首先从宏观上指出佛教具有独特的内向传播智慧,进而分析这种智慧如何从身、心、禅三个维度呈现出来。此节将尝试运用弗洛伊德的人格结构理论分析佛教心性论中蕴涵的内向传播智慧。

一、佛教人格组成部分

弗洛伊德从动力学的角度,把人的精神状态看作动态系统,这个系统就是人格。每个人格又由三个子系统构成"本我""自我"和"超我"。

"本我"是遗传下来的动物性本能,其目标是毫不掩饰地满足生物欲望,内部充满非理性、反社会和破坏性的冲动,无意识的精神活动,遵循"快乐原则"[1]。从弗洛伊德人格结构理论看佛教心性论,不难得知,佛教中"本我"指个体的七情五欲,七情分别为喜、怒、哀、乐、爱、恶、欲,五欲分别为金钱欲、性欲、名誉欲、饮食欲和睡眠欲,这些都是人为了满足本能需求所与生俱来的本能冲动。本我是人类一切活动的出发点,正如《杂阿含经》卷二第四十载佛言:"一切众生类,悉皆求己利。"[2]

"自我"意识是理性的、有意识的精神活动,经过与外界互动、受到教化而形成,其作用在于防止无意识和非理性的本我盲目地追求满足而遭遇毁灭性的后果,遵循"现实原则"。[3]佛教认为其有两层含义,一为众生,二为出家人。前者就是经历了社会化的个体,可以进行理性的精神活动,自我会根据现实条件和客观环境来调整本我与外部世界的关系,在不造成更大的痛苦的前提下满足本我的需求;后者不仅经历社会化,还接受佛教的教化——主要为受戒,戒是佛教日常行为规范,最基本的五条是:远离杀生,远离不与取,远离欲邪行,远离虚妄语,远离放逸之因,"五戒"完整对应着上述"五欲",反映出佛教有意识并且严苛地约束本我,"自我"的范畴已然是充满清规戒律的人格层面,是对自我当下的确认与超越。

---

① 王志刚:《弗洛伊德人格结构理论初探》,《渭南师专学报》(综合版),1991年第1~2期。

② 《大藏经》第2卷,台北:新文丰出版社,1983年,第294页。

"超我"来自于内心的道德理念,是理想性的自我④,很显然,佛教中的超我便是"佛"。在早期的中国佛教思想中,佛的本义是经过修持死后往生的神,具有舍弃一切妄惑而到达的至清至净的境界。随着禅宗心性论的发展,佛由神而转向众生,六祖慧能说:"自性迷,佛即众生;自性悟,众生即佛。"⑤"汝自是佛"这一观点由是而来,佛是自身脱离迷妄状态、觉悟圆满的理想型人格,为佛者全身心投入终极关怀问题的解决,以为众生觅得超出生死,解脱诸苦之大道为理想,具有毅然舍弃荣华富贵、献身真理的精神,洞彻人生痛苦和人类文明缺陷的高度自觉,智慧圆满,以大众中的一员自居,等视一切众生,普度众生,无有休息,典型人物便是释迦牟尼⑥,是为超我。

二、佛教人格组成部分间的关系

天台宗心性论的观点很好地反映了佛教人格的关系。

首先,从本我与自我的关系看,本我虽代表人类与生俱来的本能欲望冲动,但为了满足本能的需求,必须与社会相互协调,自我便在这个与社会接触的过程中分化出来,承担着协调本我与外部环境关系的任务⑦。换言之,自我是本我的升华,是对本我进行抑制的结果。在佛教心性论中,性恶是一切众生的本性,即本我,伴随修行,众生将了达性恶,恶转成善,形成自我。天台宗六祖湛然曾云:"若断性恶,普现色身从何而立?"⑧断绝性恶,各种色身将不复存在,这体现"本我"的存在。智𫗼关于善与恶的论述则可视为其对本我与自我关系的概括:"凡夫心一念,即具十界,悉有恶业性相,只恶性相即善性相,由恶有善,离恶无善,翻于诸恶,即善资成。"⑨恶为本性,翻恶为善的观点再次证明自我是本我的升华。

其次,从本我与超我的关系看,《摩诃止观》卷第十中说:"行恶者,执大乘中贪欲即是道,三毒中具一切佛法,如此实语,本灭烦恼,而僻取著,还生结业。"⑩三毒指贪、嗔、痴,这句话的大意是:贪欲就是佛道,行恶者不能离开贪

⑤　《六祖大师法宝坛经》(第2卷第4册),北京:中华书局,1983年,第72页。

⑥　李欣:《佛学中的人格理论》,《网络财富》,2010年第23期。

⑦　王志刚:《弗洛伊德人格结构理论初探》,《渭南师专学报》(综合版),1991年第1~2期。

⑧　(唐)湛然:《止观义例》卷上,《大藏经》第46卷,台北:新文丰出版社,1983年,第450页。

⑨　(唐)释智𫗼:《妙法莲花经玄义》卷5下,《大藏经》第33卷,台北:新文丰出版社,1983年,第743页。

⑩　(唐)释智𫗼:《摩诃止观》,《大藏经》第46卷,台北:新文丰出版社,1983年,第136页。

欲另求佛道，也不能离开三毒另求佛法，而是要从贪欲中去求佛道（泯灭贪欲），从三毒中去求佛法（消除烦恼），这样就能获得解脱，成就佛果。由此看来，超我为佛，是摆脱本我的纠缠，满足尽善尽美的严格要求，佛教的超我是对本我极尽的压抑以至于泯灭，已达到自我实现、成就为佛的崇高境界。

最后，从自我和外部世界、超我、本我的关系看，前者是后三者的仆人。在三者完全不相容的情况下，自我不仅需要适应外界环境，还需调控本我欲望，受超我的监视与约束。从佛学看，自我汇集佛、菩萨、缘觉、声闻、天上、人间、修罗、畜生、饿鬼、地狱所组成的十界，承担着善恶诸法。人可以升华，也可能沉沦，而其中的分野处便在于修证程度的高低。佛教十界形象启发众生当一心向佛，努力修行。而佛家的修行正欲通过内向传播实现人格结构中本我、自我、超我相互之间的沟通与协调：自我会根据现实条件和客观环境来调整本我与外部世界的关系，控制本我以防止欲望的无限扩大带来毁灭性的后果，超我是自我以理想人格为目标用来衡量自己的，目的是摆脱本我的纠缠，满足尽善尽美的严格要求，达到自我实现、成就为佛的崇高境界，只有三者处于协调平衡的状态，人格才能正常、健康地发展。因此，从弗洛伊德人格理论来看，佛教诚然有其自成体系的内向传播理论，值得深入探讨。

后　记

　　在我国学界高扬研究主体性的背景下,传播学领域亦在努力推进本土化研究。厦门大学的华夏传播研究正是在传播学中国化的历史进程中在全国居于前列,发挥着领导作用。1983 年 3 月 18 日,厦门大学校长办公会议通过将原来新闻传播系的传播学教研室升格为校级的研究所,即厦门大学传播研究所,从此厦门大学传播研究所就成为国内推动华夏传播研究的中流砥柱。在许多前辈学者的努力下,华夏传播研究逐渐成为传播学中国化研究的重要领域,特色鲜明,即探讨中华文化与传播学的对话与融合,试图打造出传播学"中华学派"。

　　回顾历史,华夏传播学在中国的开端与余也鲁先生关系密切。余也鲁不仅是施拉姆的学生,而且因此之故,他于 1978 年请施拉姆到香港中文大学担任"胡文虎传播学讲座教授"两年,其间,在台湾与香港分别召开"中国传学研讨会",施拉姆都参加了。会上提出研究中国文化中的传播智慧问题,也引起施拉姆的兴趣。他后来在《传学概论》新订本序中说:"我们在西方的文化背景中学习科学的研究方法与理论的人,看见中国长春的文化,和她悠久的传的艺术传统,总免不了肃然起敬。我们常想,中国人那种深邃的智慧和洞达,要是有一天能用来帮助西方人多了解自己的工艺智识,增深我们在实验方面的体会,该是多么好的事。许多人已注意到现代中国人在传的学问上认识的深刻和精到,不但反映了悠长的历史传统,且常能推陈出新。"① 1978 年在香港举办的研讨会邀请了台湾和香港几所大学的历史学、社会学、心理学、人类学及文学和传学方面的学者专家,他们从历史角度探讨了中国文化中丰富的传播艺术,希望从中找出探索与分析的入门与途径,以发扬中

---

① （美）施拉姆:《传学概论》,北京:中国展望出版社,1985 年,新订本序,第 VI 页。

国文化中的传的智慧。1979年在台北也举办了多学科对话的"中国传学研讨会",学者们更为深入细致地分享了中国人在传的艺术方面的成就,例如政令是如何传达,深入民间;革命的思想如何散播;新发明与新思想何以受阻又何以传开,以及传播工具的运作,说服方式的推陈出新等,并且找到12个入口,即12个可以着重研究的主题。

1993年,当厦门大学新闻传播学系(2007年由原来作为人文学院的一个系升格成为一个独立学院)庆祝建系10周年的时候,余也鲁才从为建系培训师资、筹措资金等烦琐的工作中解脱出来,提议举办首届"海峡两岸中国传统文化中传的探索座谈会"。参加这次会议的学者有徐佳士、余也鲁、郑学檬、孙旭培、吴予敏、张玉法、戴元光、李国正、郭锋、周旻、朱增朴、吴伟、黄金贵、高国藩、叶世昌、张学洪、陈亚南、陈安全、纪华强、陈培爱等。这次会议不仅是国内首次跨文科研讨中国传统中传的理论与实践问题,而且产生了对后来华夏传播研究具有重要影响的构想:(1)出版会议论文集,即《从零开始》。(2)计划编辑中国古代近代传播方面的书,如《中国古代、近代传播概论》(后出版时定名《华夏传播论》),《中国历史传播资料选辑》(出版时定名《传在史中》)。(3)收集大陆和港台有关中国传学的著作,加上西方传播学著作,建立资料库(虽设立资料库,但专题资料图书不多,且未能编目录索引,更遗憾的是因教室紧缺,该资料室撤销,并入校图书馆)。(4)提供研究补助,资助青年学人在资深教授的指导下进行传学研究。当时在香港海天基金铃声的资助下成立华夏传播学术委员会,由余也鲁、徐佳士、郑学檬、孙旭培、陈培爱5人组成。委员会选郑学檬当主编,黄星民担任协调人,后从几十份的申请表中,分两次立项,审批通过"中国传播研究资助项目",共五史六论11个项目,[①]可惜多数项目并没有结项,也未正式出

---

① 11个项目中,目前成果仅包括"华夏传播研究丛书"第一批2001年北京文化艺术出版社出版的三部著作:郑学檬编著的《传在史中——中国传统社会传播史料选辑》、黄鸣奋的《说服君主——中国古代的讽谏传播》、李国正的《汉字解析与信息传播》,另外,秦志希的《中国先秦传播史》、徐培汀的《秦汉传播史》(当时已定稿)、尹韵公的《魏晋南北朝传播史》、高国藩的《隋唐传播史》(当时已完成初稿)、徐枫的《宋代传播史》、邵培仁的《中国受众特质研究》、黄星民的《风草论——儒家传播效果理论》、黄顺力的《二十世纪初中日跨文化传播》等均未见正式出版,不过零星有些论文发表。

版。(5)计划举行第二届传学座谈或研讨会,以期更深入探索中国历史和传统中的传的知识和理论,对立项项目进行中期研究报告。后来厦门大学成立校级的传播研究所,以作为全国性的"中国传"研究基地。1994 年 11 月 29—30 日,余也鲁、徐佳士、孙旭培、郑学檬、郑松锟 5 人在厦门大学召开了一个小型碰头会。这个会的意义在于:其一,确定由孙旭培主编《华夏传播论》。其二,决定成规模组织"华夏传播研究项目",以"招标形式吸引全国专家参与,招标工作由孙旭培负责。不过,联络点设在厦门大学,运作由厦门大学传播研究所负责,郑学檬负责整个研究项目,郑松锟为联络员。其三,谋划了第二次研讨会。黄星民于1995 年 3 月应邀担任项目协调人,随后多年里他致力于推动华夏传播研究,发表了一系列具有标志性的华夏传播研究成果,成为新世纪以来最鲜明最执着于从事华夏传播研究的学者之一。郑松锟英年早逝后,陈培爱大力推动华夏传播丛书首批的顺利出版。[1] 1994 年,孙旭培在其主编的《新闻与传播研究》创刊号上发表《为"传播研究中国化"开展协作——兼征稿启示》一文,文中提到:传播学中国化是"传播学研究发展到一定阶段的必然产物,值得海内外华人传播学者一起努力完成它。我们要从中国的历史背景、文化传统、社会习俗和民族心理的角度,系统地研究传播对于中国社会政治制度的演化、经济的发展、民族的融合等方面发挥的影响和作用。中国丰富的历史典籍和民间文化中,有无数与传播有关的现象、实例、事件,需要我们分析、研究;有大量与传播有关的观念、思想和智慧,需要我们总结、概括。对这些传播实践和观念进行研究和总结,必将把传播学提高到新的水准,升华到新的境界"。文后附有"《中国传统文化中的传播》框架",引起了热烈反响,收到了几十份课题申请书。台湾政治大学的陈世敏发表《拦得溪声日夜喧》一文,称赞《为"传播研究中国化"开展协作》为"中国传播研究革命宣言",标志着"传播学中国化"问题的正式提出。[2] 1997 年 11 月果然召开了

---

[1] 黄星民:《堂堂溪水出前村——关于两岸三地合作"华夏传播研究项目"的回顾》,许清茂主编:《海峡两岸文化与传播研究》,厦门:厦门大学出版社,2005 年,第 1～5 页。

[2] 陈世敏:《拦得溪声日夜喧——贺〈新闻与传播研究〉创刊》,台湾《新闻学研究》,1994 年 7 月号。

有来自大陆港台以外的新加坡、澳大利亚、韩国等国家和地区的 60 余位学者参加第二届"中国传播研讨会",会议审议了中期报告,集中讨论了中华民族应对"信息社会"和传播学中国化两个主题。[①] 这次会议上,戴元光、臧国仁、吴伟、萧君等分别介绍了中国大陆、台湾,以及英美和澳大利亚的传播学研究现状;陈世敏、臧国仁、胡幼伟做了传播学现代研究方法的讲座;孙旭培做了题为《华夏传播论成果总结及今后几个突破口研究断想》的发言。这两次会议,不仅推动了国内开展跨文科研讨中国传统中传播的理论与实践问题,而且对后来华夏传播研究领域的形成与发展产生不可估量的影响。

进入 21 世纪后,潘祥辉、姚锦云、黄春平、李红、刘大明、王仙子、贾兵、李漫、贾学鸿、蔡觉敏、陈谦、白文刚、谢清果等青年学者逐渐接力成为中坚力量。厦门大学新闻传播学院这一时期也进入快速发展阶段。在教学安排层面,厦门大学积极开设"华夏传播概论""中国传播理论研究""华夏文明传播"等课程,促进广大学子对中国传播理论的深刻认知;此外,在书籍刊物层面,厦门大学传播研究所在 2013 年创办《中华文化与传播研究》学刊,至 2016 年已连续出版 5 期,每期都附有"华夏传播研究编目",系统整理了诸多华夏传播研究成果。2017 年厦门大学传播研究所与中盐金坛盐化有限公司开展校企合作,刊物转型为集刊,固定为一年 2 辑,已正式出版 4 辑。2018 年,厦门大学研究所在学院领导的关心与支持下又创办《华夏传播研究》辑刊,两大学刊共同发力,力争为国内外从事中国文化与传播研究的同仁提供一个更为广阔的学术交流平台。更可喜的是,华夏传播研究的广大同仁以厦门大学传播研究所为依托向华夏文化促进会申请设立"华夏传播研究会",研究会于 2018 年 9 月 16 日于江苏金坛召开的"首届华夏文明与企业家精神培育研讨会"上正式成立,从此,华夏传播研究会有自己专门的组

---

① 余也鲁:《从零开始——首届海峡两岸中国传统中传的探索座谈会总结》,余也鲁、郑学檬主编:《从零开始——首届海峡两岸中国传统文化中传的探索座谈会论文集》,厦门:厦门大学出版社,1994 年,第 288~291 页。黄星民在《堂堂溪水出前村——关于两岸三地合作"华夏传播研究项目"的回顾》(许清茂主编:《海峡两岸文化与传播研究》,厦门:厦门大学出版社,2005 年,第 3 页)中称参加会议为"38 人"。

织来推动教学与研究工作的进展。

近 10 年来，厦门大学传播研究所着力于继承前辈传播学事业，开创华夏传播研究新局面的宏愿，不断在教材建设和学术研究方面用力，取得了一系列辉煌成就。教材方面，为配合给本科生开设的"华夏传播概论"课程，编写了《华夏传播学引论》，还主编《华夏传播学读本》辅助读物，该读物围绕教材各章主题选取了有代表性的论文编辑而成，是本很好的入门读物。为了配合研究生开设"史论精解——华夏传播研究史论"，编写了《华夏文明与传播学本土化研究》（该书 2018 年获得福建省第十三届社会科学优秀成果三等奖）一书，在传播学本土化教材建设方面又取得好成绩，该教材具有专著性质，在许多方面初步总结了华夏传播理论的基本面向，既概括了"心传天下"作为华夏传播理论的特质，也阐发了"风吹草偃"的传播效果论、家国同构的主体传播观，情深意切的情感传播论、天下归一的传播责任论、四海之内的传播时空观、保合太和的传播秩序观、秉笔直书的传播议程设置、以文载道的文献传播观、传经明灯的文明传播观、科举取士的传播动力学、名实之辩的传播符号学、夷夏之辨的传播安全观等 12 个面向，一定程度上是继《华夏传播论》之后的又一重要标志性著作。为了配合厦门大学核心通识课程"华夏文明传播"，正在编写《共生交往观：文明传播的中国方案》一书，争取尽快推出。在科研方面，主编《华夏文明传播研究文库》，为了集中介绍华夏传播研究的已有著作，精心编写了《华夏传播学的想象力》一书，编写了 156 部著作提要，一本在手，可以概览华夏传播研究。为了与当前舆论学发展相呼应，为了改变对华夏舆论传播研究的薄弱状况，编写了《华夏文明与舆论学本土化研究》，初步系统地梳理了中国传统社会的舆论现象、舆论思想。此外，也为了全面反映中国传播学中国化40 年的成就，编写了《光荣与梦想：传播学中国化研究 40 年（1978—2018）》一书，这也是第一部对中国传播学四十年的总结性作品。另外，需要介绍的是，为了进一步培育华夏传播研究的后续人才，通过读书会的形式，一学期读一本中国传统经典著作，以边读边研究的方式，从传播学角度来探讨经典的深义，进而形成一篇研究报告。在此基础上，出版并将继续出版有《中庸的传播思想》《论语的传播思想》《庄子的传播思想》《周易的传播思想》等"中华文化经典传播思想研究丛书"。在华夏传播研究会的共同努力下,拟编写《华夏传播范畴论》《华夏传播研究年鉴》等著作,彰显中华文化的传播学魅力。

华夏传播研究领域可以耕耘的方向很多,本书仅仅是从内向传播研究方向进行一定探索,还将从人际传播、组织传播、跨文化传播、媒介哲学、媒介史、中西传播思想对话等方面全方位开展学术探讨,力争尽早建构出华夏传播学的学科体系,学术体系和话语体系来。

其实,近年来,除了发表《内向传播的视阈下老子的自我观探析》(2011)、《内向传播视域下的〈庄子〉"吾丧我"思想新探》(2014)、《作为儒家内向传播观念的"慎独"》(2016)、《内向传播视域中的佛教心性论》(2016)等系列研究华夏内向传播的论文,试图从内向传播理论的视角重新解析中华文化,进而探索出一条传播学本土化研究的可能路径,我还专门在"研究前沿"课程上开设"华夏内向传播研究专题"指导博硕士从事该领域研究,先后有多篇论文发表,如董方霞硕士的《内向传播观照下的"致良知"研究》(《中华文化与传播研究》第3辑)、李睿强硕士的《人内传播视野下的老子思想》(《中华文化与传播研究》第4辑),还有一些论文将陆续发表。

相信本部著作的出版,必将为华夏传播研究领域添砖加瓦。内向传播是个人接受外部环境信息并在人体内部进行信息加工、协调和组织管理的过程,是发生在个体内部的生态性信息交流活动,是信息在主我和客我之间进行的交流和传递。[1] 由于内向传播自然涉及心理学领域,因此一些学者认为应该将其排除在传播学的研究范畴外,[2]甚至有的学者认为"内向传播"不成立[3]。正是因传播学界对内向传播研究的忧虑,国内传播学研究关于内向传播的研究甚少,许多教材和著作中对内向传播表述也大多一笔带过。然而,作为一切人类传播活动的基础和前提,内向传播研究十分重要。对于有五千年文明的中华文化而言,内向传播是华夏文明的根脉所在,也是华夏文明所以能够绵延不绝的

---

① 张四新:《论信息内向传播的生态特质》,《情报科学》,2005年第6期。
② 佘绍敏:《传播学概论》,厦门:厦门大学出版社,2003年,第9页。
③ 聂欣如、陈红梅:《"人内传播"再商榷》,《上海大学学报(社会科学版)》,2018年第2期。

传播学原理所在。因为我们的文化具有反躬自省的文化特质，我们易于形成共生交往观，能够与其他文明共同发展，而不会因野蛮生长而走上绝路。这方面更深入的研究，敬请期待《共生交往观：文明传播的中国方案》一书的面世。

此外，本书所以能够尽早面世，感谢责任编辑王鹭鹏的催促和编辑，也感谢我的博士生林凯、田素养以及周亚情、李琛、季程对个别章节提供的大力帮助；感谢硕士生徐莹不辞辛苦，协助前期的格式修订与排版，谨此一并致谢！

谢清果

2019 年 3 月 22 日

参考文献

期刊论文类

[1] 白延辉:《内圣外王:黄老道家生命价值论》,《内蒙古社会科学》(汉文版),
  2017 年第 5 期。

[2] 陈静:《"无丧我"——〈庄子・齐物论〉解读》,《哲学研究》,2001 年第 5 期。

[3] 陈力丹、陈俊妮:《论人内传播》,《当代传播》,2010 年第 1 期。

[4] 陈力丹:《自我传播的渠道与方式》,《东南传播》,2015 年第 9 期。

[5] 陈全英:《论儒家教育思想中的"悟"及对现代教育的启示》,《宁波大学学
  报》(教育科学版),2001 年第 4 期。

[6] 陈汝东:《论视觉修辞研究》,《湖北师范学院学报》(哲学社会科学版),
  2005 年第 1 期。

[7] 陈汝东:《论修辞的视觉效果》,《福建师范大学学报》(哲学社会科学版),
  2005 年第 3 期。

[8] 杜维明:《以良知理性重建价值》,《道德与文明》,2016 年第 2 期。

[9] 邓新星:《论中华民族共同体认同感的构建》,《西北民族大学学报》(哲学
  社会科学版),2016 年第 5 期。

[10] 冯友兰:《论孔子关于"仁"的思想》,《哲学研究》,1961 年第 5 期。

[11] 费孝通:《中华民族的多元一体格局》,《北京大学学报》(哲学社会科学
  版),1989 年第 4 期。

[12] 郭晨:《吴光明与爱莲心"庄周梦蝶"的阐释比较》,《漳州师范学院学报》
  (哲学社会科学版),2013 年第 3 期。

[13] 顾士敏:《何为"内圣外王"》,《云南大学学报》(社会科学版),2006 年第
  1 期。

[14] 黄文彩:《先秦儒家作为过程的"自我"蕴涵评析》,《鸡西大学学报》,2010
  年第 2 期。

[15] 贾文山、江灏锋、赵立敏:《跨文明交流、对话式文明与人类命运共同体的构建》,《中国人民大学学报》,2017 年第 5 期。

[16] 李明珠:《〈庄子〉"见独"的视野及其价值再思考——兼谈〈感悟庄子〉创作》,《学术研究》,2008 年第 11 期。

[17] 李超然:《孟子"内圣外王"教化思想及对思想政治教育的启示》,《党史博采》,2017 年第 2 期。

[18] 梁涛:《〈庄子·天下〉篇"内圣外王"本意发微》,《哲学研究》,2013 年第 12 期。

[19] 罗久:《先秦儒家"慎独"观念的思想史探析》,《聊城大学学报》(哲学社会科学版),2011 年第 1 期。

[20] 刘文英:《庄子蝴蝶梦的新解读》,《文史哲》,2003 年第 5 期。

[21] 刘腾飞:《朱熹"十六字心传法"之发微》,《太原师范学院学报》(社会科学版),2016 年第 6 期。

[22] 卢崴诩:《符号互动论与儒家思想中的自我发展》,《学海》,2013 年第 3 期。

[23] 聂欣如、陈红梅:《"人内传播"再商榷》,《上海大学学报》(社会科学版),2018 年第 2 期。

[24] 潘祥辉:《传播之王:中国圣人的一项传播考古学研究》,《国际新闻界》,2016 年第 9 期。

[25] 乔根锁:《论中国先秦儒家哲学中的人文主义思想——道德人本主义和民本主义》,《西藏民族学院学报》(社会科学版),1998 年版第 Z1 期。

[26] 邵培仁、姚锦云:《传播受体论:庄子、慧能与王阳明的"接受主体性"》,《新闻与传播研究》,2014 年第 10 期。

[27] 石勇之:《内圣外王新诠》,《周易研究》,2015 年第 5 期。

[28] 屠忠俊:《自我传播与大传播》,《华中理工大学学报》(社会科学版),1998 年第 3 期。

[29] 陶雪玉:《儒家传播方式探析》,《广西民族大学学报》(哲学社会科学版),2009 年第 1 期。

[30] 王亚波:《从语言和体系两个层面理解庄子的"吾丧我"》,《江苏广播电视大学学报》,2012 年第 4 期。

[31] 王振林、王松岩:《米德的"符号互动论"解义》,《吉林大学社会科学学报》,2014 年第 5 期。

[32] 王赠怡:《"无为而治"思想的一种隐喻性言说——再释〈易经〉"黄帝尧舜垂衣裳而天下治"》,《重庆邮电大学学报(社会科学版)》,2014 年第 6 期。

[33] 奚彦辉、高申春:《心理学视角的〈庄子〉自我观探究》,《心理研究》,2008 年第 2 期。

[34] 谢阳举:《建构当代新道家的三种可能理路》,安徽大学学报(哲学社会科学版),2008 年第 4 期。

[35] 姚汝勇:《自我传播内涵考察》,《新闻知识》,2012 年第 10 期。

[36] 姚新中、何丽艳:《自我与超越:论儒家的精神体验和宗教性》,《江海学刊》,2008 年第 4 期。

[37] 颜世安:《外部规范与内心自觉之间——析〈论语〉中礼与仁的关系》,《哲学研究》,2007 年第 1 期。

[38] 赵庙祥:《从"吾丧我"和"道"看庄子"齐物"》,《江淮论坛》,2009 年第 6 期。

[39] 朱小略:《明"化"而见"独"——〈庄子〉"独—化"论解析》,《黑龙江社会科学》,2014 年第 3 期。

[40] 朱小明:《思孟学派"慎独"说的三重境界》,《理论月刊》,2014 年第 7 期。

[41] 朱建亮:《从虞廷十六字诀及其研传看〈伪古文尚书〉并非伪书》,《公共图书馆》,2015 年第 4 期。

[42] 朱宝信:《"中"与儒家"十六字"秘诀》,《江淮论坛》,1992 年第 5 期。

[43] 张四新:《论信息内向传播的生态特质》,《情报科学》,2005 年第 6 期。

[44] 张怀承、姚站军:《"内圣外王"思想及其时代价值新探》,《湖南大学学报》(社会科学版),2010 年第 6 期。

[45] 谢清果:《内向传播视域中的〈庄子〉"吾丧我"探折》,《诸子学刊》(第九辑),上海:上海古籍出版社,2013 年。

[46] 谢清果:《内向传播视域下的〈庄子〉"无丧我"思想新探》,《诸子学刊》(第十辑),上海:上海古籍出版社,2014 年。

著作类

[1] (美)爱莲心:《向往心灵转化的庄子:内篇分析》,周炽成译,南京:江苏人民出版社,2004 年。

[2] (美)布赖恩·特纳编:《社会理论指南》,李康译,上海:上海人民出版社,2003 年。

〔3〕 崔炼农:《孔子思想的传播学诠释》,长沙:湖南大学出版社,2007 年。

〔4〕 陈鼓应:《老子今注今译》,北京:商务印书馆,2003 年。

〔5〕 (美)成中英:《世纪之交的抉择——论中西哲学的会通与融合》,北京:知识出版社,1991 年。

〔6〕 陈嬿如:《心传——传播学理论的新探索》,厦门:厦门大学出版社,2010 年。

〔7〕 陈荣捷:《王阳明传习录详注集评》,上海:华东师范大学出版社,2009 年。

〔8〕 陈来:《仁学本体论》,北京:三联书店,2014 年。

〔9〕 (美)查尔斯·霍顿·库利:《人类本性与社会秩序》,包凡一译,北京:华夏出版社,2015 年。

〔10〕 戴元光、金冠军:《传播学通论》,上海:上海交通大学出版社,2000 年。

〔11〕 戴君仁:《荀子与大学中庸》,《梅园论学集》,台北:开明书店,1970 年。

〔12〕 杜维明:《一阳来复》,上海:上海文艺出版社,1997 年。

〔13〕 杜维明:《儒家思想:以创造转化为自我认同》,曹幼华、单丁译,北京:三联书店,2013 年。

〔14〕 董璐:《传播学核心理论与概念》,北京:北京大学出版社,2008 年。

〔15〕 丁东红选编:《米德文选》,北京:社会科学文献出版社,2009 年。

〔16〕 冯友兰:《新原道》,上海:上海书店出版社,1945 年。

〔17〕 冯友兰:《中国哲学史新编》(第 2 册),北京:人民出版社,1984 年。

〔18〕 傅永聚主编:《中华伦理范畴丛书,第 1 函》,北京:中国社会科学出版社,2006 年。

〔19〕 方立天:《中国佛教哲学要义》(上、下卷),北京:中国人民大学出版社,2002 年。

〔20〕 方勇、陆永品:《庄子诠评》,成都:巴蜀书社,2007 年。

〔21〕 方朝晖:《儒家修真九讲》(第二版),北京:清华大学出版社,2015 年。

〔22〕 (美)弗洛姆:《爱的艺术》,赵正国译,北京:国际文化出版公司,2004 年。

〔23〕 (德)斐迪南·滕尼斯:《共同体与社会——纯粹社会学的基本概念》,林荣远译,北京:商务印书馆,1999 年。

〔24〕 郭庆光:《传播学教程》,北京:中国人民大学出版社,2002 年。

〔25〕 何庆良:《先秦诸子传播思想研究》,中国人民大学博士学位论文,1993 年。

〔26〕 侯钧生:《西方社会学理论教程》,天津:南开大学出版社,2001 年。

[27] 胡翼青:《再度发言——论社会学芝加哥学派传播思想》,北京:中国大百科全书出版社,2007年。

[28] 黄友敬:《老子传真》,福州:海峡文艺出版社,1998年。

[29] 胡适:《中国哲学史大纲》,北京:商务印书馆,1987年。

[30] (英)科林·威尔逊:《另类人——对孤独感、创造力和现代头脑的经典研究》,胡兴译,北京:经济日报出版社,2003年。

[31] 柯泽:《传播学研究的社会心理学传统:兼论中国本土传播心理学理论建设》,北京:学习出版社,2016年。

[32] 李敬一:《中国传播史论》,武汉:武汉大学出版社,2002年。

[33] 李琢光编:《文史辞源》第3册,台北:天成出版社,1984年。

[34] 李零:《郭店楚简校读记》(增订本),北京:中国人民大学出版社,2007年。

[35] (美)米德:《心灵、自我与社会》,霍桂桓译,上海:上海译文出版社,1992年。

[36] (美)罗洛·梅:《人的自我寻求》,郭本禹、方红译,北京:中国人民大学出版社,2008年。

[37] (美)E·M.罗杰斯:《传播学史》,殷晓蓉译,上海:上海译文出版社,2005年。

[38] 梁涛、斯云龙编:《出土文献与君子慎独——慎独问题讨论集》,桂林:漓江出版社,2012年。

[39] (美)欧文·戈夫曼:《日常生活中的自我呈现》,黄爱华、冯钢译,杭州:浙江人民出版社,1989年。

[40] 庞朴:《竹帛五行篇校注及研究》,台北:万卷楼图书有限公司,2000年。

[41] (美)乔纳森·特纳:《社会学理论的结构》,邱泽奇等译,北京:华夏出版社,2001年。

[42] (法)雅克·马利坦:《艺术与诗中的创造性直觉》,克冰译,北京:三联书店,1991年。

[43] 蒙培元:《心灵超越与境界》,北京:人民出版社,1998年。

[44] (美)米德:《现在的哲学》,李猛译,上海:上海人民出版社,2003年。

[45] 牟宗三:《中国哲学的特质》,上海:上海古籍出版社,2007年。

[46] 牟宗三:《中国哲学十九讲》,长春:吉林出版集团有限责任公司,2010年。

［47］那薇:《道家与海德格尔相互诠释:在心物一体中人成其人物成其物》,北京:商务印书馆,2004 年。

［48］南怀瑾:《论语别裁》,上海:复旦大学出版社,1990 年。

［49］钱逊:《先秦儒学》,沈阳:辽宁教育出版社,1991 年。

［50］(德)叔本华:《作为意志和表象的世界》,北京:商务印书馆,1982 年。

［51］(德)恩斯特·卡西尔:《人论》,甘阳译,上海:上海译文出版社,2003 年。

［52］孙培青:《中国教育史》,上海:华东师范大学出版社,2000 年。

［53］尚新建:《美国世俗化宗教与威廉·詹姆斯的彻底经验主义》,上海:上海人民出版社,2002 年。

［54］石峻:《中国佛教思想资料选编》(第 1 卷),北京:中华书局,1981 年。

［55］佘绍敏:《传播学概论》,厦门:厦门大学出版社,2003 年。

［56］(美)托马斯·吉洛维奇、达彻尔·凯尔特纳、理查德·尼斯比特:《吉洛维奇社会心理学》,周晓虹、秦晨等译,北京:中国人民大学出版社,2009 年。

［57］仝冠军:《先秦诸子传播思想研究》,北京大学博士学位论文,2005 年。

［58］魏超:《老庄传播思想散论》,北京:中国轻工业出版社,2010 年。

［59］王力:《汉语语法史》,北京:商务印书馆,1989 年。

［60］吴予敏:《无形的网络——从传播学的角度看中国的传统文化》,北京:国际文化出版公司,1988 年。

［61］吴予敏:《东亚价值与多元现代性》,北京:中国社会科学出版社,2001 年。

［62］(瑞士)维蕾娜·卡斯特:《依然故我》,刘沁卉译,北京:国际文化出版公司,2008 年。

［63］谢清果:《道家科技思想范畴引论》,北京:宗教文化出版社,2013 年。

［64］谢清果:《华夏文明与传播学本土化研究》,北京:九州出版社,2016 年。

［65］谢清果编著:《华夏传播学引论》,厦门:厦门大学出版社,2017 年。

［66］徐复观:《游心太玄》,北京:北京大学出版社,2009 年。

［67］徐海印:《天乐集——道教西派海印子内丹修炼典籍》,北京:宗教文化出版社,2013 年。

［68］杨少涵:《中庸原论》,北京:中国社会科学文献出版社,2015 年。

［69］杨伯峻:《列子集释》,北京:中华书局,1979 年。

［70］(美)约翰·杜翰姆·彼得斯:《对空言说:传播的观念史》,邓建国译,上

海：上海译文出版社，2017 年。

[71] 严春友：《精神之谜》，北京：中国科学出版社，1991 年。

[72] 余英时：《士与中国文化》，上海：上海人民出版社，1987 年。

[73] 易中天：《中国智慧》，上海：上海文艺出版社，2011 年。

[74] 郑志明：《道教生死学》，北京：中央编译出版社，2008 年。

[75] 郑开：《庄子哲学讲记》，南宁：广西人民出版社，2016 年。

[76] 臧克和：《简帛与学术》，郑州：大象出版社，2010 年。

[77] 张岱年：《中国古典哲学概念范畴要论》，北京：中国社会科学出版社，1989 年。

[78] 钟泰：《庄子发微》，上海：上海古籍出版社，1988 年。

[79] (美)朱莉娅·伍德：《生活中的传播》，董璐译，北京：北京大学出版社，2009 年。

[80] 中国文化书院学术委员会编：《梁漱溟全集》第三卷，济南：山东人民出版社，2005 年。

[81] 冯应谦、黄懿慧编：《华人传播想像》，香港中文大学香港亚太研究所，2012 年。

[82] J.Thomas：《东西之我观——论米德、雍格及大乘佛教的自我概念》，徐进夫译，台北：成文出版社，1977 年。

[83] Genelle Austin-Lett, Jan Sprague. Talk to yourself: Experiencing Intrapersonal Communication. Houghton Mifflin Company, 1976.

[84] Robert E. Allinson. Chuang-Tzu for Spiritual Transformation: An Analysis of the Inner Chapters. NY: State University of New York Press, 1989.

[85] George A. Borden. An introduction to human-communication theory. W. C. Brown Company Publishers, 1971.

[86] W. James. The Principles of Psychology(Vol I). New York. Holt. 1890.

[87] Judy C. Pearson, Paul E. Nelson, Scott Titsworth, Lynn Harter. Human Communication. New York: McGraw-Hill, 2003.

[88] Donnar R. Vocate. Intrapersonal communication: Different voice, different minds. New York: Psychology Press, 1994.

[89] Kuang-ming Wu. The Butterfly as Companion. NY: State University of New York Press, 1990.

古籍类

[1] 陈澔注：《礼记》，上海：上海古籍出版社，1987年。

[2] （宋）蔡沈：《书经集传》，《虞舜大典·古文献卷》，长沙：岳麓书社，2009年。

[3] 戴琏、吴光主编：《刘宗周全集》，台北："中央研究院"中国文哲研究所筹备处，1997年。

[4] 《大藏经》，台北：新文丰出版社，1983年。

[5] 张继番主编：《中华道藏》，北京：华夏出版社，2004年。

[6] 顾迁译注：《淮南子》，北京：中华书局，2009年。

[7] 顾宝田、洪泽湖注译：《尚书译注》，长春：吉林文史出版社，1995年。

[8] （唐）韩愈：《韩昌黎文集校注》，马其昶校注，马茂元整理，上海：上海古籍出版社，2014年。

[9] （清）黄宗羲：《明儒学案》，北京：中华书局，2008年。

[10] （汉）孔安国传，（唐）孔颖达疏：《尚书正义》，北京：北京大学出版社，1999年。

[11] （战国）韩非：《韩非子》，济南：山东画报出版社，2013年。

[12] 荆门市博物馆编：《郭店楚墓竹简·性自命出》，北京：文物出版社，1998年。

[13] 蒋伯潜注释：《四书读本》，北京：新世界出版社，2010年。

[14] 孔颖达等：《礼记正义》，吕友仁整理，上海：上海古籍出版社，2008年。

[15] （明）陆西星：《南华真经副墨》，蒋门马点校，北京：中华书局，2010年。

[16] （唐）慧能：《六祖大师法宝坛经》，北京：中华书局，1983年。

[17] （北齐）刘昼撰：《刘子集证》，王叔岷集证，台北："中央研究院"历史语言研究所，1961年。

[18] 刘勋：《十三经注疏集 春秋左传精读》，北京：新世界出版社，2014年。

[19] （唐）李鼎祚著，陈德述整理：《周易集解》，成都：巴蜀书社，1991年。

[20] 刘文典：《庄子补正》，北京：中华书局，2015年。

[21] （战国）孟轲：《孟子》，王常则译注，太原：山西古籍出版社，2003年。

[22] （宋）普济辑：《五灯会元》，北京：中华书局，1984年。

[23] 阮元：《揅经室集》（卷八），北京：商务印书馆，1937年。

[24] （清）孙希旦：《礼记集解》，北京：中华书局，1989年。

[25] 孙海通译注：《庄子》，北京：中华书局，2017年。

[26] （魏）王弼：《老子道德经校释》，楼宇烈校释，北京：中华书局，2008年。

[27] 王利器：《文子疏义》，北京：中华书局，2000年。

[28] （清）王夫之：《思问录·俟解》，北京：中华书局，1956年。

[29] （清）王先谦：《荀子集解》，北京：中华书局，1988年。

[30] （魏）王肃注，（明）吴嘉谟集校，（清）黎庶昌辑，张立华点校：《孔子家语》，合肥：安徽人民出版社，2013年。

[31] （明）王阳明：《王阳明全集》，北京：线装书局，2013年。

[32] 王文锦：《大学中庸译注》，北京：中华书局，2008年。

[33] （明）王守仁：《王阳明全集》，吴光、钱明、董平、姚延福编校，上海：上海古籍出版社，2012年。

[34] 王国轩译注：《大学·中庸》，北京：中华书局，2016年。

[35] （汉）许慎撰，（清）段玉裁注：《说文解字》，北京：中国戏剧出版社，2008年。

[36] 徐湘霖：《中论校注》，成都：巴蜀书社，2000年。

[37] （宋）薛据纂辑：《孔子集语》，济南：山东友谊出版社，1989年。

[38] 杨伯峻译注：《论语译注》，北京：中华书局，2006年。

[39] 杨伯峻译注：《孟子译注》，北京：中华书局，2017年。

[40] （宋）朱熹：《朱子语类》，黎靖德编，王星贤点校，北京：中华书局，1986年。

[41] （宋）朱熹：《四书章句集注》，陈立校点，辽宁：辽宁教育出版社，1998年。

[42] （宋）朱熹：《朱熹文集》，台北：德富文教基金会，2000年。

[43] （宋）朱熹：《朱子全书》，上海：上海古籍出版社，2010年。

[44] 周振甫：《诗经译注》，北京：中华书局，2013年。

[45] 张觉撰：《荀子译注》，上海：上海古籍出版社，2012年。

[46] （清）黄宗羲：《明儒学案》，北京：中华书局，1985年。

[47] （汉）郑玄注，（唐）孔颖达等：《礼记注疏》，北京：艺文印书馆，1955年。

[48] （汉）郑玄注：《礼记》，北京：中华书局，1939年。

[49] 睡虎地秦墓竹简整理小组：《睡虎地秦墓竹简》，北京：文物出版社，1978年。